A Inviolabilidade do Direito à Vida

Rafael Sutter

A Inviolabilidade do Direito à Vida

DIRETOR EDITORIAL:
Marcelo C. Araújo

COMISSÃO EDITORIAL:
Avelino Grassi
Edvaldo Araújo
Márcio Fabri

COPIDESQUE:
Ana Aline Guedes da Fonseca
de Brito Batista

REVISÃO:
Camila Pereira Ferrete

DIAGRAMAÇÃO:
Érico Leon Amorina

CAPA:
Jéssica Rodrigues Tavares

© Ideias & Letras, 2013.

Rua Diana, 592
Cj. 121 - Perdizes
05019-000 - São Paulo - SP
(11) 3675-1319 (11) 3862-4831
Televendas: 0800 777 6004
vendas@ideiaseletras.com.br
www.ideiaseletras.com.br

```
Dados Internacionais de Catalogação na Publicação (CIP)
           (Câmara Brasileira do Livro, SP, Brasil)

                         Sutter, Rafael
          A inviolabilidade do direito à vida / Rafael
                 Sutter. - São Paulo, SP :
                     Ideias & Letras,2013.

                          Bibliografia.
                    ISBN 978-85-65893-19-0

            1. Aborto - Leis e legislação 2. Bioética
           3. Crimes contra a vida 4. Dignidade humana
            5. Direito à vida 6. Direitos fundamentais
                            I. Título.

     13-01517                              CDU-347.151:342.7

                  Índices para catálogo sistemático:

            1. Inviolabilidade do direito à vida : Direitos
               fundamentais : Direito constitucional
                          347.151:342.7
```

O respeito à vida é fundamento de qualquer outro direito, incluídos os da liberdade.

Papa João Paulo II

AGRADECIMENTOS

A Deus que jamais me abandonou mesmo nos momentos difíceis em que sob o peso das dores não o enxerguei;

À Isabella Sutter, minha amada esposa e eterna nAMORada, a pessoa mais doce, um verdadeiro anjo que Deus me presenteou, que tanto me incentiva e me faz feliz, estando em mim e permitindo que eu nela esteja. A ela, pessoa que amo infinitamente e que da mesma forma por ela sinto-me amado. Desejo fazê-la sempre mais feliz, amando-a e por ela sendo amado por toda a eternidade, pois eterno é o nosso amor que vem e é para Deus, o qual nos fez UM desde a nossa criação;

Aos meus inesquecíveis, sempre amados e saudosos pais, Mario José e Thereza Maria *in memorian*, os quais me ensinaram os fundamentos éticos e morais da vida, sobretudo, me ensinando que muito mais do que ter é ser;

Aos meus queridos irmãos Luciano e Fabiano, por toda ajuda, amizade, carinho e atenção, às minhas queridas irmãs, aos meus estimados amigos, professores e a todos os meus demais queridos familiares de Petrópolis e de Niterói;

Ao estimado professor e defensor da vida humana, doutor Ives Gandra da Silva Martins, o qual apesar de seus inúmeros compromissos aceitou o meu convite para escrever o prefácio desta obra;

Ao querido Papa Bento XVI pelos ensinamentos e pela incansável defesa da vida humana;

À minha querida Diocese de Petrópolis, nas pessoas do querido Bispo Diocesano Dom Gregório Paixão e do querido Monsenhor Paulo Daher pelo apoio e, sobretudo, pela incondicional defesa da vida humana desde a concepção até seu declínio natural;

Ao meu querido tio Zé, o qual, desde as primeiras linhas desta obra, me incentivou para que a mesma fosse sempre mais aperfeiçoada;

Ao amigo professor e confrade Cleber Francisco Alves pela amizade de sempre;

A todos os meus demais amigos confrades da União de Juristas Católicos do Rio de Janeiro, na pessoa do Dr. Paulo Leão;

Não mencionando tantos outros nomes, pois poderia me esquecer de mais alguém em especial, agradeço a todos que direta ou indiretamente me incentivaram e colaboraram comigo, seja em minha formação acadêmica, seja com sua amizade, carinho e atenção;

À *Editora Ideias & Letras* que, dizendo "SIM" ao meu trabalho, oportunizou a publicação desta obra, fazendo com que a defesa jurídico-constitucional do direito à vida pudesse chegar a todos em nosso país e quiçá em outros países.

PREFÁCIO

O livro de Rafael Sutter de Oliveira é uma útil contribuição ao debate sobre a inviolabilidade do direito à vida, assegurada pela Constituição Federal, mas que sofre atentados constantes em interpretações convenientes e coniventes de magistrados, professores, operadores de direito e de intelectuais de outras áreas, numa clara tentativa de desfigurar o princípio constitucional, relativizando-o.

A clareza do princípio maior é inequívoca. A teor do "caput" do Artigo 5º, dos cinco direitos fundamentais, a vida é o primeiro enunciado, sendo, na clara expressão do legislador supremo, inviolável.

Não existe meia inviolabilidade ou semi-inviolabilidade, mas vedação absoluta à sua violação, no texto supremo.

Rafael Sutter enfrenta os diversos aspectos da polêmica instaurada, sob os mais variados motivos e interesses, em exame pormenorizado, científico e consciente deles, demonstrando, com clareza e rigor técnico e jurídico, que a vida não é uma mercadoria ou "algo" a ser descartado quando incomoda aqueles que não querem conviver com o direito de qualquer ser humano, desde a concepção, de tê-lo assegurado à existência.

Condena a produção de lixo hospitalar humano, pelos que defendem o aborto, assim como tem por homicídio uterino eliminar a vida do nascituro no ventre materno, por processos que a mídia não escancara ao público, mas que, muitas vezes, faria inveja às torturas dos campos de concentração nazistas impostas ao feto, no ventre materno, para eliminá-lo. Essas técnicas, que enunciei no Artigo "Como se faz um aborto" e que Nathanson explicou – ele que fizera milhares de abortos antes de ver em ultrassom o sofrimento do feto prestes a ser esquartejado antes de morrer, e passar a ser um

9

defensor incondicional do direito à vida - em seu livro *O grito silencioso*, se aplicadas aos maiores criminosos, mereceriam crítica severa de todos os abortistas por ferir Direitos Humanos fundamentais.

O livro é excelente. Principiando com uma análise da bioética, dos seus princípios informadores, examina, a seguir, aspectos relacionados ao pensamento religioso, centrando, todavia, sua análise jurídica na Lei Internacional (Pacto de São José) e no direito pátrio para enfrentar a questão dos crimes contra a vida no ordenamento legal, a saber: homicídio, eutanásia, distanásia, ortotanásia, instigação ou auxílio ao suicídio, infanticídio, aborto, inclusive com reflexão sobre as pílulas abortistas.

Não deixa de analisar o Artigo 128 do Código Penal, assim como a questão da anencefalia, e também aspectos de direito comparado sobre o tema, além da questão das células-tronco embrionárias. Quando sustentei oralmente junto ao Supremo Tribunal Federal contra a destruição de seres humanos em sua forma embrionária para satisfazer mera curiosidade da comunidade científica - em mais de 15 anos de estudos não há um resultado favorável em tais pesquisas -, lembrei que, segundo a Academia de Ciências do Vaticano, a vida desses seres humanos deve ser preservada por terem direitos que não cabe ao homem eliminar. Lembrei, ainda, que a Academia do Vaticano tem entre os seus 80 acadêmicos, nada menos que 29 prêmios Nobel!!! O Brasil não tem nenhum.

Rafael analisa, na mesma linha de tais cientistas e dos juristas contrários às decisões "politicamente corretas" - que agradam a manipulação midiática dos interesses econômicos por trás de tais pressões, como bem acentuado pelo Ministro Eros Grau, no voto proferido no famoso caso -, que a permissão para a destruição de tais seres humanos afronta a Lei suprema, o Código Civil, o Pacto de São José e o princípio supremo constitucional de que a vida, como o maior bem do ser humano, é inviolável desde a concepção. Não deixa, inclusive, de refletir também sobre a reprodução assistida.

Em um livro que coordenei com juristas, professores de medicina e bioética de sete países, a saber: Antonio Jorge Pereira Jr., Antonio José Eça, Aurelio García Elorrio, Carlos Fernando

Mathias de Souza, Célio Borja, Cristóbal Orrego, Daniel Faraco, Dernival Brandão, Felix Ruiz Alonso, Fernando M. Toller, Gilberto Jabur Haddad, Gustavo Miguez De Mello, Herbert Praxedes, Ives Gandra da Silva Martins, Ives Gandra da Silva Martins Filho, Javier Saldaña, João Baptista Villela, Jorge Scala, José Carlos Barbosa Moreira, José Renato Nalini, Julio Conte-Grand, Lilian Piñero Eça, Massimo Vari, Néri da Silveira, Paulo Silveira Martins Leão Jr., Pedro Montano, Pedro Serna, Pilar Zambrano, Roberto Chacon de Albuquerque e Santiago Maria Castro Videla, intitulado "Direito fundamental à vida" e editado por Quartier Latin (2005), muitos desses aspectos foram, na mesma linha de Rafael, estudados, em clara oposição àqueles que consideram ser uma das grandes conquistas da humanidade, hoje, a manipulação de seres humanos como cobaias, em sua forma embrionária, ou eliminar inocentes nascituros por técnicas sempre dolorosas. Decididamente, o aborto não é uma conquista da modernidade, mas um crime contra a vida humana de inocentes sem defesa.

Em outro livro escrito com meus dois filhos, Roberto Vidal da Silva Martins e Ives Gandra da Silva Martins Filho (*O aborto no Direito Brasileiro*, Ed. Quartier Latin) enfrentamos os mesmos questionamentos, com conclusões idênticas às de Rafael Sutter.

É, pois, com particular satisfação que prefacio este livro que abre novas perspectivas à discussão de uma temática em que, a título de atender os ventos modernos que anestesiam consciências, tem levado parcela de intelectuais à defesa do assassinato uterino ou à destruição de seres humanos em sua forma embrionária. Creio que o livro de Rafael lança novas luzes e reacende debate que não está pacificado, nada obstante vitórias parciais contra a vida, pois a história demonstra que a verdade, no tempo, sempre prevalece, graças àqueles que não desanimam, quando tudo parece sugerir que deveriam desistir. A vida é inviolável tanto no direito natural quanto no direito positivo. E a inviolabilidade não permite relativizações, como o demonstra Rafael Sutter.

Parabéns ao autor e à Editora que veicula seu excelente trabalho.

IVES GANDRA DA SILVA MARTINS, Professor Emérito das Universidades Mackenzie, UNIP, UNIFIEO, UNIFMU, do CIEE/O ESTADO DE SÃO PAULO, das Escolas de Comando e Estado-Maior do Exército - ECEME e Superior de Guerra - ESG; Professor Honorário das Universidades Austral (Argentina), San Martin de Porres (Peru) e Vasili Goldis (Romênia); Doutor Honoris Causa da Universidade de Craiova (Romênia) e Catedrático da Universidade do Minho (Portugal); Presidente do Conselho Superior de Direito da FECOMERCIO - SP; Fundador e Presidente Honorário do Centro de Extensão Universitária- -CEU/Instituto Internacional de Ciências Sociais-IICS.

Sumário

Capítulo I

A bioética, o biodireito e seus princípios informadores

17

Capítulo II

A validade do pensamento religioso na esfera pública

37

Capítulo III

O pacto de São José da Costa Rica e sua vigência no ordenamento jurídico pátrio

48

Capítulo IV

Os crimes contra a vida, o ordenamento jurídico, a doutrina e a jurisprudência pátria e o direito comparado

55

1. Introdução - 55
2. Homicídio - 57
3. Eutanásia, Distanásia e Ortotanásia -70
4. Induzimento, instigação ou auxilio a suicídio - 86
5. Infanticídio - 87
6. Aborto - 90
7. A chamada pílula do dia seguinte e sua relação com a prática do aborto - 99
8. Conclusão - 101

Capítulo V

A REVOGAÇÃO DO ARTIGO 128 DO ATUAL CÓDIGO PENAL PELA VIGENTE CONSTITUIÇÃO DA REPÚBLICA FEDERATIVA DO BRASIL, A TEMÁTICA DO ABORTO E A TUTELA DO DIREITO À VIDA DO NASCITURO NO BRASIL

103

Capítulo VI

O ABORTO DE FETOS ANENCÉFALOS À LUZ DA CONSTITUIÇÃO DA REPÚBLICA

137

1. Breve introdução - 137
2. A anencefalia e a falsa premissa de ser sinônimo de morte encefálica - 138
3. A anencefalia e a dignidade da pessoa humana - 147
4. Conclusão - 163

Capítulo VII

A VIDA HUMANA E A LEGALIZAÇÃO DO ABORTO — UMA ANÁLISE SOCIAL DA TEMÁTICA NO BRASIL E O EXEMPLO PORTUGUÊS

164

Capítulo VIII

A LEI DE BIOSSEGURANÇA E O USO DE CÉLULAS-TRONCO EMBRIONÁRIAS EM PESQUISAS CIENTÍFICAS

179

1. Análise geral da Temática - 179
2. O direito alienígena e as pesquisas com células-tronco embrionárias - 187

3. O relatório e o voto do relator da Ação Direta de Inconstitucionalidade nº 3.510, a coisificação do ser humano embrionário e a consequente afronta à Constituição - 190
4. Análise final do tema — Conclusão - 205

CAPÍTULO IX

A REPRODUÇÃO ASSISTIDA E O ORDENAMENTO JURÍDICO BRASILEIRO

210

1. Introdução - 210
2. A reprodução assistida e as normas que regem a matéria - 214
3. Conclusão - 296

BIBLIOGRAFIA

298

Capítulo I

A Bioética, o Biodireito e seus Princípios Informadores

De imediato, antes de adentrar propriamente na questão do direito à vida e suas imbricações, se faz necessário trazer a lume o que são a Bioética e o Biodireito e quais são seus objetos de estudo.

O Direito, como se sabe, não é estático, uma vez que acompanha a sociedade a qual está sempre em constante transformação, o que acaba por demandar novas exigências por parte do legislador, como por exemplo, o surgimento de novos ramos do direito inimagináveis há décadas passadas, como o direito de informática e o direito de proteção e de defesa do consumidor, dentre outros.

Nessa perspectiva, surgiu também o Biodireito, o qual tem por principal escopo, traçar os comportamentos a serem perseguidos no âmbito médico-científico, imputando a devida sanção a quem vier a transgredir a norma de conduta prevista na legislação; tornando-se o mesmo (o qual é de suma importância) mais difundido no Brasil, com a promulgação da atual Constituição da República, Lei Maior que alçou a dignidade da pessoa humana como um dos fundamentos de nosso país.

Com efeito, sem sombra de dúvidas, dada a preocupação do constituinte em proteger a vida e a dignidade de cada pessoa humana frente também às pesquisas científicas, pode-se falar em um Biodireito Constitucional o qual tem na Constituição seu substrato normativo.

Assim, esse importante ramo do direito vem, na verdade, procurar impor limites à atuação médico-científica, no sentido de que estes, em suas pesquisas, não violem direitos inerentes à condição humana, sem os quais estaria por se ferir de morte a sua dignidade, como pessoa humana que é.

Sob essa perspectiva, a festejada doutrinadora pátria, Maria Helena Diniz, acerca da Bioética, vem nos elucidar, com magistral lição que "a Bioética nasceu como uma resposta às novas situações oriundas da ciência no âmbito da saúde, ocupando-se não só dos problemas éticos provocados pelas tecnociências biomédicas, alusivos ao início e fim da vida humana, às pesquisas em seres humanos (...)".[1]

Segundo o professor José Alberto Mainetti, "a Bioética responde ao deslocamento dos pontos de referência tradicionais da vida — as novas formas de nascer, procriar e morrer —, com o intuito de impedir uma tecnociência demiúrgica sem consciência".[2]

No tocante ao supracitado Biodireito, leciona o professor Daury Cesar Fabriz, que este é o "ramo do Direito que trata da teoria, da legislação e da jurisprudência relativas às normas reguladoras da conduta humana, em face dos avanços da Biologia, da Biotecnologia e da Medicina".[3]

É importante assinalar que não se pode analisar o Biodireito e a Bioética de formas isoladas um do outro, haja vista a estreita relação entre ambos.

Nessa esteira, quanto ao Biodireito e sua estreita relação com a Bioética, colhe-se da lição do professor José Alfredo de Oliveira Baracho que "o Biodireito é estritamente conexo à Bioética,

---

1 DINIZ, Maria Helena. *O estado atual do Biodireito*, 2ª Edição, ampliada e atualizada de acordo com o novo Código Civil, São Paulo: Saraiva, 2002, pp. 10-11.

2 Apud LOYARTE, Dolores e ROTONDA, Adriana. Procreación humana artificial: um desafio bioético, Buenos Aires: Depalma, 1995, prólogo, p. 13 **e NÃO** MAINETTI, José Alberto; LOYARTE, Dolores e ROTONDA, Adriana. Procreación humana artificial: um desafio bioético, Buenos Aires: Depalma, 1995, pólogo, p. 13.

3 FABRIZ, Daury Cesar. *Bioética e Direitos Fundamentais: a Bioconstituição como paradigma ao Biodireito*. Belo Horizonte: Mandamentos, 2003, p. 287.

A Inviolabilidade do Direito à Vida

ocupando-se da formulação das regras jurídicas em relação à problemática emergente do progresso técnico-científico da Biomedicina. O Biodireito questiona sobre os limites jurídicos da vicissitude da intervenção técnico-científica possível".[4]

E arremata o mesmo doutrinador, asseverando que "ciência e técnica só podem intervir sobre a vida, desde que não afetem à dignidade e ao direito".[5]

É bem verdade que esta obra não tem por escopo principal esmiuçar ponto a ponto os termos "Bioética" e "Biodireito", mas sim, apresentar aos leitores a essência e o objeto de estudo de ambos.

Nesse diapasão, cumpre esclarecer que se tem notícia que o termo Bioética, o qual surgiu no inicio de 1970, mais precisamente no ano de 1971, foi cunhado pelo oncologista bioquímico americano da Universidade de Madison no Estado norte-americano de Wisconsin, Van Rensselaer Potter, segundo o qual "a Bioética seria (...) uma nova disciplina que recorreria às ciências biológicas para melhorar a qualidade de vida do ser humano, permitindo a participação do homem na evolução biológica e preservando a harmonia universal. Seria a ciência que garantiria a sobrevivência na Terra, que está em perigo, em virtude de um descontrolado crescimento de tecnologia industrial, do uso indiscriminado de agrotóxicos, de animais em pesquisa ou experiências biológicas e da sempre crescente poluição aquática, atmosférica e sonorosa. A Bioética, portanto, em sua origem, teria um compromisso com o equilíbrio e a preservação da relação dos seres humanos com o ecossistema e a própria vida do planeta. (...) Esse sentido é totalmente diverso do empregado na atualidade,

---

4   BARACHO, José Alfredo de Oliveira. *Vida humana e ciência: complexidade do estatuto epistemológico da Bioética e do Biodireito. Normas internacionais da Bioética*, p. 17. Disponível em: <http://www.gontijo-familia.adv.br/2008/ArtigoArtigos_pdf/Jose_ Alfredo_de_Oliveira_Baracho/Vidahumana.pdf> Acesso em: 19 de abril de 2011.

5   BARACHO, José Alfredo de Oliveira. *Vida humana e ciência: complexidade do estatuto epistemológico da Bioética e do Biodireito. Normas internacionais da Bioética*, p. 18. Disponível em: <http://www.gontijo-familia.adv.br/2008/ArtigoArtigos_pdf/Jose_ Alfredo_de_Oliveira_Baracho/Vidahumana.pdf> Acesso em: 19 de abril de 2011.

proposto por André Hellegers, que (...) passou a considerar a Bioética como a ética das ciências da vida. Com isso, a Bioética, como prefere Jean Pierre Marc-Vergnes, é uma ética biomédica".[6]

Mas afinal, o que seria a ética?

Com efeito, fala-se em ética como nunca! Seja nos Códigos de Ética e Disciplina dos advogados e dos médicos, por exemplo, seja na vida social como um todo, a ética está sempre presente.

Na verdade, em que pese, não se poder dar um conceito unívoco a tal termo, pode-se chegar com certo consenso de que ética seria o modo de agir de cada ser humano em particular e em sociedade dentro de padrões morais concebidos pela sociedade como um todo, podendo ser usado como seu termômetro para aferir a eticidade de uma conduta, o respeito à dignidade da pessoa humana.

Após apertada conceituação de ética e sabendo-se que o termo "bio" significa vida, conclui-se ser a Bioética, a ética da e na vida, conforme se extrai de algumas lições doutrinárias colacionadas anteriormente.

Nas palavras do doutrinador Luciano Dalvi, "a Bioética é uma forma de se realizar a ciência, isto é, só valerá a experiência científica se pautada por critérios humanos e morais que respeitem o principal direito, qual seja, a vida".[7]

Em brilhante Artigo intitulado *Bioética e Direitos Humanos: novos desafios para os Direitos Humanos de solidariedade,*[8] leciona o professor Paulo Vinicius Sporleder de Souza que "tem sido frequente para o direito e a ética, a necessidade de enfrentar situações novas derivadas dos constantes desdobramentos científicos e tecnológicos das mais variadas áreas de conhecimento. Assunto de enorme importância a ser analisado durante este milênio, diz respeito ao estrondoso desenvolvimento da biotecnologia e seus

---

6   DINIZ, Maria Helena apud SARLET, Ingo Wolfgang; LEITE, George Salomão (Org.) Direitos fundamentais e biotecnologia. São Paulo: Método, 2008, p. 93.

7   DALVI, Luciano. *Curso Avançado de Biodireito – Doutrina, Legislação e Jurisprudência*. Florianópolis: Conceito Editoral, 2008, p. 16.

8   SOUZA, Ricardo Timm de (Org.). *Ciência e ética: os grandes desafios*. Porto Alegre: EDIPUCRS, 2006, p. 123.

impactos nos Direitos Humanos, já que se têm informações sobre os (bio)riscos e possíveis abusos que podem decorrer da investigação científica das ciências que tratam da vida e da saúde".

É interessante apontar que a Bioética encontra-se também relacionada intrinsecamente com a dignidade da pessoa humana, sendo ela o fundamento daquela, tudo à luz da nossa Constituição a qual em que pese congregar os valores da democracia liberal e da social democracia, volta precipuamente a sua atenção para cada pessoa humana.

Nessa perspectiva, corroborando com nosso entendimento, elucida o professor George Salomão Leite que "quanto à Bioética, compreendida sinteticamente como ciência da vida, a dignidade da pessoa humana há de ser concebida como seu fundamento. Se estamos partindo da ideia de que a dignidade é um atributo intrínseco ao ser humano, decorrente de sua própria condição existencial, na Bioética ela se torna também um valor fundamental, haja vista que aquela tem por objeto os avanços da ciência em função do ser humano. (...) Sendo assim, se a dignidade é um atributo inato ao ser humano, e se este é o núcleo da Bioética, certamente que a dignidade deverá ser concebida como fundamento bioético".[9]

Interessante apontar que é imperiosa a inadmissão por parte da Bioética e do Biodireito da "adoção de qualquer conduta que venha reduzir a pessoa humana à condição de coisa, retirando dela sua dignidade e respeito a uma vida digna".[10]

Antes de apresentar aos leitores os princípios regentes da Bioética e do Biodireito, penso ser importante trazer a conceituação do que é e o que significa um princípio.

Nessa esteira, é interessante colacionar a doutrina abalizada do doutrinador mundialmente conhecido por sua teoria dos princípios, Robert Alexy, o qual em palestra proferida na Fundação Casa de Ruy Barbosa, assim a explicou:

---

9   LEITE, George Salomão; SARLET, Ingo Wolfgang (organização). Direitos fundamentais e biotecnologia. São Paulo: Método, 2008, p. 55.

10   DINIZ, Maria Helena. *O estado atual do Biodireito*. 6ª Edição, São Paulo: Saraiva, 2009, p. 16.

"(...) princípios são normas que permitem que algo seja realizado de maneira mais completa possível, tanto no que diz respeito à possibilidade jurídica quanto à possibilidade fática. Princípios são, nesses termos, mandatos de otimização (Optimierungsgebote). Assim, eles podem ser satisfeitos em diferentes graus. A medida adequada de satisfação depende não apenas de possibilidades fáticas, mas também de possibilidades jurídicas. Essas possibilidades são determinadas por regras e, sobretudo, por princípios. (...) O processo para a solução de colisões de princípios é a ponderação. Princípios e ponderações são dois lados do mesmo fenômeno. O primeiro refere--se ao aspecto normativo; o outro, ao aspecto metodológico. Quem empreende ponderação no âmbito jurídico pressupõe que as normas entre as quais se faz uma ponderação são dotadas da estrutura de princípios e quem classifica as normas como princípios, acaba chegando ao processo de ponderação".[11]

Visto isso, passamos à apresentação das linhas mestras, inicialmente da Bioética e, posteriormente, do Biodireito, as quais, inexoravelmente, deverão ser respeitadas por todos os seus destinatários, especialmente pelo meio científico.

Antes, no entanto, convém ressaltar que não se tem como dar um sentido unívoco a nenhum dos princípios que serão apresentados, haja vista terem, os mesmos, conteúdo aberto e extremamente dependente da realidade do caso concreto para se chegar a uma conclusão que assegure a justiciabilidade no dado caso.

Feitas tais observações, destacam-se como princípios regentes, norteadores da Bioética, os seguintes:

a) **Princípio da autonomia:** por esse princípio busca-se respeitar a opinião e a escolha feita por cada pessoa humana, de modo que seja conferida à mesma, de forma livre, a autoridade para tomar decisões relativas à sua própria vida e à sua saúde, decidindo por quais tratamentos se

---

11   ALEXY, Robert. *Colisão e ponderação como problema fundamental da dogmática dos direitos fundamentais.* Tradução Gilmar Ferreira Mendes. Rio de Janeiro: Fundação Casa de Ruy Barbosa, 1998, pp. 7-8.

submeterá, escolhendo-os com liberdade e sob sua inteira responsabilidade, exceto nas hipóteses de incapacidade, quando então, a escolha será tomada por seu responsável legal.

Acerca desse princípio, leciona a professora Maria Helena Diniz que o mesmo "reconhece o domínio do paciente sobre a própria vida (corpo e mente) e o respeito à sua intimidade, restringindo, com isso, a intromissão alheia no mundo daquele que está sendo submetido a um tratamento. Considera o paciente capaz de autogovernar-se, ou seja, de fazer suas opções e agir sob a orientação dessas deliberações tomadas, devendo, por tal razão, ser tratado com autonomia. Aquele que tiver sua vontade reduzida deverá ser protegido. Autonomia seria a capacidade de atuar com conhecimento de causa e sem qualquer coação ou influência externa. Desse princípio, decorrem a exigência do consentimento livre e informado e a maneira de como tomar decisões de substituição quando uma pessoa for incompetente ou incapaz, ou seja, não tiver autonomia suficiente para realizar a ação de que se trate, por estar preso ou ter alguma deficiência mental".[12]

Assim, estando tal princípio diretamente ligado à autodeterminação de cada pessoa humana, pode-se concluir que o princípio da autonomia, fundamenta-se inexoravelmente no princípio do Biodireito (o qual inclusive tem assento constitucional), da dignidade da pessoa humana, conforme se verá mais à frente.

b) **Princípio da beneficência:** tal princípio está ligado intimamente à área médica, trazendo consigo o ideal de não se causar danos ao paciente, fundamentando-se no paradigma hipocrático que consiste no dever de todo médico só poder usar o tratamento para o bem do enfermo que se encontra sob os seus cuidados.

Nessa esteira, analisando o princípio da beneficência, leciona o professor Júlio César Massonetto que o mesmo "refere-se à obrigação

---

12   DINIZ, Maria Helena. *O estado atual do Biodireito*, 2ª Edição ampliada e atualizada, de acordo com o novo Código Civil, São Paulo: Saraiva, 2002, p. 14.

ética de maximizar o benefício e minimizar o prejuízo. O profissional deve ter a maior convicção e informação técnica possíveis que assegurem ser o ato médico benéfico ao paciente (ação que faz o bem). Como valioso referencial moderno, as condutas médicas empregadas devem estar sempre baseadas nas melhores evidências científicas".[13]

Portanto, por esse princípio, devem os profissionais da saúde, especialmente os médicos, perseguirem dois objetivos: não causar danos intencionais aos pacientes; e maximizar os benefícios aos enfermos, minimizando, em contrapartida, todo e qualquer risco, norteando-se, assim, sempre pelo aforismo hipocrático *primum non nocere* (primeiro não prejudicar), o que na visão de alguns doutrinadores,[14] criaria o princípio da não maleficência, o qual ao meu sentir encontra-se inserido no princípio da beneficência, uma vez que este o abarca, haja vista que se estará visando o bem alheio, na medida em que não se praticar um dano intencional.

c) **Princípio da justiça:** por esse princípio haverá a obrigação de tratamento igualitário entre pessoas humanas, extraindo-se do mesmo que haverá entre todas as pessoas, a distribuição equânime no tocante não só aos benefícios, como também aos riscos, sendo certo ainda que para que sejam atendidos os anseios de tal princípio, impõe-se que haja um tratamento igual aos iguais e desigual aos desiguais, uma vez que para se alcançar a justiça, não se pode tratar igualmente situações desiguais.

Aliás, Aristóteles[15], na Grécia Antiga, entendia como justiça, dar um tratamento igual para os iguais.

---

13   MASSONETTO, Júlio César. Bioética e Espiritualidade. São Paulo: Centro Universitário São Camilo, 2007, p. 106.

14   Nesse sentido: MALUF, Adriana Caldas do Rego Freitas Dabus. *Curso de Bioética e Biodireito*. São Paulo: Atlas, 2010, p. 11; DINIZ, Maria Helena. *O estado atual do Biodireito*, 2ª Edição ampliada e atualizada, de acordo com o novo Código Civil, São Paulo: Saraiva, 2002, p. 15.

15   ARISTÓTELES. Ética a Nicômaco. São Paulo: Martin Claret, 2004.

Em análise desse princípio da Bioética, leciona o bispo católico, um dos maiores bioeticistas internacionais, Elio Sgreccia que "o princípio da justiça se refere à obrigação de igualdade de tratamento e, em relação ao Estado, de justa distribuição das verbas para a saúde, para a pesquisa etc. Isso, não se quer dizer, certamente, tratar a todos do mesmo modo, pois são diferentes as situações clínicas e sociais (...)".[16]

Desse modo, em apertada síntese, pode-se resumir esse princípio com o norteamento de dar a cada um o que lhe seja devido, observando-se as particularidades de cada pessoa e as peculiaridades do caso concreto.

Vistos e analisados os princípios da Bioética, passamos agora a analisar os princípios que regem o Biodireito, destacando--se, dentre outros, os seguintes:

d) **Princípio da autonomia:** por esse princípio, os cientistas detêm o direito de realizarem suas pesquisas científicas sem qualquer interferência, seja interna ou externa, de entes políticos ou entidades não governamentais; devendo, no entanto, estarem sempre submetidos ao ordenamento jurídico, o que por si só, isoladamente, não tira dos mesmos a autonomia.

Esse princípio pode ser extraído do Artigo 12, alínea "b" da Declaração Universal sobre o Genoma Humano e os Direitos do Homem, o qual dispõe que "a liberdade de pesquisar, necessária ao avanço do conhecimento, é parte da liberdade de pensamento. As aplicações da pesquisa, incluindo as aplicações nos campos de biologia, genética e medicina, relativas ao genoma humano, deverão visar ao alívio do sofrimento e à melhoria da saúde das pessoas e da humanidade como um todo".

Deve-se anotar que embora se mostre importante tal dispositivo, se omitiu a UNESCO ao não inserir no mesmo, além da

---

16 SGRECCIA, Elio. Manual de Bioética: fundamentos e ética biomédica. São Paulo: Loyola, 1996, p. 23.

liberdade de pensamento, como regente de pesquisas científicas verdadeiramente livres, a liberdade de consciência e de religião, na esteira do Artigo 18[17] da Declaração Universal dos Direitos Humanos, da Organização das Nações Unidas de 1948, e do item "1", do Artigo 18[18] do Pacto Internacional Sobre Direitos Civis e Políticos, o que se mostraria mais consentâneo com os dispositivos sobre Direitos Humanos.

e) Princípio da cooperação científica entre os povos: inicialmente, convém destacar que esse encontra-se inclusive consagrado no Artigo 4°, IX, da Constituição Brasileira, o qual dispõe que a República Federativa do Brasil rege-se em suas relações internacionais, dentre outros, pelo princípio da cooperação entre os povos para o progresso da humanidade. Por esse princípio, todos os países devem trocar experiências científicas, devendo, os países industrializados, amparar financeira e cientificamente os países mais pobres, de modo que as descobertas científicas possam servir à humanidade como um todo e não apenas com um dado país e/ou continente, o que contribuirá, assim, para o desenvolvimento humanitário mundial.

Cumpre ressaltar ainda que se pode extrair esse princípio do Artigo 12, alínea "a" da Declaração Universal sobre o Genoma Humano e os Direitos do Homem, o qual dispõe que "os benefícios resultantes de progresso em biologia, genética e medicina,

---

17   Artigo 17 - Toda pessoa tem direito à liberdade de pensamento, consciência e religião; esse direito inclui a liberdade de mudar de religião ou crença e a liberdade de manifestar essa religião ou crença, pelo ensino, pela prática, pelo culto e pela observância, isolada ou coletivamente, em público ou em particular.

18   Artigo 18 - Toda pessoa terá direito à liberdade de pensamento, de consciência e de religião. Esse direito implicará a liberdade de ter ou adotar uma religião ou uma crença de sua escolha e a liberdade de professar sua religião ou crença, individual ou coletivamente, tanto pública como privadamente, por meio do culto, da celebração de ritos, de práticas e do ensino.

relacionados com o genoma humano, deverão ser disponibilizados a todos, com as devidas salvaguardas à dignidade e aos Direitos Humanos de cada pessoa".

Ainda se extrai esse princípio da cooperação científica entre os povos dos Artigos 18[19] e 19[20], da mesma Declaração Universal sobre o Genoma Humano e os Direitos do Homem.

Desse modo, todo e qualquer benefício advindo de pesquisas científicas deverá beneficiar toda a humanidade e não apenas o povo do país onde se fez a descoberta científica.

f) Princípio da dignidade da pessoa humana: O que se pretende é a hominização do ser humano, refutando-se desse modo, a coisificação do homem, isto é, a consideração do ser humano como uma "coisa". Sendo assim, por esse princípio, visa-se nortear especificamente em sua aplicação no Biodireito, as pesquisas científicas para que nestas sejam respeitadas a vida humana e a sua dignidade.

---

19   Artigo 18 - Os Estados deverão envidar esforços, com devida e apropriada atenção aos princípios estabelecidos na presente Declaração, para continuar a promover a divulgação internacional de conhecimentos relativos ao genoma humano, à diversidade humana e à pesquisa genética e, nesse respeito, promover a cooperação científica e cultural, em especial entre países industrializados e países em desenvolvimento.

20   Artigo 19 - No marco da cooperação internacional com países em desenvolvimento, os Estados deverão procurar incentivar medidas que permitam: 1. realizar uma avaliação dos riscos e benefícios da pesquisa sobre o genoma humano e prevenir abusos; 2. desenvolver e fortalecer a capacidade dos países em desenvolvimento de realizar pesquisa em biologia e genética humanas, levando em consideração os problemas específicos de cada país; 3. beneficiar os países em desenvolvimento, como resultado das realizações da pesquisa científica e tecnológica, de maneira que seu uso, em prol do progresso econômica e social, possa beneficiar a todos; 4. promover o livre intercâmbio de conhecimentos e informações científicas nas áreas de biologia, genética e medicina. b) As organizações internacionais pertinentes deverão apoiar epromover as iniciativas dos Estados visando aos objetivos antes relacionados.

Confrontando os avanços da tecnologia com o princípio jurídico da dignidade da pessoa humana, leciona Antônio Junqueira de Azevedo que "a enormidade dos avanços da tecnologia chegou a um ponto que não só põe em perigo a vida do planeta [mas] permite a plena manipulação da natureza humana por meio da biomedicina. A velha ética já não resolve essas novas situações. Diferentemente, conforme a ética da vida e do amor, as soluções existem: o princípio jurídico da dignidade fundamenta-se na pessoa humana e a pessoa humana pressupõe, antes de mais nada, uma condição objetiva, a vida".[21]

É importante assinalar que se colhe no preâmbulo da Declaração Universal sobre o Genoma Humano e os Direitos do Homem importante diretriz às pesquisas científicas de onde se extrai o princípio da dignidade da pessoa humana.

Assim direciona o preâmbulo da supracitada Declaração Universal sobre o Genoma Humano e os Direitos do Homem:

> "Reconhecendo que a pesquisa do genoma humano e das aplicações resultantes abrem vastas perspectivas para o progresso no aprimoramento da saúde das pessoas e da humanidade como um todo, mas enfatizando que essa pesquisa deve respeitar plenamente a dignidade humana, a liberdade e os Direitos Humanos, assim como a proibição de toda forma de discriminação baseada em características genéticas".

No mesmo diapasão, o Artigo 10 da Declaração Universal sobre o Genoma Humano e os Direitos do Homem consagra a preeminência da dignidade da pessoa humana sobre as pesquisas científicas ao estabelecer que "nenhuma pesquisa do genoma humano ou de suas aplicações, em especial nos campos da biologia, genética e medicina, deverá prevalecer sobre o respeito aos Direitos Humanos, às liberdades fundamentais e à dignidade humana de pessoas ou, quando aplicável, de grupos de pessoas".

---

21 AZEVEDO, Antônio Junqueira de. *Estudos e pareceres de direito privado*. São Paulo: Saraiva, 2004, p. 13.

Ainda na mesma esteira, o Artigo 11 dessa Declaração Universal sobre o Genoma Humano e os Direitos do Homem estabelece que "não é permitida qualquer prática contrária à dignidade humana, como a clonagem reprodutiva de seres humanos. Os Estados e as organizações internacionais pertinentes são convidados a cooperar na identificação dessas práticas e na implementação, em níveis nacional ou internacional, das medidas necessárias para assegurar o respeito aos princípios estabelecidos na presente Declaração".

Deve-se chamar a atenção que o dispositivo apresentado tem por escopo proibir toda e qualquer prática contrária à dignidade humana e não apenas a clonagem reprodutiva de seres humanos, a qual foi assinalada exemplificativamente.

Não desmerecendo os demais princípios, os quais são de suma importância no regimento do Biodireito e que devem ser sempre interpretados em conjunto também com esse princípio da dignidade da pessoa humana, penso que mereça um maior destaque o presente, não apenas por sua corrente aparição nos meio de comunicação, mas, sobretudo por sua inserção sempre maior no debate doutrinário e jurisprudencial.

Citando Kant e refutando a ideia de coisificação do ser humano, o professor Fabio Konder Comparato com a maestria que lhe é peculiar assevera que "para Kant, o princípio primeiro de toda a ética é o de que 'o ser humano e, de modo geral, todo ser racional, existe como um fim em si mesmo, não simplesmente como meio do qual esta ou aquela vontade possa servir-se a seu talante' ". E prossegue: "Os entes, cujo ser na verdade não depende de nossa vontade, mas da natureza, quando irracionais, têm unicamente um valor relativo, como meios, e chamam-se por isso coisas; os entes racionais, ao contrário, denominam-se pessoas, pois são marcados por sua própria natureza como fins em si mesmos; ou seja, como algo que não pode servir simplesmente de meio, o que limita, em consequência nosso livre arbítrio".[22] "O filósofo quis acentuar,

---

22   KANT, Immanuel apud COMPARATO, Fabio Konder. *Ética: direito, moral e religião no mundo moderno*. São Paulo: Companhia das Letras, 2006, p. 456.

portanto, de um lado, a superioridade ética absoluta dos seres humanos em relação às coisas, e, de outro lado, a absoluta igualdade de todas as pessoas em sua comum dignidade".[23]

Nesse diapasão, assinala o professor Chaves de Camargo que "toda pessoa humana, pela condição de ser, com sua inteligência e possibilidade de exercício de sua liberdade, se destaca na natureza e se diferencia do ser irracional. Essas características expressam um valor e fazem do homem não mais um mero existir, pois esse domínio sobre a própria vida, sua superação, é a raiz da dignidade humana. Assim, toda pessoa humana, pelo simples fato de existir, independentemente de sua situação social, traz em sua superioridade racional a dignidade de todo ser. Não admite discriminação, quer em razão do nascimento, da raça, inteligência, saúde mental, ou crença religiosa".[24]

Como se nota pelas brilhantes lições transcritas, o simples fato de ser pessoa humana, atribui-se a esta, inexoravelmente, a dignidade a qual impede sua coisificação.

É importante salientar ainda que inegavelmente, em tempos de neoconstitucionalismo, se fala como nunca em dignidade da pessoa humana, em que pese sua marcante presença já no pensamento estoico e na Roma antiga; dando-se especial destaque ainda a São Tomás de Aquino, o qual, no período medieval, referiu-se expressamente ao termo *dignitas humana.*

Mas afinal, o que é dignidade humana?

Diante dessa indagação e de inúmeros conceitos dados pelas doutrinas pátria e alienígena, dentre tantos outros, colaciono dois, os quais entendo como bastantes elucidativos e relevantes no início da presente obra.

Assim, dignidade da pessoa humana é *a qualidade intrínseca e distintiva de cada ser humano que o faz merecedor do mesmo respeito e consideração por parte do Estado e da comunidade, implicando, nesse sentido, um complexo de direitos e deveres fundamentais que*

---

23   COMPARATO, Fabio Konder. *Op. cit.*, p. 456.

24   CAMARGO, A.L. Chaves de. *Culpabilidade e reprovação penal.* São Paulo: Sugestões Literárias, 1994, pp. 27-28.

assegurem a pessoa tanto contra todo e qualquer ato de cunho degradante e desumano, como venham a lhe garantir as condições existenciais mínimas para uma vida saudável, além de propiciar e promover sua participação ativa e corresponsável nos destinos da própria existência e da vida em comunhão com os demais seres humanos.[25]

Ainda na doutrina pátria, colhe-se que "dignidade humana (...) é a medida de valor concernente ao conjunto dos atributos exclusivos da pessoa humana, justamente o que a torna superior às coisas da natureza e capaz de autoconsciência, consciência do que a cerca e autodeterminação".[26]

Especificamente em se tratando da Constituição da República Federativa do Brasil (CRFB), esta preceitua em seu Artigo 1°, inciso III, ser a dignidade da pessoa humana, um princípio fundamental dessa República.

Nessa perspectiva, o professor Rizzatto Nunes assevera que "está mais do que na hora de o operador do Direito passar a gerir sua atuação social pautado no princípio fundamental estampado no Texto Constitucional. Aliás, é um verdadeiro supraprincípio constitucional que ilumina todos demais princípios e normas constitucionais e infraconstitucionais. E por isso não pode o Princípio da Dignidade da Pessoa Humana ser desconsiderado em nenhum ato de interpretação, aplicação ou criação de normas jurídicas".[27]

Cumpre-se destacar que não se pode relegar tal princípio a segundo plano, sob o argumento simplista de ser a dignidade da pessoa humana um conceito indeterminado, sob pena de se negar vigência a Constituição da República.

---

25   SARLET, Ingo Wolfgang. *Dignidade da pessoa humana e direitos fundamentais na Constituição Federal de 1988*. Porto Alegre: Livraria do Advogado, 2001, p. 60.

26   DEL'OLMO, Florisbal de Souza, ARAÚJO, Luís Ivani de Amorim, coordenadores; colaboradores MATTOS, Adherbal Meira... [et al.]. Direito de Família Contemporâneo e novos direitos: estudos em homenagem ao Professor José Russo. Rio de Janeiro: Forense, 2006, p. 276.

27   NUNES, Rizzatto. O princípio constitucional da dignidade da pessoa humana: doutrina e jurisprudência – 3ª Edição revisada e ampliada. São Paulo: Saraiva, 2010, p. 65.

Desse modo, certo é que o constituinte pátrio trouxe a dignidade da pessoa humana como princípio de um "novo" país que junto "nascia" com a Constituição, visando resguardar o ser humano por completo, de forma plena.

É importante esclarecer que outras Constituições que visam constituir cada qual, um Estado democrático de Direito, alçaram a dignidade da pessoa humana ao *status* constitucional, como se verifica, por exemplo, e dentre outras, na Constituição da República Portuguesa de 1976,[28] na Constituição da República Italiana de 1947,[29] na Constituição da República Federal da Alemanha de 1949[30] e na Constituição Política do Estado Plurinacional da Bolívia de 2009[31].

Assim, como se nota pelo teor de algumas Constituições apresentadas, a preocupação quanto à questão da dignidade da pessoa humana se dá no cenário constitucional mundial, sendo certo que tal preocupação encontra-se também encartada expressamente no Artigo 1° da Declaração Universal dos Direitos Humanos, da Organização das Nações Unidas de 1948.[32]

---

28   Artigo 1° - Portugal é uma República soberana, baseada na dignidade da pessoa humana e na vontade popular e empenhada na construção de uma sociedade livre, justa e solidária.

29   Artigo 3° - Todos os cidadãos têm a mesma dignidade social e são iguais perante a lei, sem distinção de sexo, de raça, de língua, de religião, de opinião política e de condições pessoais e sociais.
Artigo 41. A iniciativa econômica privada é livre.
Não pode desenvolver-se contrariamente à utilidade social ou de modo a causar dano à segurança, à liberdade, e à dignidade humana. (...)

30   Artigo 1° - [Dignidade dos seres humanos, vinculação dos direitos fundamentais para o Poder Público]
(1) [1]A dignidade dos seres humanos é inviolável. [2]Todos os poderes públicos são obrigados a respeitar e proteger. (...)

31   Artigo 22 - A dignidade e a liberdade da pessoa humana são invioláveis. Respeitá-las e protege-las é dever primário do Estado.

32   Artigo 1° - Todas as pessoas nascem livres e iguais em dignidade e direitos. São dotadas de razão e consciência e devem agir em relação umas às outras com espírito de fraternidade.

No cenário doutrinário, percebe-se como núcleo da dignidade da pessoa humana, a autonomia somada ao direito de autodeterminação de cada pessoa humana.

Visto isso, se passa a analisar especialmente a questão do princípio da dignidade da pessoa humana como *locus* hermenêutico da interpretação constitucional.

Como se sabe, o principal papel da hermenêutica é descobrir e fixar os princípios que regerão a interpretação.[33]

Sob essa perspectiva, pode-se afirmar que a interpretação constitucional atualmente deve ser regida pelo princípio da dignidade da pessoa humana, tendo em vista que é na observância desse princípio basilar que se chegará à interpretação que assegure real efetividade aos direitos fundamentais, sem os quais nenhum ser humano poderá ter vida digna.

É bem verdade que as fórmulas hermenêuticas tradicionais de Savigny[34] não podem e nem devem ser relegadas a segundo plano, devendo mesmo ser aplicadas com primazia sobre as teorias contemporâneas da argumentação jurídica e da discursiva do direito, aplicadas nesse tempo de neoconstitucionalismo. Porém, não se pode olvidar que, por vezes, tais fórmulas tradicionais, sobretudo nos casos difíceis *(hard cases),* tornam-se insuficientes, o que se impõe a aplicação das teorias da argumentação jurídica e da discursiva do direito, visando assim a realização da justiça diante de um caso concreto.

É importante salientar que na visão do jusfilósofo alemão Robert Alexy, citado pelo professor Virgilio Afonso da Silva, a dignidade seria, ao mesmo tempo, um princípio e uma regra, elucidando o renomado doutrinador nos seguintes termos: "seria possível aceitar que a dignidade seja também objeto de sopesamento e tenha que ceder ante eventuais circunstâncias de um caso concreto? Como forma de evitar esse problema, Alexy propõe uma estrutura diferenciada para a garantia da dignidade. Segundo ele,

---

33   Nesse sentido: MAXIMILIANO, Carlos. Hermenêutica e aplicação do direito. Rio de Janeiro: Forense, 1994, p. 1.

34   Interpretação gramatical, interpretação histórica, interpretação sistemática e interpretação teleológica.

a dignidade seria, ao mesmo tempo, uma regra e um princípio. Essa divisão corresponde, de forma quase total, à aceitação, para o caso da dignidade humana, da existência de um conteúdo essencial absoluto, que seria caracterizado pela 'parte regra' da norma que garante esse princípio. A 'parte princípio' da norma que garante a dignidade, por sua vez, teria a mesma estrutura de todo e qualquer princípio, e seria, portanto, relativizável quando houvesse fundamentos suficientes para tanto".[35]

Diante também dessa importante lição, particularmente, penso que para se chegar ao que é dignidade humana, deve-se passar inexoravelmente pelo conceito de núcleo essencial dos direitos fundamentais, o qual em apertada síntese, pode ser concebido como o conjunto de direitos mínimos, sem os quais nenhuma pessoa humana poderá viver dignamente, tal como é o direito à vida, o qual pressupõe todos os demais direitos.

Desse modo, penso que colocar o princípio da dignidade da pessoa humana como *locus* hermenêutico da nova interpretação constitucional não se quer, como podem pensar alguns, relegar a segundo plano as fórmulas hermenêuticas tradicionais de Savigny, as quais, conforme já assinalado anteriormente, devem ser aplicadas com primazia, sempre que atenderem ao fim do direito, isto é, ao bem comum; buscando-se na verdade dar maior efetividade aos direitos fundamentais, os quais tem como princípio basilar a dignidade da pessoa humana, o que por vezes só se conseguirá com tal medida.

Portanto, nessa esteira, tendo todo ser humano, comum dignidade, independentemente de qualquer outra qualificação, surge também o princípio da igualdade ou da não hierarquia da vida, o qual se passa a analisar a seguir.

---

35 ALEXY, Robert. Theorie der Grundrechte, 2ª Edição, Frankfurt am Main: Suhrkamp, 1994 (1ª Edição, 1985) p. 95 e ss. [tradução brasileira de Virgilio Afonso de Souza: Teoria dos direitos fundamentais, São Paulo: Malheiros Editores, 2008, p. 111 e ss.]; BARCELLOS, Ana Paula de. Ponderação, racionalidade e atividade jurisdicional, Rio de Janeiro: Renovar, 2005, pp. 193-194 apud SILVA, Virgílio Afonso da. *Direitos Fundamentais – conteúdo essencial, restrições e eficácia*. 2ª Edição, São Paulo: Malheiros Editores, 2010, p. 201.

g) Princípio da igualdade ou da não hierarquia da vida:
É, interessante, antes de adentrarmos especificamente no que consiste tal fundamento, assinalar ser este de todos os princípios que ora estamos analisando o que teve a maior violação na história recente do mundo. Com efeito, na Alemanha nazista de Hitler houve o genocídio de milhões de judeus, ciganos, homossexuais, deficientes físicos etc., por serem considerados inferiores em relação à raça ariana e tudo aquilo que o nazismo entendia como superior. Sendo assim, por essa passagem triste da história mundial, pode-se perceber claramente que por esse princípio, veda-se qualquer distinção entre pessoas humanas, de modo que inexiste vida que seja mais ou menos importante, independentemente de raça, sexo, cor, opinião política, crença religiosa, convicção filosófica dentre outros; ou seja, toda vida é vida e goza de igual dignidade!

Importa esclarecer que no Brasil, em que pese à desigualdade social ainda existente em algumas regiões e a descriminação por parte de alguns, abraçou-se esse princípio, uma vez que entre nós brasileiros, o branco é igual ao negro; a mulher é igual ao homem etc. Também dada à importância desse princípio teceremos alguns comentários acerca do mesmo mais à frente na presente obra.

h) Princípio *in dubio pro vita:* Por esse princípio, qualquer pesquisa ou experimentação científica, ainda que tenha por objetivo salvar vidas ou curar doenças e enfermidades, que possivelmente possa colocar em risco uma outra vida ou até venha a destruir outra vida humana, como no caso, por exemplo, das pesquisas com células-tronco embrionárias, o que será analisado mais a frente, não poderá seguir adiante. Veja-se, portanto, que esse princípio inexoravelmente deve ser interpretado e analisado conjuntamente ao princípio da igualdade ou da não hierarquia da vida.

i) Princípio da proporcionalidade: Por esse princípio, deve ser analisado, antes do início de cada pesquisa ou experimentação científica, o custo-benefício, isto é, deverá ser analisada a relação entre a vida humana e sua dignidade de um lado, e, do outro, o avanço científico. Cumpre esclarecer que por esse deverá ser aferido se a pesquisa científica está informada pelo valor superior inerente a toda pessoa humana e à própria Ciência: a vida humana.

CONCLUSÃO

Como se conclui por todos os princípios apresentados no presente capítulo, os quais podem ser tidos como a base da Bioética e do Biodireito e devem ser interpretados em conjunto; bem como por todo o exposto, o avanço científico exige necessariamente que seja acompanhado de avanços também na Ética, uma vez que independentemente de qual for a pesquisa científica e do que a mesma objetiva, deverão ser observados os Direitos Humanos e o próprio ser humano em sua condição indissociável de pessoa humana dotada de dignidade, o que preocupantemente não é o que se tem observado na prática, conforme será analisado nos próximos capítulos desta obra.

Capítulo II

A Validade do Pensamento Religioso na Esfera Pública

Inicialmente convém esclarecer que o presente capítulo terá por escopo central uma análise da validade do pensamento religioso na esfera pública, haja vista que a temática do direito à vida sempre guardou profunda relação com a religiosidade do povo brasileiro, sendo certo que a análise será feita de forma independente e tendo como fundamento eminentemente a Constituição da República.

Se buscará neste capítulo desmistificar a falsa premissa de que o pensamento religioso não possui qualquer validade no âmbito da esfera pública.

Visto isso, inicia-se a análise da temática, fazendo-se uma abordagem histórica da relação Estado *versus* Igreja.

Com efeito, na primeira Constituição Brasileira, outorgada por Dom Pedro I, em 25 de março de 1824, mostra-se marcante o vínculo entre o Estado e a Igreja.[36]

---

36 Artigo 5° - A Religião Católica Apostólica Romana continuará a ser a Religião do Império. Todas as outras Religiões serão permitidas com seu culto doméstico, ou particular em casas para isso destinadas, sem forma alguma exterior do Templo.
Artigo 95 - Todos os que podem ser Eleitores, hábeis para serem nomeados Deputados. Excetuam-se (...) III. Os que não professarem a Religião do Estado.
Artigo 103 - O Imperador antes do ser aclamado prestará nas mãos do Presidente do Senado, reunidas as duas Câmaras, o seguinte Juramento: - Juro manter a Religião Católica Apostólica Romana, a integridade, e indivisibilidade do Império; observar, e fazer observar a Constituição Política da Nação Brasileira, e mais Leis do Império, e prover ao bem geral do Brasil, quanto em mim couber.

Posteriormente, com a promulgação da Constituição de 1891, deu-se a ruptura nas relações entre o Estado e a Igreja, conforme se verifica pelo teor de alguns de seus dispositivos constitucionais.[37]

É importante salientar que não irei analisar as Constituições de 1934 até a anterior à vigente Constituição, tendo em vista que o pensamento da Constituição de 1891 foi seguido por todas elas, razão pela qual passo a analisar a temática deste capítulo à luz da vigente Carta Magna de 1988.

De imediato, importa esclarecer que a separação entre o Estado e a Igreja vem expressa no inciso I, do Artigo 19, da Constituição brasileira.[38]

Não obstante a salutar separação entre a Igreja e o Estado, importa salientar que na vigente Constituição, consagrado está no inciso VI, de seu Artigo 5º ser "inviolável a liberdade de consciência

---

Artigo 106 - O Herdeiro presuntivo, em completando quatorze anos de idade, prestará nas mãos do Presidente do Senado, reunidas as duas Câmaras, o seguinte Juramento: - Juro manter a Religião Católica Apostólica Romana, observar a Constituição Política da Nação Brasileira, e ser obediente às Leis, e ao Imperador.
Artigo 141 - Os Conselheiros de Estado, antes de tomarem posse, prestarão juramento nas mãos do Imperador de - manter a Religião Católica Apostólica Romana; observar a Constituição, e às Leis; ser fiéis ao Imperador; aconselhá-lo segundo suas consciências, atendendo somente ao bem da Nação.

37 Artigo 70 - (...) § 1º - Não podem alistar-se eleitores para as eleições federais ou para as dos Estados: (...) - 4º) os religiosos de ordens monásticas, companhias, congregações ou comunidades de qualquer denominação, sujeitas a voto de obediência, regra ou estatuto que importe a renúncia da liberdade Individual.
Artigo 72 - (...) § 3º - Todos os indivíduos e confissões religiosas podem exercer pública e livremente o seu culto, associando-se para esse fim e adquirindo bens, observadas as disposições do direito comum; § 4º - A República só reconhece o casamento civil, cuja celebração será gratuita; (...) § 29 - Os que alegarem motivo de crença religiosa com o fim de se isentarem de qualquer ônus que as leis da República imponham aos cidadãos, e os que aceitarem condecoração ou títulos nobiliárquicos estrangeiros perderão todos os direitos políticos.

38 Artigo 19 - É vedado à União, aos Estados, ao Distrito Federal e aos Municípios: I - estabelecer cultos religiosos ou igrejas, subvencioná-los, embaraçar-lhes o funcionamento ou manter com eles seus representantes, relações de dependência ou aliança, ressalvada, na forma da lei, a colaboração de interesse público.

e de crença, sendo assegurado o livre exercício dos cultos religiosos e garantida, na forma da lei, a proteção aos locais de culto e a suas liturgias"; sendo certo ainda, nos termos do inciso VIII, do mesmo Artigo 5° que "ninguém será privado de direitos por motivo de crença religiosa ou de convicção filosófica ou política, salvo se as invocar para eximir-se de obrigação legal a todos imposta e recusar-se a cumprir prestação alternativa, fixada em lei".

Comentando a liberdade religiosa e o Estado laico ou leigo, o professor Alexandre de Moraes, assevera que "a conquista constitucional da liberdade religiosa é verdadeira consagração da maturidade de um povo, pois, como salientado por Themistocles Brandão Cavalcanti, é ela verdadeiro desdobramento da liberdade de pensamento e manifestação. A abrangência do preceito constitucional é ampla, pois sendo a religião o complexo de princípios que dirigem os pensamentos, ações e adoração do homem para com Deus, acaba por compreender a crença, o dogma, a moral, a liturgia e o culto. O constrangimento à pessoa humana de forma a renunciar sua fé representa o desrespeito à diversidade democrática de ideias, filosofias e a própria diversidade espiritual".[39]

Desse modo, o fato de professar uma determinada fé, não torna o posicionamento de nenhuma pessoa como sendo irracional ou de menor importância em relação àqueles que afirmam não ter nenhuma crença.

Com efeito, se assim não pensarmos estaremos ferindo não apenas à própria Constituição, como também estará por se criar a ideia de que a elite pensante deste país é formada tão somente por pessoas que não possuem qualquer religião, passando a maioria (a qual professa uma fé) a estar submetida sempre à vontade de uma minoria.

Nessa esteira, sem nenhum equívoco, há que se assinalar que negar validade ao pensamento religioso no seio da sociedade é afrontar a dignidade de cada pessoa física religiosa, bem como o

---

39   MORAES, Alexandre de. Direito Constitucional, 13ª Edição, São Paulo: Atlas, 2003, p. 74.

inciso VIII,[40] do Artigo 5° da Constituição da República e a imagem de cada denominação religiosa, independentemente de qual seja, pelas razões que seguem.

Aliás, cumpre frisar que conforme assinalado no Capítulo I desta obra, o Artigo 18 da Declaração Universal dos Direitos Humanos, da Organização das Nações Unidas de 1948, consagra que "toda pessoa tem direito à liberdade de pensamento, consciência e religião; esse direito inclui a liberdade de mudar de religião ou crença e a liberdade de manifestar essa religião ou crença, pelo ensino, pela prática, pelo culto e pela observância, isolada ou coletivamente, em público ou em particular".

Assim, negar validade ao pensamento de uma pessoa física que seja religiosa afronta a sua dignidade, uma vez que a mesma passaria a inexoravelmente ser vista na sociedade como detentora de pensamentos vazios de argumentação lógica e, por isso, inválidos, o que, inclusive, seria passível de lhe causar problemas em sua vida profissional e, porque também não dizer, social, pois acabaria por ser retaliada em qualquer posicionamento que possa ter.

Tal conclusão, qual seja a de violação da dignidade da pessoa física religiosa por razões de seu pensamento com conteúdo religioso (o que viola, como se constata, direito fundamental seu) é possível, inclusive, se extrair implicitamente de lição abalizada do professor Ingo Wolfgang Sarlet, o qual elucida que "(...) o que se pretende sustentar de modo mais enfático é que a dignidade da pessoa humana, na condição de valor (e princípio normativo fundamental), (...) exige e pressupõe o reconhecimento e proteção dos direitos fundamentais de todas as dimensões (ou gerações, se assim preferirmos). Assim, sem que se reconheçam à pessoa humana os direitos fundamentais que lhe são inerentes, em verdade estar-se-á negando-lhe a própria dignidade".[41]

---

40   Artigo 5° - (...) VIII - ninguém será privado de direitos por motivo de crença religiosa ou de convicção filosófica ou política, salvo se as invocar para eximir-se de obrigação legal a todos imposta e recusar-se a cumprir prestação alternativa, fixada em lei.

41   SARLET, Ingo Wolfgang. *Dignidade da pessoa humana e direitos fundamentais*

Além disso, a falsa premissa de invalidade do pensamento religioso na esfera pública viola o direito fundamental de liberdade de crença de cada pessoa humana, uma vez que tal direito se consubstancia não apenas em poder livremente professar sua fé, mas também em poder orientar sua vida e manifestar de forma válida no plano social sua perspectiva em relação ao mundo em que vive, bem como os valores que lhes são caros, destacando-se dentre esses, a própria vida.

Nessa esteira, analisando o direito fundamental à liberdade de crença, leciona o professor Milton Ribeiro que este "(...) tem como marca nítida o seu caráter interior. Vai da liberdade primeira do homem de poder orientar sua fé, sua perspectiva em relação ao mundo e à vida, a sua possibilidade de eleição dos valores que reputa essenciais, sendo, pois, inalienável por natureza, mesmo quando proibido legalmente, visto que a repressão ao direito e a tirania não pode chegar ao ponto de cercear a fé que reside no interior do indivíduo, alcançando, no máximo, a sua manifestação exterior".[42]

Cumpre-me esclarecer que embora seja católico, à luz da doutrina Católica e principalmente do meu entendimento pessoal, não faço qualquer tipo de discriminação contra qualquer outra religião que não seja a minha, valendo o mesmo, em relação àqueles que se dizem ateus, agnósticos, que não professem nenhuma fé, bem como que tenham pensamentos divergentes dos quais defendo na presente obra.

Aliás, a base para o progresso de uma sociedade e também o fundamento para o exercício da liberdade religiosa deve estar no respeito mútuo, o que deve ser reconhecido e assegurado pelo Estado.

Nessa perspectiva, atenta a essa necessidade, a Igreja Católica Apostólica Romana, já por ocasião do Concilio Ecumênico Vaticano II, convocado em 25 de dezembro de 1961 pelo Papa

---

na Constituição Federal de 1988. 4ª Edição, Porto Alegre: Livraria do Advogado, 2006, pp. 84-85.

42 RIBEIRO, Milton. *Liberdade religiosa: uma proposta para debate.* São Paulo: Editora Mackenzie, 2002, p. 34.

João XXIII, através da Constituição Apostólica *Humanae Salutis*[43] consubstanciou em documento intitulado "Declaração *Dignitatis Humanae* sobre a Liberdade Religiosa" que "no uso de qualquer liberdade deve respeitar-se o princípio moral da responsabilidade pessoal e social: cada homem e cada grupo social estão moralmente obrigados, no exercício dos próprios direitos, a ter em conta os direitos alheios e os seus próprios deveres para com os outros e o bem comum. (...) Além disso, uma vez que a sociedade civil tem o direito de se proteger contra os abusos que, sob pretexto de liberdade religiosa, se poderiam verificar, é, sobretudo, ao poder civil que pertence assegurar essa proteção. Isso, porém, não se deve fazer de modo arbitrário, ou favorecendo injustamente uma parte; mas segundo as normas jurídicas, conforme à ordem objetiva, postuladas pela tutela eficaz dos direitos de todos os cidadãos e sua pacífica harmonia, pelo suficiente cuidado da honesta paz pública que consiste na ordenada convivência sobre a base duma verdadeira justiça, e ainda pela guarda que se deve ter da moralidade pública. Todas essas coisas são parte fundamental do bem comum e pertencem à ordem pública. De resto, deve manter-se o princípio de assegurar a liberdade integral na sociedade, segundo o qual se há de reconhecer ao homem o maior grau possível de liberdade, só restringindo esta quando e na medida em que for necessário".[44]

Na esteira da matéria que ora se analisa, cumpre apresentar o conceito dos termos "laicismo" e "laicidade", lecionando o doutrinador Aloísio Cristovam dos Santos Junior, em obra de sua autoria, que o "(...) laicismo expressa o sistema jurídico-político no qual o Estado e as organizações religiosas não sofrem interferências recíprocas no

---

43   PAPA JOÃO XXIII. *Constituição Apostólica* Humanae Salutis, de 25 de dezembro de 1961. Disponível em: <http://www.vatican.va/holy_father/john_xxiii/apost_constitutions/documents/hf_j--xxiii_apc_19611225_humanae-salutis_po.html>. Acesso em: 12 de abril de 2011.

44   PAPA PAULO VI. *Documentos do Concilio Vaticano II, Declaração Dignitatis Humanae sobre a Liberdade Religiosa*, de 7 de dezembro de 1965. Disponível em: <http://www.vatican.va/archive/hist_councils/ii_vatican_council/documents/vat-ii_decl_19651207_dignitatis-humanae_po.html>. Acesso em: 12 de abril de 2011.

que diz respeito ao atendimento de suas finalidades institucionais; laicidade, por seu turno, seria simplesmente a qualidade de laico, o caráter de neutralidade religiosa do Estado. Poder-se-ia dizer, assim, que o *laicismo* é o sistema caracterizado pela *laicidade*".[45]

Desse modo, é importante esclarecer que Estado laico não é sinônimo de Estado ateu. Na verdade, a laicidade estatal significa que embora este não tenha uma religião oficial, deve respeitar a escolha religiosa de cada pessoa humana, ainda que esta opte pelo ateísmo, garantindo a cada organização religiosa, sem distinção, a livre organização de seus cultos e a inviolabilidade dos mesmos, desde que respeitem o bem comum.

Aqui, inclusive, é importante abrir um "parêntese" para tecer breve comentário acerca da querela quanto à constituciona-lidade ou não da utilização de símbolos religiosos, como crucifixos, por exemplo, no âmbito de órgãos públicos, o que implicitamente encontra-se em profunda sintonia com o que está sendo analisado no presente capítulo.

Na verdade, tal querela se deve ao fato de uma equivocada interpretação da Constituição da República feita por alguns doutri-nadores e autoridades públicas, os quais entendem, friso, de forma equivocada, que o fato de o Estado ser laico, haveria em sua laici-dade a expressão da obrigação de eliminação dos símbolos reli-giosos, ao invés de haver uma tolerância aos mesmos.

Nesse sentido, em análise de tal querela, colhe-se da doutrina abalizada do professor Ives Gandra da Silva Martins que "não é de se esquecer que o próprio conceito de Estado laico exterioriza conceito de liberdade para que as pessoas tenham suas convicções e respeitem as convicções dos outros. Eliminar a tradição de manter crucifixos nas repartições públicas – que refletem o sentimento da maioria da população sob a alegação de que o Estado laico não permite manifestações religiosas, é, de rigor, uma forma de externar a intolerância religiosa, como se tradicionais manifestações públicas de religiosidade e de respeito

---

45 SANTOS JUNIOR, Aloísio Cristovam dos. *A liberdade de organização religiosa e o Estado laico brasileiro*. São Paulo: Editora Mackenzie, 2007, p. 62.

ao Deus do Universo fossem ofensivas ao "Deus-Estado", merecedor de culto exclusivo".[46]

Visto isso, importa esclarecer que nesse mesmo Estado laico, cada pessoa em sua íntima convicção, agindo em nome próprio ou como representante de uma instituição religiosa, poderá fazer as propostas que entender devidas na consecução do bem comum e da justiça social.

Em relação especificamente às Igrejas, independentemente da denominação, essas também possuem legitimidade moral e porque não dizer, jurídico-constitucional, de pleitearem junto ao Estado aquilo que entenderem devidos para uma melhor vida em sociedade, até porque dela, não está excluída.

Na Carta Encíclica *Deus Caritas Est*, o Papa Bento XVI, fazendo um paralelo e distinguindo o Estado da Igreja, afirma que "o Estado não pode impor a religião, mas deve garantir a liberdade da mesma e a paz entre os aderentes das diversas religiões; por sua vez, a Igreja como expressão social da fé cristã tem a sua independência e vive, assente em fé, sua forma comunitária que o Estado deve respeitar. As duas esferas são distintas, mas sempre em recíproca relação. A justiça é o objetivo e, consequentemente, também a medida intrínseca de toda a política. A política é mais do que uma simples técnica para a definição dos ordenamentos públicos: sua origem e seus objetivos estão precisamente na justiça, e essa é de natureza ética. Assim, o Estado defronta-se inevitavelmente com a questão: como realizar a justiça aqui e agora? Mas essa pergunta pressupõe outra mais radical: o que é a justiça? Isso é um problema que diz respeito à razão prática; mas, para poder operar retamente, a razão deve ser continuamente purificada porque sua cegueira ética, derivada da prevalência do interesse e do poder que a deslumbram, é um perigo nunca totalmente eliminado. Nesse ponto, política e fé tocam-se".[47]

---

46 MARTINS, Ives Gandra da Silva. *O endeusamento do Estado laico. Jornal Perfil Econômico*, São Paulo, ano XXIII, p. 3, 28 de agosto de 2009.

47 PAPA BENTO XVI. Carta Encíclica *Deus Caritas Est* do sumo pontífice Bento XVI aos bispos, presbíteros e aos diáconos; às pessoas consagradas e a todos os fiéis

Na verdade, a finalidade do Estado deve ser o bem comum, não podendo atribuir ao pensamento religioso uma irracionalidade, tão somente por guardar consigo, sobretudo, preceitos de fundo religioso.

Ao contrário, deve o Estado se unir às instituições religiosas em busca do bem comum, sem qualquer tipo de subordinação daquele em relação a essas e vice-versa.

Importante assinalar que em interessante debate travado em 2004 entre o filósofo alemão Jurgen Habermas e o então cardeal, Joseph Ratzinger, hoje Papa Bento XVI, Habermas reconheceu a necessidade democrática de um diálogo entre crentes e descrentes na articulação institucional de questões como o aborto; esclarecendo nesse sentido que visões científicas ou secularizadas de mundo não gozam de primazia em relação a concepções religiosas concorrentes.[48]

Apoiado também nessa abalizada doutrina, especialmente a partir daqui, se passa a refletir acerca de todo e qualquer projeto ou ação estatal que venha, de alguma forma, ferir a inviolabilidade do direito à vida e a dignidade que detém todo o ser da espécie humana, relegando de alguma forma o pensamento de denominações religiosas a segundo plano, pura e simplesmente, por considerá-lo inválido.

Com efeito, embora as questões da inviolabilidade da vida humana e sua dignidade estejam contidas inexoravelmente no pensamento religioso, não o são pura e simplesmente questões religiosas, mas sim, questões de interesse público, uma vez que afetam um direito fundamental, essencial, natural, inviolável, que é o direito de nascer, o qual todos fazem jus, independentemente de ser crente ou ateu.

Sendo assim, a questão da defesa da vida humana, não é como muitas vezes noticiado pelos meios de comunicação, uma

---

leigos sobre o amor cristão, de 25 de dezembro de 2005. Disponível em: <http://www.vatican.va/holy_father/benedict_xvi/encyclicals/documents/hf_ben-xvi_enc_20051225_deus-caritas-est_po.html#_ftn19>. Acesso em: 5 de janeiro de 2011.

48   HABERMAS, Jurgen; RATZINGER, Joseph. Dialética da Secularização – Sobre razão e religião. Aparecida: Ideias & Letras, 2007, pp. 54-57.

defesa de dogmas religiosos. Na verdade, defender a vida humana vai muito além de uma convicção religiosa, política ou filosófica.

Penso e defendo que a vida humana e a defesa de sua inviolabilidade no cenário político possam ser resumidas com uma indagação a ser feita e respondida por cada um em seu íntimo, qual seja: Quando estavas no ventre de sua mãe, indagaram-lhe se você queria nascer??? Parece uma indagação boba ou sem sentido, mas não é!!! Evidente que não nos foi feita essa pergunta, aliás, mesmo se fosse feita, não teríamos como responder. Porém, sem nenhuma dúvida, posso afirmar que cada amigo(a) leitor(a) que ama a vida, se tivesse sido indagado(a) se queria nascer e se pudesse falar, não daria outra resposta, senão um sim!

Desse modo, sendo certo que inexiste a possibilidade de tal indagação a cada nascituro,[49] deve o Estado não apenas por questões religiosas, mas também por questões jurídico-constitucionais e ainda por questões até mesmo de lógica, presumir que cada nascituro deseja ter a mesma oportunidade que cada um de nós temos, que é a de ter nascido e de poder viver a vida.

Negando o Estado o direito à vida de um ser humano, ainda que no estágio embrionário, afasta-se da função principal do direito que é chamar à igualdade os desiguais, violando Direitos Humanos, ao hierarquizar a vida humana em estágios e em pessoas.

Com efeito, caso o Estado edite normas que não assegurem direitos iguais a todos os seres humanos, independentemente de seu estágio de vida, estará o mesmo afrontando o princípio da isonomia, ocasionando, por conseguinte, abalo ao Estado Democrático de Direito.

Não se pode olvidar que sendo a vida humana, o princípio de gozo e fruição de qualquer outro direito, não cabe ao Estado legislar sobre quem deve nascer ou não, nem muito menos acobertar quem venha por termo à vida de um ser inocente; ao contrário, deve o Estado tão somente reconhecê-la como um direito natural e do

---

49 Nascituro no conceito científico, bem como na dicção do próprio Artigo 2°, caput do projeto de Lei n° 489, de 2007 (Estatuto do Nascituro) é o ser humano concebido, mas ainda não nascido.

Nesse diapasão, analisando a vida humana e sua inviolabilidade, leciona o doutrinador Antônio Chaves que "o respeito a ela e aos demais bens ou direitos correlatos decorre de um dever absoluto *erga omnes* (contra todos) por sua própria natureza, ao qual ninguém é lícito desobedecer.

É importante asseverar que ainda que não houvesse tutela constitucional ao direito à vida, que, por ser decorrente de norma de direito natural, é deduzida da natureza do ser humano, se legitimaria aquela imposição *erga omnes*, porque o direito natural é o fundamento do dever-ser, ou melhor, do direito positivo, uma vez que se baseia num consenso, cuja expressão máxima é a Declaração Universal dos Direitos do Homem, fruto concebido pela consciência coletiva da humanidade civilizada".[50]

Portanto, por todo o exposto no presente capítulo, "etiquetar" todo e qualquer pensamento de uma pessoa física ou jurídica que tenha conteúdo, precípua ou reflexamente religioso, como inválido *prima facie* na esfera pública, viola inexoravelmente a Constituição da República Federativa do Brasil, bem como os Direitos Humanos universalmente assegurados a cada pessoa humana.

---

50   CHAVES, Antônio. Tratado de direito civil, parte geral, vol.1, t.1. São Paulo: Revista dos Tribunais, 1982, p. 435.

Capítulo III

O Pacto de São José da Costa Rica e sua Vigência no Ordenamento Jurídico Pátrio

A cerca da matéria, é interessante traçar, desde logo, em linhas gerais, as teses doutrinárias acerca da posição hierárquica dos tratados ou convenções internacionais sobre Direitos Humanos no ordenamento jurídico de um dado país.

Assim, os tratados ou as convenções internacionais poderão ter natureza supraconstitucional, isto é, poderão até mesmo estar em um patamar acima da Constituição do país; poderão ter natureza constitucional, estando desse modo no mesmo patamar de uma emenda constitucional; poderão estar em patamar abaixo da Constituição, mas acima das leis infraconstitucionais do país, tendo, pois, natureza supralegal; ou finalmente poderão ter natureza legal, sendo assim considerados equivalentes às leis infraconstitucionais de um determinado país.

Especificamente acerca da posição hierárquica dos tratados ou convenções internacionais sobre Direitos Humanos no ordenamento jurídico pátrio, a doutrina e a jurisprudência não chegaram a um consenso, o que foi minimizado com o advento da Emenda Constitucional n° 45, de 2004, a qual introduziu o § 3° no Artigo 5° da Constituição da República,[51] permitindo que

---

51 Artigo 5 - (...) § 3° Os tratados e convenções internacionais sobre Direitos Humanos que forem aprovados, em cada Casa do Congresso Nacional, em dois turnos, por três quintos dos votos dos respectivos membros, serão equivalentes às emendas constitucionais.

tenha *status* constitucional, a norma aprovada nos moldes das emendas constitucionais.

Como se sabe, a referida emenda constitucional n° 45, de 2004, é posterior à aprovação e entrada em vigor no Direito Brasileiro da Convenção Americana sobre Direitos Humanos, ou como mais conhecido, do Pacto de São José da Costa Rica, objeto principal deste Capítulo, bem como do Pacto Internacional sobre Direitos Civis e Políticos, o qual estabelece em seu Artigo 6°, item 1 que "o direito à vida é inerente à pessoa humana. Esse direito deverá ser protegido pela lei. Ninguém poderá ser arbitrariamente privado de sua vida".

Diante de tal constatação, surge uma indagação: estariam os tratados e convenções internacionais sobre Direitos Humanos que ingressaram no ordenamento jurídico pátrio antes da entrada em vigor da Emenda constitucional n° 45, de 2004, inseridos na categoria de tratados de nível constitucional? Em que pese a eterna discussão doutrinária e jurisprudencial, pode-se afirmar que sim, sobretudo à luz do disposto no § 2°, do Artigo 5° da Lei Maior e ainda por não ter havido nenhuma ressalva do constituinte derivado nesse sentido.

Com efeito, a solução para tal questão encontra fundamento na doutrina abalizada de Francisco Rezek, ex-membro do Supremo Tribunal Federal e da Corte Internacional de Justiça, eleito pelas Nações Unidas, o qual assevera que "uma última dúvida diz respeito ao passado, a algum eventual que um dia se tenha descrito em tratado de que o Brasil seja parte — e que já não se encontre no rol do Artigo 5°. Qual o seu nível? Isso há de gerar controvérsia entre os constitucionalistas, mas é sensato crer que ao promulgar esse pará-grafo na Emenda Constitucional 45, de 8 de dezembro de 2004, sem nenhuma ressalva abjuratória dos tratados sobre Direitos Humanos, outrora concluídos mediante processo simples, o Congresso consti-tuinte os elevou à categoria dos tratados de nível constitucional. Essa é uma equação jurídica da mesma natureza daquela que explica que nosso Código Tributário, promulgado a seu tempo como Lei Ordi-nária, tenha-se promovido a Lei Complementar à Constituição, desde o momento em que a carta disse que as normas gerais de direito tributário deveriam estar expressas em diploma dessa estatura".[52]

Cumpre ressaltar que o Artigo 4°, item 1, do Pacto de São José da Costa Rica, de 22 de novembro de 1969, o qual foi promulgado pelo Decreto Presidencial n° 678, de 6 de novembro de 1992, determina que "Toda a pessoa tem direito que se respeite sua vida. Esse direito deve ser protegido pela Lei e, em geral, desde a concepção".

Nesse momento, enfocando a Convenção Americana sobre Direitos Humanos, deve-se atentar para a questão acerca de qual seria o impacto desse tratado sobre Direitos Humanos no ordenamento jurídico pátrio.

Com efeito, considerando sua hierarquia do ponto de vista constitucional, de forma ampla no direito brasileiro, em relação ao Texto Constitucional, os tratados e convenções internacionais sobre Direitos Humanos, poderão: "a) coincidir com o direito assegurado pela Constituição (...); b) integrar, complementar e ampliar o universo de direitos constitucionalmente previstos; ou c) contrariar preceito de Direito interno".[53]

Com a ressalva no que diz respeito à possibilidade de prisão de depositário infiel, prevista no Texto Constitucional e vedada de forma expressa Convenção Americana sobre Direitos Humanos, o que não é objeto especifico da presente obra, apesar do Supremo Tribunal Federal em seus recentes julgados,[54] inclinar-se a dar prevalência ao tratados sobre Direitos Humanos, a doutrina e a jurisprudência pátria não divergem acerca do Pacto de São José

---

52 REZEK, José Francisco. Direito Internacional Público: curso elementar. 11ª Edição revisada e atualizada, São Paulo: Saraiva, 2008, p. 103.

53 PIOVESAN, Flávia. *Direitos Humanos e o Direito Constitucional Internacional.* 8ª Edição revisada, ampliada e atualizada. São Paulo: Saraiva, 2007, p. 93.

54 BRASIL. Supremo Tribunal Federal. Primeira Turma. *HC n° 94.013/SP.* Rel: Min. Carlos Britto. 10 de fevereiro de 2009. Disponível em: <*www.stf.jus.br*>. Acesso em: 19 de outubro de 2010.

_____. Segunda Turma. *HC n° 95.967/MS.* Rel: Min Ellen Gracie. 11 de novembro de 2008. Disponível em: <*www.stf.jus.br*>. Acesso em: 19 de outubro de 2010.

A INVIOLABILIDADE DO DIREITO À VIDA

da Costa Rica, especificamente no tocante ao direito à vida, ter contrariado a Constituição.

Assim, a Convenção Americana sobre Direitos Humanos, vem complementar o texto constitucional, o qual assegura e consagra a vida humana como um direito inviolável, à luz do multicitado Artigo 5º, *caput*, da Constituição da República, uma vez que de forma inequivocamente expressa, assegura a todo e qualquer ser humano, independentemente de raça, condição socioeconômica, religião ou até mesmo de possíveis doenças, como na hipótese dos fetos anencéfalos, a inviolabilidade do direito e o respeito à sua vida, desde a concepção.

Desse modo, se não for garantida a inviolabilidade do direito à vida da pessoa humana, desde a sua concepção, estará inegavelmente se violando o Pacto de São José da Costa Rica, o qual ingressou no ordenamento jurídico brasileiro observando o que prevê a Constituição da República, no que tange ao procedimento para tanto, em especial, o disposto nos seus Artigos 49, I[55] e 84, VIII,[56] sendo certo que é daí que se extrai o dever de observância obrigatória da Convenção Americana sobre Direitos Humanos no Brasil.

Além disso, merece ser explicitado que nos termos do Artigo 5º, § 2º, da Constituição da República, o qual no tocante aos efeitos das normas advindas de tratados internacionais ratificados nos termos do Texto Constitucional mostra-se de suma importância para a resolução da querela em análise, "os direitos e garantias expressos nessa Constituição não excluem outros decorrentes do regime e dos princípios por ela adotados, ou dos tratados internacionais em que a República Federativa do Brasil seja parte".

Nesse diapasão, leciona Eduardo Carlos Bianca Bittar que "permite a Constituição falar-se em Direitos Humanos explícitos em seu texto, em Direitos Humanos implícitos, bem como em Direitos Humanos decorrentes de tratados assinados pelo Brasil, de modo

---

55   Artigo 49 - É da competência exclusiva do Congresso Nacional: I - resolver definitivamente sobre tratados, acordos ou atos internacionais que acarretem encargos ou compromissos gravosos ao patrimônio nacional;

56   Artigo 84 - Compete privativamente ao Presidente da República: (...) VIII - celebrar tratados, convenções e atos internacionais, sujeitos a referendo do Congresso Nacional;

que isso favoreça a abertura do leque de influência dessa categoria de direitos sobre o ordenamento jurídico nacional".[57]

Ainda no tocante ao § 2º, do Artigo 5º, § 2º da Constituição da República de 1988, Celso Ribeiro Bastos assevera que "não será mais possível a sustentação da tese dualista,[58] é dizer, a de que os tratados obrigam diretamente aos Estados, mas não geram direitos subjetivos para os particulares que ficariam na dependência da referida intermediação legislativa. Doravante, será, pois, possível a invocação de tratados e convenções, dos quais o Brasil seja signatário, sem a necessidade de edição pelo Legislativo de ato com força de lei, voltado à outorga de vigência interna aos acordos internacionais".[59]

Na mesma esteira, não se pode olvidar que nos termos do inciso II, do Artigo 4º, da Carta Magna, "a República Federativa do Brasil rege-se nas suas relações internacionais [dentre outros] pelo princípio da prevalência dos Direitos Humanos".

Importante questão que também merece destaque é a relativa ao fato da Constituição da República ao longo de seus 250 Artigos, bem como ao longo do Ato das Disposições Constitucionais Transitórias (ADCT) não ter estabelecido qualquer norma a qual venha regular

---

57   BITTAR, Eduardo Carlos Bianca. *Ética, educação, cidadania e direitos humanos.* São Paulo: Manole, 2004, p. 121.

58   A teoria ou tese dualista pode ser classificada em: a) dualismo radical extremado: exige a edição de uma Lei para que o tratado ou convenção internacional ingresse na ordem jurídica interna de um país; b) dualismo moderado: embora seja desnecessária a edição de uma Lei para que ocorra a incorporação do tratado ou convenção na ordem jurídica interna, é exigido que seja observado um procedimento previsto na ordem jurídica interna para que a incorporação ocorra. Por outro lado, há que se assinalar que há ainda a teoria ou tese monista, a qual foi formulada por Hans Kelsen e que defende a existência de apenas uma ordem jurídica, sendo eventual conflito entre o direito interno e o direito internacional solucionado pela supremacia de um deles, daí a existência na doutrina do monismo com primazia do direito interno e do monismo com primazia do direito internacional. Há ainda o monismo moderado, o qual equiparando a norma de direito internacional à Lei ordinária, entende que aquela deve subordinar-se à Constituição, resolvendo-se eventual conflito entre o tratado ou convenção internacional e a Lei ordinária, mediante os critérios de solução de antinomias, cronológico e da especialidade.

59   BASTOS, Celso Ribeiro. Comentários à Constituição do Brasil. 2ª Edição, São Paulo: Saraiva, 1999, p. 396.

a vigência de normas internacionais no tocante à legislação interna, nem tampouco ter trazido as regras de resolução de um conflito entre ambas, em que pese no caso em análise, inexistir qualquer conflito, uma vez que o que faz o Pacto de São José da Costa Rica é trazer para o "mundo jurídico", um conceito científico, o qual consiste em asseverar que a vida humana deve ser respeitada desde a concepção (pois cientificamente é a partir da concepção que se inicia a vida humana).

Por isso, no caso de conflito (o que se frise, não é a hipótese do item 1, do Artigo 4°, do Pacto de São José da Costa Rica em relação à Constituição e à legislação infraconstitucional pátria) entre uma norma internacional e a Legislação interna de cada um dos países signatários da Convenção de Havana sobre tratados de 1928, devidamente ratificada pelo Brasil, merece aplicação especificamente no tocante a solução de tal conflito, os Artigos 10 e 11, primeira parte do supracitado tratado internacional, os quais, respectivamente, dispõem que "nenhum Estado se pode eximir das obrigações do tratado ou modificar as suas estipulações, senão com o acordo, pacificamente obtido, dos outros contratantes" e que "os tratados continuarão a produzir os seus efeitos, ainda quando se modifique a Constituição interna dos Estados contratantes. [...]".

No mesmo diapasão dispõem os Artigos 27 e 46, item 1, da Convenção de Viena de 1969, os quais estabelecem respectivamente que "uma parte não pode invocar as disposições de seu direito interno para justificar o inadimplemento de um tratado". Essa regra não prejudica o Artigo 46; e que "um Estado não pode invocar o fato de que seu consentimento em obrigar-se por um tratado foi expresso em violação de uma disposição de seu direito interno sobre competência para concluir tratados, a não ser que essa violação fosse manifesta e dissesse respeito a uma norma de seu direito interno de importância fundamental".

Visto isso, há de se anotar mais uma vez que não há qualquer conflito entre o Pacto de São José da Costa Rica e a Constituição da República Federativa do Brasil, uma vez que a Convenção Americana sobre Direitos Humanos veio somar direitos, ou melhor, veio, de forma expressa, reconhecer direitos, não há que se levantar a questão de não ter a Convenção Americana sobre Direitos Humanos *status* de norma constitucional, uma vez ter adentrado no direito interno, antes da vigência do § 3º do Artigo 5º, da Constituição da República, por força da já assinalada Emenda Constitucional nº 45, de 2004, por dois motivos: 1º) não está o Artigo 4º, item 1, do Pacto de São José da Costa Rica, em qualquer contrariedade com o Texto Constitucional; e, 2º) o que deve ser entendido como mais importante nessa seara, pelo fato de o Poder Constituinte Originário, ter estabelecido de forma induvidosa, a possibilidade dos tratados internacionais não serem excluídos pelos direitos e garantias expressos no texto constitucional, o que demonstra a preocupação dos membros da Assembleia Nacional Constituinte em se resguardar os direitos e garantias fundamentais de toda pessoa humana.

Vale ressaltar, ainda, que consistindo a justiça em sua essência em reconhecer a cada ser humano individualmente e a todos em sua coletividade o que lhes é devido, deve-se pender sempre de forma induvidosa para a supremacia dos Direitos Humanos, podendo-se traduzir este no dever de integral e respeito sem ressalvas ao que, sendo comum a todos os humanos, diferencia-os das demais espécies de seres vivos, isto é, a sua transcendente dignidade.

Nessa esteira, não se pode olvidar que "o princípio jurídico da dignidade, como fundamento da República, exige como pressuposto a intangibilidade da vida humana. Sem vida, não há pessoa, e sem pessoa, não há dignidade".[60]

Portanto, por todo o exposto, em que pese ainda haver discussões doutrinárias acerca de qual seria na verdade o *status* do Pacto de São José da Costa Rica no ordenamento jurídico, tal querela se faz desnecessária no tocante ao objeto do presente estudo, uma vez que se entenda ter o referido tratado, *status* de norma constitucional, supralegal ou infraconstitucional, em momento algum se atingirá mortalmente o cerne da questão que ora se busca apresentar, qual seja, o de que para o direito constitucional pátrio, a inviolabilidade e o respeito à vida humana, tem início com a concepção.

---

60   AZEVEDO, Antônio Junqueira de. *Estudos e pareceres de direito privado*. São Paulo: Saraiva, 2004, p. 14.

Capítulo IV

Os Crimes Contra a Vida, o Ordenamento Jurídico, A Doutrina e a Jurisprudência Pátria e o Direito Comparado

1. INTRODUÇÃO

Preliminarmente, é importante esclarecer que no presente Capítulo não se terá a pretensão analisar profundamente cada crime contra a vida, o que, de certa forma, fugiria do que se pretende com a presente obra; tendo-se, na verdade o intento de apresentar aos leitores, sobretudo, àqueles que não militam na área jurídica uma visão acerca dos crimes contra a vida à luz do ordenamento jurídico, da doutrina e da jurisprudência pátria.

Assim, há de se esclarecer que no Código Penal Brasileiro em vigor encontram-se tipificados como crimes contra a vida: o homicídio; o induzimento, instigação ou auxilio a suicídio; o infanticídio e o aborto, sendo certo que todos esses crimes, uma vez praticados na modalidade dolosa, isto é, quando há intenção, serão julgados pelo Tribunal de Júri, conforme determinação constitucional.[61]

Cumpre salientar ainda que além dos crimes contra a vida previstos no Código Penal Brasileiro, há outros na legislação

---

61   Artigo 5º - (...) XXXVIII - é reconhecida a instituição do júri, com a organização que lhe der a lei, assegurados: (...) d) a competência para o julgamento dos crimes dolosos contra a vida;

extravagante, a teor das Leis n°s 2889, de 1 de outubro de 1956;[62] 7170, de 14 de dezembro de 1983,[63] e 9.503, de 23 de setembro de 1997.[64]

Após essa rápida introdução, partiremos para a análise de cada um dos crimes que têm exclusiva e diretamente o direito à vida como bem jurídico a ser protegido, buscando-se analisar cada um deles em seus aspectos que julgamos mais importantes, apresentando aos leitores uma análise do tratamento que vem sendo dado pelo ordenamento jurídico, pela doutrina em geral e pela jurisprudência pátria aos crimes contra a vida, oportunidade que

---

62 Artigo 1° - Quem, com a intenção de destruir, no todo ou em parte, grupo nacional, étnico, racial ou religioso, como tal: a) matar membros do grupo; (...) d) adotar medidas destinadas a impedir os nascimentos no seio do grupo; (...) Será punido: Com as penas do Artigo 121, § 2°, do Código Penal, no caso da letra a; (...) Com as penas do Artigo 125, no caso da letra d; (...).
Artigo 2° - Associarem-se mais de 3 (três) pessoas para prática dos crimes mencionados no Artigo anterior: Pena: Metade da cominada aos crimes ali previstos.
Artigo 3° - Incitar, direta e publicamente alguém a cometer qualquer dos crimes de que trata o Artigo 1°: Pena: Metade das penas ali cominadas; § 1° A pena pelo crime de incitação será a mesma de crime incitado, se este se consumar; § 2° A pena será aumentada de 1/3 (um terço), quando a incitação for cometida pela imprensa.
Artigo 4° - A pena será agravada de 1/3 (um terço), no caso dos Artigos 1°, 2° e 3°, quando cometido o crime por governante ou funcionário público.
Artigo 5° - Será punida com 2/3 (dois terços) das respectivas penas a tentativa dos crimes definidos nesta lei.

63 Define os crimes contra a segurança nacional, a ordem política e social, estabelece seu processo e julgamento e dá outras providências, estabelecendo em seu Artigo 29, pena de reclusão, de 15 a 30 anos para quem matar os Presidentes da República, do Senado Federal, da Câmara dos Deputados ou o do Supremo Tribunal Federal.

64 Artigo 302 - Praticar homicídio culposo na direção de veículo automotor: Penas - detenção, de dois a quatro anos, e suspensão ou proibição de se obter a permissão ou a habilitação para dirigir veículo automotor.
Parágrafo único. No homicídio culposo cometido na direção de veículo automotor, a pena é aumentada de um terço à metade, se o agente: I - não possuir Permissão para Dirigir ou Carteira de Habilitação; II - praticá-lo em faixa de pedestres ou na calçada; III - deixar de prestar socorro, quando possível fazê-lo sem risco pessoal, à vítima do acidente; IV - no exercício de sua profissão ou atividade, estiver conduzindo veículo de transporte de passageiros.

2. HOMICÍDIO

Inicialmente, deve-se apontar que no Código Penal Brasileiro, o legislador infraconstitucional, em respeito ao mandamento de primazia do direito à vida e sua inviolabilidade, inaugurou sua Parte Especial com a previsão dos crimes contra a vida, os quais já assinalamos na introdução deste Capítulo.

Pode-se afirmar ser o homicídio a eliminação da vida humana extrauterina praticada por terceiro, sendo a questão temporal o marco para se tipificar a conduta humana como homicídio ou aborto, o qual, conforme será melhor esclarecido no capítulo onde defendo a revogação do Artigo 128 do Código Penal pela vigente Constituição da República.

É de se esclarecer que não importa que a vida do ser humano assassinado tenha ou não viabilidade, bastando para se consumar o crime de homicídio matar uma pessoa humana nos moldes anteriormente esclarecidos.

É interessante chamar a atenção dos leitores que não são do meio jurídico que temos 4 (quatro) espécies de homicídio, a saber: homicídio simples,[65] homicídio privilegiado,[66] homicídio qualificado[67] e homicídio culposo.[68]

---

65   Artigo 121 - Matar alguém: Pena - reclusão, de seis a vinte anos.

66   Artigo 121 - (...) § 1º Se o agente comete o crime impelido por motivo de relevante valor social ou moral, ou sob o domínio de violenta emoção, logo em seguida a injusta provocação da vítima, ou juiz, pode reduzir a pena de um sexto a um terço.

67   Artigo 121 - (...) § 2º Se o homicídio é cometido: I - mediante paga ou promessa de recompensa, ou por outro motivo torpe; II - por motivo fútil; III - com emprego de veneno, fogo, explosivo, asfixia, tortura ou outro meio insidioso ou cruel, ou de que possa resultar perigo comum; IV - à traição, de emboscada, ou mediante dissimulação ou outro recurso que dificulte ou torne impossível a defesa do ofendido; V - para assegurar a execução, a ocultação, a impunidade ou vantagem de outro crime: Pena - reclusão, de doze a trinta anos.

68   Artigo 121 - (...) § 3º Se o homicídio é culposo: Pena - detenção, de um a três anos.

Feitas essas considerações, passamos a analisar o chamado homicídio simples, o qual está previsto no Artigo 121, *caput*, do Código Penal.

Na verdade, chama-se tal homicídio de "simples", uma vez que sua caracterização se dará de forma subsidiária, isto é, não estando o homicídio caracterizado a teor da legislação penal pátria como sendo privilegiado, qualificado ou culposo, os quais, possuem regramento próprio, será o mesmo caracterizado como simples.

Visto isso, partimos para a análise do assim chamado pela doutrina e jurisprudência pátria como homicídio privilegiado, o qual encontra no § 1°, do Artigo 121 do Código Penal, o seu fundamento legal.

Analisando tal dispositivo legal, conclui-se que será considerado privilegiado o homicídio em três hipóteses: a) por relevante valor social; b) por relevante valor moral; c) por domínio de violenta emoção logo após injusta provocação da vítima.

No primeiro caso, o que se tem é o interesse coletivo, podendo-se dar como exemplo o assassinato de um bandido que vem aterrorizando os moradores de um dado bairro; já no segundo caso, se está diante de um interesse individual, como por exemplo, quando um pai mata o estuprador de sua filha ou na hipótese de eutanásia (hipótese esta bastante controvertida); finalmente, no terceiro caso, o que se tem é o ofensor cometendo um homicídio tomado por uma emoção tão forte que tira do mesmo a capacidade de refletir sobre sua própria conduta e às suas consequências, sendo cometido o crime logo após injusta provocação da vítima, podendo-se dar aqui como exemplo, o deficiente físico que por ser ridicularizado perante um determinado grupo de pessoas, saca de um revólver e mata quem o ridicularizou, devendo-se atentar para o fato de que a ira espontânea descaracteriza o homicídio privilegiado[69] e que a emoção, assim como a paixão e a embriaguez voluntária ou culposa, pelo álcool ou substância de efeitos análogos, não

---

69 Nesse sentido: DELMANTO, Celso. Código Penal Comentado, 5ª Edição, Rio de Janeiro: Renovar, 2000, p. 232.

excluem a imputabilidade penal, a teor dos incisos I e II, do Artigo 28,[70] do Código Penal.

Acerca da terceira espécie de privilégio no homicídio deve-se anotar que segundo os doutrinadores Nelson Hungria e Heleno Fragoso, a violenta emoção, "é um estado de ânimo ou de consciência caracterizado por uma viva excitação do sentimento. É uma forte e transitória perturbação da afetividade, a que estão ligadas certas variações somáticas ou modificações particulares das funções da vida orgânica (pulsar precípete do coração, alterações térmicas, aumento da irrigação cerebral, aceleração do ritmo respiratório, alterações vasomotoras, intensa palidez ou intenso rubor, tremores, fenômenos musculares, alterações das secreções, suor, lágrimas etc.)".[71]

Nessa esteira, lecionando que considera-se injusta a provocação quando esta estiver em desacordo com o padrão fixado no senso comum da localidade em que agente e vítima estiverem inseridos, o professor Guilherme de Souza Nucci, destaca que "muitas vezes, a provocação se concretiza por meio de ofensas verbais, o que também dá margem ao distúrbio emocional de quem foi indevidamente agredido".[72]

E arremata o mesmo doutrinador pátrio afirmando que "configura [essa terceira] hipótese do homicídio privilegiado, quando o sujeito está dominado pela excitação de seus sentimentos (ódio, desejo de vingança, amor exacerbado, ciúmes intenso) e foi injustamente provocado pela vítima, momentos antes de tirar-lhe a vida".[73]

Ainda analisando essa terceira espécie de homicídio privilegiado, colhe-se da doutrina do professor André Guilherme Tavares

---

70 Artigo 28 - Não excluem a imputabilidade penal: I - a emoção ou a paixão; II - a embriaguez, voluntária ou culposa, pelo álcool ou substância de efeitos análogos.

71 HUNGRIA, Nélson, FRAGOSO, Heleno Cláudio. *Comentários ao Código Penal.* Rio de Janeiro: Forense, 1978, p. 132.

72 NUCCI, Guilherme de Souza. *Código Penal Comentado.* 10ª Edição, revisada e ampliada, São Paulo: Editora Revista dos Tribunais, 2010, p. 607.

73 NUCCI, Guilherme de Souza. *Código Penal Comentado.* 10ª Edição, revisada e ampliada, São Paulo: 2010, p. 605.

de Freitas que "a provocação da vítima não necessariamente precisa ser dirigida ao autor do homicídio privilegiado, podendo ser para terceiro, que deverá, contudo, ter algum laço de afetividade com o agente (...)".[74]

Contudo, particularmente, entendemos também ser possível a existência de privilégio no homicídio, nas hipóteses em que o ofensor esteja sob o domínio de violenta emoção logo após injusta provocação da vítima em relação a terceiro que seja seu conhecido ou mesmo com quem não tenha nenhum laço de afetividade, podendo-se dar como exemplo uma pessoa que vendo um filho bater na própria mãe, já idosa, sob o domínio de violenta emoção atira contra o aquele; devendo-se, no entanto, analisar o caso concreto para que nem todo homicídio acabe sendo caracterizado como homicídio privilegiado.

Cumpre anotar ainda que o professor Damásio Evangelista de Jesus entende ser possível a caracterização de homicídio privilegiado na hipótese em que a provocação tenha se dirigido a um animal.[75]

Por outro lado, especificamente a respeito da embriaguez, cumpre esclarecer que o legislador pátrio estabeleceu regra distinta para aquele que comete o crime estando culposa ou voluntariamente embriagado em relação ao que comete o crime estando completamente embriagado, proveniente de caso fortuito ou força maior, isentando[76] ou reduzindo[77] a pena, nessa última hipótese, diante das circunstâncias fáticas.

---

74   FREITAS, André Guilherme Tavares de. *Tutela Penal do Direito à Vida*. Rio de Janeiro: Lumem Juris, 2009, p. 107.

75   JESUS, Damásio Evangelista de. *Direito Penal – Parte Especial*, 2° vol. 24ª Edição, São Paulo: Saraiva, 2001, p. 64.

76   Artigo 28 - (...) § 1° - É isento de pena o agente que, por embriaguez completa, proveniente de caso fortuito ou força maior, era, ao tempo da ação ou da omissão, inteiramente incapaz de entender o caráter ilícito do fato ou de determinar-se de acordo com esse entendimento.

77   Artigo 28 - (...) § 2° - A pena pode ser reduzida de um a dois terços, se o agente, por embriaguez, proveniente de caso fortuito ou força maior, não possuía, ao tempo da ação ou da omissão, a plena capacidade de entender o caráter ilícito do fato ou de determinar-se de acordo com esse entendimento.

Visto isso, caríssimos leitores, se poderia abrir um parêntese para se passar à análise da eutanásia neste mesmo tópico, haja vista que há corrente doutrinária e jurisprudencial que defende a caracterização da eutanásia como hipótese de homicídio privilegiado, com o que particularmente não concordamos por defendermos a vida humana, desde a sua concepção até seu declínio natural, sem ressalvas.

Nessa esteira e também tendo em vista a especificidade da questão, a análise da eutanásia será feita em tópico próprio ainda no presente capítulo desta obra.

Diante disso, passamos à análise das hipóteses trazidas pelo legislador como homicídio qualificado, o qual está previsto nos incisos do § 2°, do Artigo 121, do Código Penal Brasileiro, cujas redações seguem em nota de rodapé no presente tópico.

Conforme os leitores podem ter observado pelas redações dos dispositivos legais do diploma penal pátrio, o legislador tratou de prever penas mais altas para o homicídio qualificado que a aplicada nas hipóteses de homicídio simples, uma vez que enquanto neste a pena varia de 6 (seis) a 20 (vinte) anos de reclusão, para aquele, a pena varia de reclusão de 12 (doze) a 30 (trinta) anos, sendo certo que em ambas as espécies de homicídio poderá haver o aumento da pena em 1/3 (um terço) caso o crime seja praticado contra pessoa menor de 14 (quatorze) ou maior de 60 (sessenta) anos, a teor da parte final do § 4°, do Artigo 121, do Código Penal.

Antes de analisar cada um dos incisos que trazem as espécies de homicídio qualificado, alerto o leitor que além da pena maior do que a do homicídio simples, àquele que comete homicídio qualificado receberá um tratamento mais rigoroso pelo ordenamento jurídico pátrio, haja vista a maior reprovabilidade de sua conduta.

Assim, nas hipóteses de homicídio qualificado (e na hipótese de homicídio simples, quando praticado em atividade típica de grupo de extermínio, como por exemplo, no caso de grupos de milícia), àquele que praticar homicídio desta espécie se aplicará a Lei n° 8.072, de 25 de julho de 1990, (Lei de Crimes Hediondos).

Com efeito, nas hipóteses de homicídios assinalados no parágrafo anterior, tudo nos termos do Artigo 2º da Lei de Crimes Hediondos, não terá o sujeito que os cometer, direito à anistia, graça e indulto.

Em conceituação simplista para o melhor conhecimento dos institutos pelos caríssimos leitores, sobretudo, para os que não militam no meio jurídico, tem-se que a anistia, a qual é concedida mediante lei, ocasiona o esquecimento do fato criminoso, mantendo, no entanto, a norma. É o caso, por exemplo, da Lei nº 6.683, de 28 de agosto de 1979, a qual em seu Artigo 1[078] estabelecia as hipóteses de concessão de anistia.

Já no que tange aos institutos da graça e do indulto, os quais são concedidos por decreto do Presidente da República, diferentemente da anistia, cuja concessão se dá por Lei Nacional, há que se assinalar que enquanto a graça é uma medida concedida individualmente pelo Presidente da República a um sentenciado; o indulto é medida presidencial, concedida à uma coletividade de sentenciados; sendo importante salientar que expressamente a Constituição da República veda de forma expressa no inciso XLIII, de seu Artigo 5º, para os casos de crimes hediondos e equiparados tão somente a anistia e a graça, sendo certo que a vedação do institutos do indulto nessas hipóteses deverá ocorrer por interpretação teleológica (exige que o exegeta busque a razão de ser da norma) da Constituição, a qual visa o bem comum.

Também nas hipóteses de crimes hediondos e equiparados a este, não terá quem os cometer, tudo à luz do Artigo 2º da Lei de Crimes Hediondos: direitos à fiança (inciso II); devendo cumprir a pena inicialmente em regime fechado (§ 1º); sendo que

---

78 Artigo 1º - É concedida anistia a todos quantos, no período compreendido entre 2 de setembro de 1961 e 15 de agosto de 1979, cometeram crimes políticos ou conexo com esses, crimes eleitorais, aos que tiveram seus direitos políticos suspensos e aos servidores da Administração Direta e Indireta, de fundações vinculadas ao poder público, aos Servidores dos Poderes Legislativo e Judiciário, aos Militares e aos dirigentes e representantes sindicais, punidos com fundamento em Atos Institucionais e Complementares.

A Inviolabilidade do DIREITO À VIDA

a progressão de regime poderá ocorrer após o cumprimento de 2/5 (dois quintos) da pena, se o apenado for primário, e de 3/5 (três quintos), se reincidente (§ 2º); sendo a prisão temporária (disciplinada pela Lei nº 7960, de 21 de dezembro de 1989) para tais espécies de crimes, de 30 (trinta) dias, prorrogável por igual período em caso de extrema e comprovada necessidade (§ 4º).

Com efeito, muito mais gravoso é o tratamento para quem cometer crimes considerados pelo legislador como hediondos ou equiparados a esses, haja vista que estando o crime excluído do conceito de hediondo ou equiparado, àquele que o cometer poderá ter direito à fiança (observados os Artigos 323 e 324 do Código de Processo Penal[79] e os incisos XLII, XLIII e XLIV, do Artigo 5º, da Constituição da República Federativa do Brasil de 1988);[80] poderá a depender da pena a ele imposta, iniciar o cumprimento da pena

---

79 Artigo 323 - Não será concedida fiança: I - nos crimes punidos com reclusão em que a pena mínima cominada for superior a 2 (dois) anos; II - nas contravenções tipificadas nos Artigos 59 e 60 da Lei das Contravenções Penais; III - nos crimes dolosos punidos com pena privativa da liberdade, se o réu já tiver sido condenado por outro crime doloso, em sentença transitada em julgado; IV - em qualquer caso, se houver no processo prova de ser o réu vadio; V - nos crimes punidos com reclusão, que provoquem clamor público ou que tenham sido cometidos com violência contra a pessoa ou grave ameaça.

Artigo 324 - Não será, igualmente, concedida fiança: I - aos que, no mesmo processo, tiverem quebrado fiança anteriormente concedida ou infringido, sem motivo justo, qualquer das obrigações a que se refere o Artigo 350; II - em caso de prisão por mandado do juiz do cível, de prisão disciplinar, administrativa ou militar; III - ao que estiver no gozo de suspensão condicional da pena ou de livramento condicional, salvo se processado por crime culposo ou contravenção que admita fiança; IV - quando presentes os motivos que autorizam a decretação da prisão preventiva (Artigo 312).

80 Artigo 5º - (...) XLII - a prática do racismo constitui crime inafiançável e imprescritível, sujeito à pena de reclusão, nos termos da lei; XLIII - a Lei considerará crimes inafiançáveis e insuscetíveis de graça ou anistia a prática da tortura, o tráfico ilícito de entorpecentes e drogas afins, o terrorismo e os definidos como crimes hediondos, por eles respondendo os mandantes, os executores e os que, podendo evitá-los, se omitirem; XLIV - constitui crime inafiançável e imprescritível a ação de grupos armados, civis ou militares, contra a ordem constitucional e o Estado Democrático;

inicialmente em regime aberto ou semiaberto;[81] poderá haver a progressão de regime após o cumprimento de 1/6 (um sexto) da pena, observada a Lei nº 7.210, de 11 de julho de 1984 (Lei de Execuções Penais),[82] sendo a sua prisão temporária de no máximo 5 (cinco) dias, prorrogável por igual período em caso de extrema e comprovada necessidade,[83] observando-se a já mencionada Lei nº 7.960, de 21 de dezembro de 1989.

Feitas tais considerações, se passa à análise de cada uma das hipóteses de crimes de homicídios, em sua espécie qualificada.

No tocante ao primeiro inciso que traz espécies de homicídio qualificado assim concebidas pelo legislador, não há qualquer embaraço na intelecção do que seria homicídio cometido mediante pagamento ou promessa de recompensa, haja vista que na primeira o homicida efetivamente recebe um determinado valor antes de cometer o crime, enquanto na segunda, lhe é prometido um determinado valor (recompensa), a ser recebido após o crime.

O que poderia ocasionar mais incerteza do que seria é o motivo torpe, o qual, segundo a lição abalizada do professor Damásio de Jesus, é "o moralmente reprovável, demonstrativo

---

81   Artigo 33 - A pena de reclusão deve ser cumprida em regime fechado, semiaberto ou aberto. A de detenção, em regime semiaberto, ou aberto, salvo necessidade de transferência a regime fechado. (...) § 2º - As penas privativas de liberdade deverão ser executadas em forma progressiva, segundo o mérito do condenado, observados os seguintes critérios e ressalvadas as hipóteses de transferência a regime mais rigoroso: a) o condenado a pena superior a 8 (oito) anos deverá começar a cumpri-la em regime fechado; b) o condenado não reincidente, cuja pena seja superior a 4 (quatro) anos e não exceda a 8 (oito), poderá, desde o princípio, cumpri-la em regime semiaberto; c) o condenado não reincidente, cuja pena seja igual ou inferior a 4 (quatro) anos, poderá, desde o início, cumpri-la em regime aberto.

82   Artigo 112 - A pena privativa de liberdade será executada em forma progressiva com a transferência para regime menos rigoroso, a ser determinada pelo juiz, quando o preso tiver cumprido ao menos um sexto da pena no regime anterior e ostentar bom comportamento carcerário, comprovado pelo diretor do estabelecimento, respeitadas as normas que vedam a progressão.

83   Artigo 2º - A prisão temporária será decretada pelo Juiz, em face da representação da autoridade policial ou de requerimento do Ministério Público, e terá o prazo de 5 (cinco) dias, prorrogável por igual período em caso de extrema e comprovada necessidade.

de depravação espiritual do sujeito. Torpe é o motivo abjeto, desprezível",[84] podendo-se dar aqui como exemplos, além dos dados pelo próprio legislador (homicídio cometido mediante paga ou promessa de recompensa), aquele que mata com a intenção de receber uma herança ou por inveja.

No tocante ao segundo inciso, o qual traz o homicídio cometido por motivo fútil, outra espécie de homicídio qualificado, há que se assinalar que o mesmo guarda semelhança com o motivo torpe, sendo considerado o motivo fútil nas lições do professor Celso Delmanto como "aquele tão destituído de razão que deixa o crime, por assim dizer, vazio de motivação. (...) É motivo fútil o pretexto gratuito, despropositado, desproporcionado com as circunstâncias, aquele que é insignificante, mesquinho, que não consegue explicar a ação criminosa",[85] podendo-se dar como exemplos de casos como àqueles que o homicida mata a vítima porque esta lhe devia R$ 2,00 (dois reais) ou porque a vítima pisou em seu pé.

Em relação ao terceiro inciso do § 2°, do Artigo 121, do Código Penal, penso que a questão a ser destacada é a relativa ao homicídio cometido com emprego de tortura, uma vez que os demais são passíveis de cognição por simples interpretação literal, observando-se tão somente em relação a essas que a aplicação de tais qualificadoras se dará quando as mesmas efetivamente se mostrarem eficazes meios para a prática do homicídio e não apenas por simples agregação ao crime.

Quanto à qualificadora de tortura, o que é importante destacar é que no ordenamento jurídico brasileiro há a previsão da Lei n° 9.455, de 7 de abril de 1997 (Lei de Tortura), a qual define os crimes de tortura e dá outras providências.

Nessa perspectiva, cumpre assinalar que a diferença basilar entre a qualificadora do homicídio e o crime previsto na Lei de Tortura é que enquanto nessa, a tortura não é meio para a prática do

---

84   JESUS, Damásio de. Código Penal Anotado, 6ª Edição, São Paulo, Saraiva, 1996, p. 328.

85   DELMANTO, Celso. Código Penal Comentado, 5ª Edição, Rio de Janeiro: Renovar, 2000, p. 234.

crime, mas sim, o próprio fim; no homicídio qualificado pela tortura, o agente (homicida) usa a tortura como meio para matar a vítima.

Resumindo, enquanto no homicídio qualificado com emprego de tortura, o homicida usa a tortura para matar; na tortura como crime punido pela Lei de Tortura, o criminoso quer torturar, mas acaba matando a vítima.

Cumpre ressaltar que constatando-se que o criminoso queria "apenas" torturar a vítima, mas acabou a matando, a pena não será a dada ao homicídio qualificado, isto é, reclusão de 12 (doze) a 30 (trinta) anos, mas sim, à pena prevista na Lei de Tortura, a qual prevê pena de reclusão de 8 (oito) a 16 (dezesseis) anos,[86] o que particularmente penso ter agido muito mal o legislador, haja vista a gravidade do crime de tortura, observando-se, no entanto, que o crime de tortura é crime equiparado[87] ao hediondo, aplicando-se aos criminosos os rigores da Lei nº 8.072, de 25 de julho de 1990, anteriormente comentada em alguns pontos.

Há que se assinalar que no crime de tortura, o criminoso sempre usa a tortura com uma finalidade, conforme se constata especialmente pelo disposto nos incisos[88] do Artigo 1º, da Lei de Tortura.

Quanto às hipóteses trazidas pelo legislador no inciso IV, do § 2º, do Artigo 121, do diploma penal pátrio, merece destaque a qualificadora relativa ao homicídio que é cometido mediante recurso

---

86   Artigo 1º - (...) § 3º Se resulta lesão corporal de natureza grave ou gravíssima, a pena é de reclusão de quatro a dez anos; se resulta morte, a reclusão é de oito a dezesseis anos.

87   O crime de tortura, assim como os crimes de tráfico ilícito de entorpecentes e drogas afins e terrorismo são equiparados a hediondos, por força do Artigo 2º, da Lei nº 8.072, de 25 de julho de 1990.

88   Artigo 1º - Constitui crime de tortura: I - constranger alguém com emprego de violência ou grave ameaça, causando-lhe sofrimento físico ou mental: a) com o fim de obter informação, declaração ou confissão da vítima ou de terceira pessoa; b) para provocar ação ou omissão de natureza criminosa; c) em razão de discriminação racial ou religiosa; II - submeter alguém, sob sua guarda, poder ou autoridade, com emprego de violência ou grave ameaça, a intenso sofrimento físico ou mental, como forma de aplicar castigo pessoal ou medida de caráter preventivo. Pena - reclusão, de dois a oito anos.

que dificulta ou torna impossível a defesa do ofendido, devendo especialmente em tal hipótese, o juiz por ocasião da pronúncia (a pronúncia tem [...] natureza de decisão interlocutória que examina a admissibilidade da acusação e autoriza o ingresso no juízo da causa, [sustentando] a doutrina e a jurisprudência majoritárias [...] que, nessa fase processual, deve vigorar o Princípio in *Dubio Pro Societate*, uma vez que a dúvida favorece a sociedade, e não o acusado, que deverá ser submetido a julgamento pelo Tribunal do Júri)[89] e o Tribunal do Júri, por ocasião do julgamento, analisar minuciosamente a matéria fática para que não seja aplicada tal qualificadora automaticamente para todo e qualquer homicídio, uma vez que na maioria desses crimes, o homicida agirá para que a vítima não consiga ter qualquer meio de defesa, visando, assim, impedir que seja descoberto, o que seria indiscutivelmente mais fácil de ocorrer na hipótese de a vítima acabar não morrendo.

Comentando o inciso IV, do § 2º, do Artigo 121, do Código Penal, leciona o professor Gustavo Octaviano Diniz Junqueira que "a doutrina e a jurisprudência majoritárias entendem necessária a surpresa como essencial à qualificadora. Assim, a simples superioridade de armas ou em forças não qualifica o homicídio. Traição é o ataque sorrateiro. Emboscada é a tocaia, a espreita, restando o agente escondido à espera da vítima. Dissimulação significa que o sujeito não se esconde, mas camufla sua intenção para alcançar a vítima desprevenida".[90]

Finalmente, quanto ao último inciso que traz outra hipótese de caracterização do homicídio como qualificado e, por isso, de penas mais altas que o cometido na espécie simples, deve-se atentar para o fato que aqui o homicídio necessariamente terá relação com outro crime.

No tocante ao cometimento do homicídio para assegurar a execução de outro crime, este ocorre para que o homicida possa

---

89   AQUINO, Álvaro Antônio Sagulo Borges de. *A Função Garantidora da pronúncia - Coleção Direito Processual Penal*. Rio de Janeiro: Lumen Juris, 2004. p. 47.

90   JUNQUEIRA, Gustavo Octaviano Diniz. *Direito Penal*. 6ª Edição, São Paulo: Premier Máxima, 2007, p. 206.

praticar outro crime; no cometimento do homicídio para assegurar a ocultação de outro crime, o assassinato ocorre para que terceiros não tomem conhecimento de que houve crime; já no caso de cometimento de homicídio para assegurar a impunidade, o agente para não ser punido pela prática de um crime que já foi descoberto e que foi cometido por ele anteriormente, mata a vítima; e por fim, a hipótese de prática de homicídio para assegurar a vantagem de outro crime, o sujeito mata visando tomar vantagem no produto de outro crime, como por exemplo, quando um ladrão mata o comparsa para ficar com todo o dinheiro roubado.

Ultrapassada a análise das hipóteses de crime de homicídio qualificado, se passa a analisar o homicídio culposo.

Trata-se do homicídio menos grave, o que se verifica pela própria pena cominada pelo legislador àquele que cometer tal crime, haja vista que nessa espécie de homicídio, o legislador previu pena de detenção (diferentemente das outras espécies de homicídio, hipóteses que previu pena de reclusão), de um a três anos, sendo certo que conforme dispõe o Artigo 33, do Código Penal, tratando-se de crime punido com detenção, a pena deve ser cumprida em regime semiaberto, ou aberto, salvo necessidade de transferência a regime fechado.

Ao comentar os crimes culposos (incluindo-se aqui, o homicídio culposo), assevera o professor Heleno Cláudio Fragoso que "a tipicidade do crime culposo não está na causação do resultado, mas num comportamento proibido pela norma. Assim, sobre a estrutura do crime culposo, ensina que: como em tais crimes não há vontade dirigida no sentido do resultado antijurídico (embora exista vontade dirigida a outros fins, em geral lícitos), a ação delituosa que a norma proíbe é a que se realiza com negligência, imprudência ou imperícia, ou seja, violando um dever objetivo de cuidado, atenção ou diligência, geralmente imposto na vida de relação, para evitar dano a interesses e bens alheios e que conduz, assim, ao resultado que configura o delito".[91]

---

91   FRAGOSO, Heleno Cláudio. Lições de Direito Penal, parte geral, 16 ed. Rio de Janeiro: Forense, 2003, p. 271.

A Inviolabilidade do Direito à Vida

Como se conclui a partir da lição apresentada, o núcleo central do homicídio culposo é por assim dizer a inobservância de um dever de cuidado, que aqui se consubstancia como uma conduta negligente, imprudente ou imperita.

Nessa esteira, é importante esclarecer que se verificará a negligência quando o criminoso deixa de atuar quando legitimamente dele se esperava, podendo-se dar como exemplo o policial que deixa sua arma em local de fácil acesso de uma criança; já a imprudência se verifica quando o criminoso pratica um ato perigoso que o dever geral de cuidado impõe que não o fizesse, dando-se como exemplo a pessoa que ao limpar uma arma carregada de munições acaba por atingir quem está à sua frente; finalmente, quanto à imperícia, deve-se esclarecer que esta se verifica na ausência de uma aptidão técnica para o exercício de arte, ofício ou profissão, podendo-se exemplificar com o médico especialista em cirurgia craniana que ao realizar cirurgia cardíaca, acaba matando o paciente por lhe faltar conhecimento necessário para tal cirurgia, sendo certo que nesse último exemplo dado (imperícia), a pena desse médico seria aumentada de 1/3 (um terço), por determinação do § 4º, do Artigo 121, do Código Penal, haja vista ter o crime resultado de inobservância de regra técnica da profissão médica.

Deve-se anotar ainda que nos termos do mesmo § 4º, do Artigo 121, do diploma penal pátrio, haverá o aumento de pena em 1/3 (um terço), além da hipótese narrada no parágrafo anterior, quando quem cometeu o crime deixar de prestar imediato socorro à vítima, não procurando diminuir as consequências de seu ato, ou quando o mesmo fugir para evitar prisão em flagrante.

Cumpre salientar que no tocante ao homicídio culposo, o legislador pátrio previu expressamente § 5º, do Artigo 121, do Código Penal, a possibilidade de perdão judicial, o qual consiste na possibilidade do magistrado deixar de aplicar a pena, quando as consequências da infração atingir a própria pessoa que cometeu o delito de forma tão grave que a sanção penal se torne desnecessária, podendo-se dar como exemplo clássico de sua aplicação ao pai que vê seu filho ser morto com sua própria arma, a qual deixou em lugar de fácil

69

acesso. Nesse caso, é evidente que a punição maior que esse pai receberá é a ausência de seu filho por toda sua vida e a de carregar consigo o remorso de a morte de seu filho ter se dado por sua negligência; razões suficientes para se demonstrar que a aplicação de uma sanção penal a esse pai é completamente desnecessária.

Por fim, alerto que se tratando de homicídio culposo, o julgamento será feito por magistrado e não pelo Tribunal do Júri, uma vez que este, conforme já assinalado no início deste Capítulo, só tem competência para o julgamento de crimes dolosos contra a vida humana e não para o julgamento de crimes culposos, ainda que sejam contra a vida humana.

3. EUTANÁSIA, DISTANÁSIA E ORTOTANÁSIA

Inicialmente, cumpre esclarecer que particularmente, não se tem por objetivo também neste tópico, dentro do Capítulo desta obra, que analiso os crimes contra a vida, julgar pessoas, mas, analisar crítica e juridicamente os fatos e condená-los quando atentem contra os Direitos Humanos e a dignidade da pessoa humana.

É esclarecido, ainda, que neste Capítulo, tais temas serão analisados do ponto de vista eminentemente jurídico-científico, em que pese à interdisciplinaridade da matéria.

Ultrapassado tal esclarecimento, penso que de imediato, deve-se trazer à luz o significado etimológico da palavra eutanásia, principal objeto de reflexão no tópico deste capítulo.

Eu significa bem/boa; já *thanasia* significa morte. Assim, eutanásia vem a ser no sentido etimológico: "boa morte".

Na verdade, o que se verifica na eutanásia é uma ação ou omissão que provoca a morte, visando a eliminação de toda a dor, situando-se, desse modo, ao nível das intenções das razões para que ocorra a morte do doente e ao nível dos métodos empregados para que tal evento (morte) ocorra.

A eutanásia pode ser verificada de algumas formas, entendendo o ilustre professor Luiz Flávio Borges D´Urso que as modalidades de eutanásia são três: a libertadora, a piedosa e a morte econômica ou eugênica. "Na forma libertadora, o enfermo incurável pede que se lhe abrevie a dolorosa agonia, com uma morte calma, indolor. Já na forma piedosa, o moribundo encontra-se inconsciente e tratando--se de caso terminal que provoca sofrimento agudo, proporcionando horríveis espetáculos de agonia, seu médico ou familiar, movido por piedade, o liberta, provocando a antecipação de sua hora fatal. Quanto à forma eugênica, trata-se da eliminação daqueles seres apsíquicos e associais absolutos, disgenéticos, monstros de nascimento, idiotas graves, loucos incuráveis e outros. Essa modalidade está presente na lembrança histórica das atrocidades dos nazistas, contra judeus e outras minorias, em prol da apuração da raça ariana".[92]

Já o professor de Medicina, Herbert Praxedes utiliza duas classificações quanto à eutanásia: a) ativa ou passiva; b) voluntária, involuntária ou consentida.

Para o renomado professor de Medicina, a eutanásia será ativa "quando algum agente ocisivo é ministrado ao paciente com a intenção de matá-lo. A intenção é que diferencia a utilização pelo médico de um procedimento que pode colocar em risco a vida do paciente, mas que visa à sedação da dor, como exemplo, daquele que tem a intenção deliberada de matá-lo".[93] Será passiva "quando por omissão deliberada é negado ao paciente um dos cuidados ordinários com a intenção de fazê-lo morrer".[94] Voluntária "é a morte administrada pelo próprio paciente. É equivalente ao suicídio".[95] Considera-se eutanásia involuntária a "morte administrada por outrem. É igual ao homicídio".[96] Já eutanásia consentida é a "morte

---

92 D´URSO, Luiz Flávio Gomes. *A eutanásia no direito brasileiro*, ultima modificação em 3 de novembro de 2005. Disponível em: <http://www.oabsp.org.br/palavra_presidente/2005/81>. Acesso em: 27 de novembro de 2010.

93 MARTINS, Ives Gandra da Silva (coordenação). *Direito Fundamental à Vida*. São Paulo: Quartier Latin/Centro de Extensão Universitária, 2005, p. 588.

94 MARTINS, Ives Gandra da Silva (coordenação). *Op. cit.*, p. 589.

95 MARTINS, Ives Gandra da Silva (coordenação). *Op. cit.*, p. 589.

96 MARTINS, Ives Gandra da Silva (coordenação). *Op. cit.*, p. 590.

administrada por outrem com o consentimento do paciente. É igual ao homicídio mais suicídio".[97]

Vistas tais importantes considerações doutrinárias, deve-se assinalar que a questão não se limita ao âmbito jurídico, sendo certo mesmo que vai muito além, estando inserida na verdade nos campos sociológico, filosófico, moral, biológico, religioso, dentre outros.

Nessa esteira, lanço aos caríssimos leitores as seguintes indagações, para as quais buscaremos dar uma resposta ao longo deste tópico: Afinal, o que se busca com a eutanásia? Seria de fato a tal "boa morte" do enfermo ou o alívio do fardo por parte dos mais próximos dele, os quais defendem sua "boa morte"?

Assim, buscando a resposta para tais indagações, inicio analisando o fato do ponto de vista do ordenamento jurídico brasileiro.

A Constituição da República Federativa do Brasil, em seu Artigo 5º, *caput,* preceitua de forma inequívoca a inviolabilidade do direito à vida. Aqui, para os defensores da eutanásia, outra discussão é gerada, pois poderiam afirmar que quando a Constituição assegura a inviolabilidade do direito à vida estaria visando assegurar que cada um tenha seu direito à vida respeitado por todos, não concluindo-se, daí, ser vedado a alguém querer morrer na hipótese de intenso sofrimento causado por uma doença terminal, por exemplo.

Nessa perspectiva, importa assinalar que "o direito à vida é o direito de não ter interrompido o processo vital, senão pela morte espontânea e inevitável (...)".[98]

Com efeito, o que é assegurado pela Constituição Pátria é o direito de viver e não de morrer! Ao contrário, estaríamos por relativizar o único direito que pressupõe todos os demais que é o direito à vida!!!

Nessa perspectiva, assevera Adriana Maluf que "o direito à vida, por ser essencial ao ser humano, embasa os demais direitos

---

97   MARTINS, Ives Gandra da Silva (coordenação). *Op. cit.*, p. 590.

98   CAPEZ, Fernando; PRADO, Estela. *Código Penal Comentado.* Porto Alegre: Verbo Jurídico, 2007, p. 230.

da personalidade. Nessa seara, a Constituição Federal de 1988 assegura em seu Artigo 5º a inviolabilidade do direito à vida, ou seja, refere-se à integridade psicofísica do ser humano integralmente considerado".[99]

No mesmo sentido, leciona o constitucionalista pátrio Alexandre de Moraes ao assinalar que "o ordenamento jurídico-constitucional não autoriza (...) nenhuma das espécies de eutanásia, quais sejam, a ativa ou passiva",[100] uma vez que "o direito à vida tem um conteúdo de proteção positiva que impede configurá-lo como o direito de liberdade que inclua o direito à própria morte".[101]

Sob essa perspectiva, pode-se concluir que a discussão acerca da legalização da eutanásia no Brasil é inócua, uma vez que sendo o direito à vida um direito fundamental e individual, a Constituição da República Federativa do Brasil, o tem como cláusula pétrea,102 garantindo-se, assim, a inviolabilidade do direito à vida (Artigo 5º do Texto Constitucional).

Por conseguinte, no atual cenário político-jurídico-constitucional brasileiro, a única chance de se discutir a legalidade da eutanásia seria por meio de uma Assembleia Nacional Constituinte, o que mesmo assim, pode ser relativizado, haja vista que o que se entende atualmente à luz dos Direitos Humanos é que a soberania de cada Estado deve ter como característica, a de proteção plena de cada ser humano (o que se inclui inexoravelmente a reverência ao direito à vida, uma vez que este pressupõe qualquer outro direito) que esteja em seu território, seja ele nacional ou não.

Cumpre salientar pelo menos a título histórico que o Artigo 121, § 3º, do Anteprojeto de Reforma da Parte Especial do Código

---

99   MALUF, Adriana Caldas do Rego Freitas Dabus. *Curso de bioética Bioética e Biodireito*. São Paulo: Atlas, 2010, p. 88.

100   MORAES, Alexandre de. *Constituição do Brasil Interpretada e legislação constitucional*. 4ª Edição, São Paulo: Atlas, 2004, p. 180.

101   MORAES, Alexandre de. *Direitos humanos fundamentais*, 3ª Edição, São Paulo: Atlas, 2000, p. 320.

102   Artigo 60 - (...) § 4º - Não será objeto de deliberação a proposta de emenda tendente a abolir: (...) IV - os direitos e garantias individuais.

Penal – 1984, visava possibilitar a eutanásia ao estabelecer a isenção de pena do "médico que, com o consentimento da vítima, ou, em sua impossibilidade, de ascendente, descendente, cônjuge ou irmão, para eliminar-lhe o sofrimento, antecipa morte iminente e inevitável, atestada por outro médico".

No entanto, o supracitado dispositivo, felizmente foi excluído do Anteprojeto de Reforma da Parte Especial do Código Penal de 1984, o que reforça a tese de que o legislador pátrio não via e não vê a eutanásia como matéria irrelevante a ponto de isentar de pena o médico que assim agir.

Deve-se anotar que o atual Código de Ética Médica, aprovado pela Resolução CFM nº 1931/2009, publicada no D.O.U. de 24 de setembro de 2009, Seção I, p. 90, cuja retificação publicada no D.O.U. de 13 de outubro de 2009, Seção I, p.173, veda expressamente a prática de eutanásia e de distanásia por médico, conforme se verifica pelo teor de dispositivo contido em seu Anexo: "Capítulo V - RELAÇÃO COM PACIENTES E FAMILIARES É vedado ao médico: (...) Artigo 41. Abreviar a vida do paciente, ainda que a pedido deste ou de seu representante legal. Parágrafo único. Nos casos de doença incurável e terminal, deve o médico oferecer todos os cuidados paliativos disponíveis sem empreender ações diagnósticas ou terapêuticas inúteis ou obstinadas, levando sempre em consideração a vontade expressa do paciente ou, em sua impossibilidade, a de seu representante legal".[103]

Cumpre-me assinalar que pese meu posicionamento pessoal contrário acerca de sua aplicação nas hipóteses de eutanásia, fato é que caso o Conselho de Sentença (formado por sete pessoas do povo) que julgar o homicídio entender por maioria de votos que o crime foi cometido por relevante valor moral será aplicado ao criminoso o disposto no § 1º, do Artigo 121, do Código Penal, o qual possibilita o magistrado por ocasião da fixação da pena a reduzir a pena de um sexto a um terço.

---

103 BRASIL. Conselho Federal de Medicina, *Código de Ética Médica*, de 17 de setembro de 2009. Disponível em: <http://www.portalmedico.org.br/novocodigo/integra_5.asp>. Acesso em: 19 de abril de 2011.

Nesse sentido, inclusive, vem lamentavelmente se manifestando a doutrina pátria (daí a conclusão do parágrafo anterior), conforme se constata pela lição do renomado professor Júlio Fabbrini Mirabete, segundo o qual "a motivação do crime de homicídio pode fazer com que se caracterize o homicídio privilegiado. Atuando o agente motivado por relevante valor social, que diz respeito aos interesses ou fins da vida coletiva (humanitários, patrióticos etc.), ou moral, que se refere aos interesses particulares do agente (compaixão, piedade etc.) praticará um homicídio privilegiado. A eutanásia (ação ou omissão que causa a morte com a finalidade de evitar a dor) e a ortotanásia (em que se ministram remédios paliativos e se prevê acompanhamento médico, presença amiga e conforto espiritual até o óbito) têm sido reconhecidas como homicídio praticado por relevante valor moral, já tendo sido considerada lícita, em certas circunstâncias, por exemplo, na Corte Constitucional da Colômbia".[104]

Nessa mesma esteira, vem também se manifestando a jurisprudência pátria, exigindo-se, no entanto, com maior rigor os tribunais estaduais, a aferição dos motivos para caracterizar o chamado "homicídio privilegiado":

> *Tribunal de Justiça do Estado do Paraná – Necessidade de motivo social relevante: "Deve-se entender por motivo social, aquele que corresponde mais particularmente aos objetivos da coletividade, contudo, para que a figura privilegiada possa ser reconhecida, é necessário que o motivo seja realmente relevante, isto é, notável, importante, especialmente digno de apreço". (RT 689/476).*

> *Tribunal de Justiça do Estado de São Paulo: "Por motivo de relevante valor moral, o projeto entende significar o motivo que, em si mesmo, é aprovado pela moral prática, como, por exemplo, a compaixão ante o irremediável sofrimento da vítima (caso de homicídio eutanásico)". (RJTEJSP 41/346).*

> *Tribunal de Alçada Criminal do Estado de São Paulo: Critério para aferição da relevância social ou moral – "O valor social ou moral*

---

104   MIRABETE, Júlio Fabbrini. *Código Penal Interpretado.* 4ª Edição, São Paulo: Atlas, 2003.

do motivo do crime é de ser apreciado não segundo a opinião ou ponto de vista do agente, mas com critérios objetivos, segundo a consciência ética-social geral ou senso comum". (RT 417/101).

Visto um panorama geral no tocante à eutanásia à luz do ordenamento jurídico brasileiro, deve-se anotar que inúmeros são os casos de doentes pelo mundo inteiro, cujos responsáveis legais já pleitearam junto à Justiça o "direito de morrer" de tais doentes; casos esses noticiados pela imprensa do mundo todo, como o da americana, Terri Schiavo, morta em 2005, o qual, haja vista sua repercussão mundial utilizarei como objeto de análise da questão da eutanásia.

No entanto, antes, mostra-se necessário passar por uma breve análise da legislação sobre a eutanásia em alguns países do mundo, destacando-se a Alemanha Nazista de Adolf Hitler e a atual Alemanha, o Uruguai, a França, os Estados Unidos, a Austrália, a Bélgica e a Holanda.

Na Alemanha Nazista de Adolf Hitler, muito embora não se possa tratar propriamente de eutanásia, uma vez que ela, conforme é pacificado na doutrina, tem por escopo a morte de uma pessoa que esteja sofrendo de um mal incurável e acometida de dores terríveis, há de se anotar que existia um programa, o Aktion T 4, o qual inicialmente visava o extermínio de crianças de até três anos de vida, que possuíssem algum tipo de deficiência física ou mental, como por exemplo, os portadores de síndrome de *down*.

Posteriormente, na busca desenfreada por uma "raça pura", o ditador sanguinário resolveu ampliar seu programa Aktion T 4, também para exterminar adultos e idosos que fossem portadores de inúmeras doenças, sobretudo as neurológicas, bem como para as pessoas que estivessem internadas por mais de cinco anos ou fossem considerados criminalmente insanos por junta médica.

Cumpre ressaltar que ainda na busca da "raça pura", Adolf Hitler inseriu critérios para que pessoas pudessem ser submetidas ao programa. Assim, o programa seria aplicado àqueles que não tivessem nacionalidade ou ascendência alemã.

É importante salientar que tal programa de extermínio de pessoas doentes e portadoras de alguma deficiência física ou mental vigorou na Alemanha Nazista por quase dois anos, tendo sido suspenso pelo ditador alemão após denúncia do programa pelo bispo e cardeal (criado em 21 de fevereiro de 1946, isto é, após o fim da Segunda Guerra Mundial) católico da diocese de Munster, vergonha do regime nazista, Clemens August von Galen (primeiro bispo consagrado no regime de Hitler), na celebração de uma Santa Missa, o que acabou por gerar grandes repercussões negativas à imagem do ditador, razão pela qual, conforme assinalado, levou Hitler a suspender o seu programa de "purificação racial".

Na atual Alemanha (o mesmo se dando em Portugal, por exemplo, o qual estabeleceu em seu Código Penal, pena de prisão de até 3 (três) anos), a eutanásia é vedada, sendo certo que o chamado "homicídio a pedido", isto é, o homicídio que ocorre quando o assassino satisfaz o desejo manifesto e sincero do morto, é punido naquele país com pena de prisão que varia de 6 (seis) meses a 5 (cinco) anos.

Cumpre ressaltar que tratando-se de "homicídio a pedido", a aplicação da penalidade para tais hipóteses não se restringe a casos de doentes terminais que estejam acometidas de dores insuportáveis, mas sim, a casos em que, por exemplo, a vítima, por estar completamente arruinada financeiramente, pede de forma manifesta e sincera que seja morta por terceiro, o que se mostra ainda mais grave e preocupante.

No Uruguai, não há autorização para a realização da eutanásia. No entanto, o Código Penal Uruguaio, em vigor desde 1º de agosto de 1934, faculta o juiz a deixar de aplicar a pena àquele que cometeu o procedimento de eutanásia (homicídio), conforme se constata pelo disposto em seu Artigo 37, o qual dispõe que "os juízes têm a faculdade de isentar de pena a pessoa com antecedentes honráveis, autor de um homicídio, efetuado por motivos de piedade, mediante súplicas reiteradas da vítima".[105]

---

105 URUGUAI. *Código Penal da República Oriental do Uruguai.*

Como se nota pelo dispositivo do diploma penal uruguaio, para que o juiz possa isentar de pena àquele que cometeu o procedimento de eutanásia (homicídio) deverão estar preenchidos 3 (três) requisitos, quais sejam: a) o autor do homicídio deverá ter antecedentes honráveis; b) o homicídio deverá ter sido realizado por motivo piedoso; e c) a vítima deverá ter feito reiteradas súplicas.

Assim, faltando qualquer um desses requisitos, não poderá nenhum juiz, ainda que seja favorável à despenalização da eutanásia, isentar de pena àquele que a cometer.

Contudo, assinalo que no meu sentir, em que pese o dispositivo do Código Penal Uruguaio, anteriormente analisado, poder ser aplicado nas hipóteses de eutanásia, penso que o mesmo é mais abrangente, não restringindo sua aplicação apenas às hipóteses de eutanásia, uma vez que não impõe expressamente sua aplicação aos casos de pessoas portadoras de patologias graves e incuráveis e acometidas de dores insuportáveis, o que se mostra muito perigoso em tempos de tentativas reiteradas de relativização da vida humana.

Cumpre ressaltar que o Código Penal Uruguaio veda qualquer possibilidade de isenção de pena na hipótese de auxilio a suicídio, dispondo em seu Artigo 315 que "quem determinar a outro que se suicide ou lhe ajudar a cometê-lo, se ocorrer a morte, será punido com prisão de seis meses a seis anos. A pena máxima pode ser majorada até o limite de doze anos, quando o delito for cometido contra um menor de dezoito anos, ou de uma pessoa de entendimento ou vontade diminuída por enfermidade mental ou por abuso de álcool ou uso de drogas".[106]

Na França, o legislador optou por criminalizar em seu código penal a eutanásia ativa como homicídio e a eutanásia passiva como omissão de atendimento ao doente.

Nos Estados Unidos, mais especificamente no Estado de Oregon, o procedimento eutanásico foi despenalizado através de

---

106   URUGUAI. *Código Penal da República Oriental do Uruguai.*

A Inviolabilidade do Direito à Vida

Lei aprovada em novembro de 1994, cuja entrada em vigor se deu em 1997. Tal Lei autorizava a prescrição por médicos, de medicamentos letais aos pacientes em fase terminal com expectativa de vida de seis meses e que assim os requeressem.

Desse modo, a Lei do Estado Norte-Americano de Oregon vedava que os próprios médicos tomassem a iniciativa da eutanásia, sendo certo ainda e de clareza meridiana que uma vez que a Lei possibilitava aos médicos a prescrição de remédios letais aos seus pacientes nas condições anteriormente descritas, pode-se concluir que a droga letal é ministrada pelo próprio paciente, tratando-se, assim, na verdade de uma espécie de suicídio assistido.

Já na região norte da Austrália foi despenalizada a eutanásia em 1996. No entanto, felizmente, tal Lei não vigorou por muito tempo.

Com efeito, esteve em vigor nos territórios do norte da Austrália, apenas de 1º de julho de 1996 a 24 de março de 1997, isto é, por apenas menos de 10 (dez) meses. Tal Lei que despenalizava a prática de eutanásia, a qual recebeu o nome de Lei dos Direitos dos Pacientes Terminais, foi derrubada pelo Senado de Canberra por 38 (trinta e oito) votos contra 34 (trinta e quatro) e mais 5 (cinco) abstenções, sendo certo que "durante a vigência da Lei da eutanásia 4 pessoas morreram no Território do Norte, todas elas assistidas pelo Dr. Nitschke, inventor da máquina com o qual o paciente tira a própria vida com uma droga letal".[107]

Na Bélgica, a Lei que legalizou a eutanásia naquele país foi aprovada em 16 de maio de 2002, entrando em vigor em 22 de setembro do mesmo ano, tendo a mesma como gênese o entendimento legislativo acerca da necessidade, utilidade e adequação da norma.

Importante esclarecer que a Lei Belga veda a eutanásia para menores de 18 (dezoito) anos, devendo haver um pedido escrito, refletido e voluntário por parte do paciente, o qual poderá, inclusive, subscrever uma declaração mesmo gozando de boa saúde para que caso seja acometido de doença grave e incurável já tenha autorizado seu médico a praticar a eutanásia, sendo certo,

---

107   BRASIL. *Jornal Correio Braziliense*, de 25 de março de 1997.

no entanto, que tal declaração terá a validade de no máximo 5 (cinco) anos.

Ainda acerca da Lei Belga sobre eutanásia, deve-se destacar que há a exigência de uma segunda ou terceira opinião médica na hipótese da doença não ser do tipo que possa prever uma morte em pouco tempo.

No tocante à Holanda, deve-se apontar que trata-se do país mais permissivo quanto à prática da eutanásia.

Com efeito, a Lei Holandesa sobre eutanásia, aprovada em 28 de novembro de 2000 por 104 (cento e quatro) votos a favor e 40 (quarenta) contrários, possibilitou a prática de eutanásia em pessoas a partir de 12 (doze) anos, sendo necessária a autorização dos responsáveis, acompanhada da pessoa que tenha entre 12 (doze) e 16 (dezesseis) anos.

Assim, a Lei Holandesa foi além da Lei Belga sobre eutanásia, a qual, conforme já esclarecido, vedou expressamente a eutanásia para menores de 18 (dezoito) anos.

Deve-se assinalar que posteriormente, em 11 de abril de 2001, o mesmo Senado holandês aprovou em lei, disciplinando os critérios para que a eutanásia pudesse ser realizada por médicos naquele país.

Assim, atualmente na Holanda, à luz do Artigo 2º da "Lei sobre o controle da eliminação da vida a pedido e do auxílio no suicídio" a eutanásia somente poderá ser realizada sem punição a quem a cometer, quando estiverem preenchidos três requisitos simultaneamente, quais sejam: I) quando a pessoa que tiver uma doença incurável e estiver acometida com dores insuportáveis; II) pedir de forma voluntária e após madura reflexão para morrer; III) após um segundo médico ter emitido sua opinião sobre o caso, no sentido de ser mesmo a doença incurável e de sofrimento insuportável para o doente.

Por fim, quanto aos países islâmicos, os quais seguem o Alcorão, a eutanásia é vedada uma vez que entende-se que cada ser humano não é dono de sua própria vida. Assim, "o doente que mostra a força da alma para enfrentar e superar a doença, ganha crédito diante de Deus; a eutanásia poderia impedi-lo de obter esse crédito. Além disso, sob a ótica religiosa, um milagre sempre pode acontecer".[108]

Na mesma perspectiva, os países islâmicos vedam a eutanásia por entenderem que "ninguém pode colocar fim a uma vida; além disso, a experiência mostra que uma previsão nunca é certa; e, finalmente, o pedido do paciente não pode ser tomado em consideração devido à sua debilidade".[109]

Cumpre ressaltar que tal entendimento é tirado do Alcorão pelos países islâmicos, especialmente pela interpretação dos versículos 145 e 156 da 3ª Surata (nome dado a cada capítulo do Alcorão) e do versículo 33, da 17ª Surata, os quais seguem:

> *3ª Surata, versículo 145: "Não é dado a nenhum ser morrer, sem a vontade de Deus; é um destino prefixado. E a quem desejar a recompensa terrena, a concederemos; e a quem desejar a recompensa da outra vida, lhe concederemos, igualmente; também recompensaremos os agradecidos".*

> *3ª Surata, versículo 156: "Ó fiéis, não sejais como os incrédulos, que dizem de seus irmãos, quando esses viajam pela terra ou quando estão em combate: Se tivessem ficado conosco, não teriam morrido, nem sido assassinados! Com isso, Deus infunde-lhes a angústia nos corações, pois Deus concede a vida e a morte, e Deus bem vê tudo o quanto fazeis".*

> *17ª Surata, versículo 33: "Não mateis o ser que Deus vedou matar, senão legitimamente; mas, quando a quem é morto injustamente, facultamos ao seu parente a represália; porém, que não se exceda na vingança, pois ele está auxiliado (pela lei)".*

Cumpre ressaltar, no entanto, que embora a eutanásia seja condenada com veemência pelos países islâmicos, há que se assinalar

---

108   ATIGHETCHI, Dariusch. *Islam e Bioética* – Roma: Armando Editore, 2009, p. 245.

109   ATIGHETCHI, Dariusch. *Op. cit.*, p. 254.

que se discute em tais países acerca da possibilidade de se interromper a assistência médico-tecnológica em curso ou de se opor a não iniciar uma nova intervenção médica, por interpretação do termo "senão legitimamente" consagrado no versículo 33 da 17ª Surata, anteriormente transcrito.

À luz da Lei islâmica, o pedido do doente de deixar que morram, deve ser avaliado apenas sob a ótica de ser preferível não se recorrer mais a meios técnicos excessivos para prolongar a sua agonia, cabendo ao médico tratar o doente até a morte, mas sem violar sua dignidade.

Feitas tais considerações sobre a legislação sobre eutanásia em alguns países do mundo, incluindo-se o Brasil, passo a análise do caso da americana Terri Schiavo, o qual servirá de objeto de análise da prática eutanásica, conforme assinalado anteriormente.

O caso de Theresa Marie (Terri) Schindler-Schiavo, a qual ficou em estado vegetativo após uma parada cardíaca, em 1990, e que precisava de uma sonda para se alimentar e se hidratar ficou mundialmente conhecido, haja vista a batalha judicial que se travou entre a família de Terri e seu marido, o qual por três vezes ganhou na justiça o direito de retirar a sonda de sua esposa.

Ocorre que se por um lado, o marido de Terri, Michel Schiavo desejava a retirada da sonda de sua esposa (o que conseguiu e a levou à morte); seus pais, Mary e Bob Schindler, bem como seus irmãos, lutavam para que Terri permanecesse viva, inclusive pedindo à Justiça que lhes fosse dado o direito de levá-la para casa e cuidá-la.

Cumpre ressaltar que muito embora a questão principal fosse o direito à vida de Terri, a decisão que prevaleceu no caso foi a de nível estadual da Flórida, uma vez que a Suprema Corte dos Estados Unidos se negou reiteradamente a reconhecer que esse caso merecesse sua consideração, não se envolvendo na discussão acerca do direito à vida de Terri.

É importante salientar que há também no caso em análise (como em todos os casos em que se discute a aplicação da eutanásia) não apenas a preocupação sobre o estado vegetativo ou não do doente, mas sim, questões de ordem patrimonial, uma vez que os custos do tratamento de Terri, por exemplo, giraram em torno de U$ 80.000,00 (oitenta mil dólares) por ano; valores estes que foram cobertos por uma instituição sem fins lucrativos, o Woodside Hospice, e pelo fundo público de saúde MEDICAID do Estado da Flórida.

Penso que a questão da eutanásia é defendida por muitos países, não com fins humanitários (o que, diga-se de passagem, nada há de humanitário em tal prática), mas sim, por questões financeiras, uma vez que o tratamento de doenças tidas como incuráveis, como é de conhecimento geral, são caros, o que gera o descontentamento seja por parte de planos de saúde privado, seja por parte do próprio Poder Público.

Além disso, cumpre-se observar ainda que a título de informação (uma vez que inexistindo a possibilidade da prática legal de eutanásia no Brasil, qualquer discussão em torno da mesma em nosso país torna-se inócua) que caso houvesse a possibilidade de eutanásia legal no Brasil (o que se frisa, é impossível, haja vista que violaria o direito à vida, reconhecido como inviolável pela Constituição, além de violar a dignidade da pessoa humana, fundamento desse país), poderia haver batalhas judiciais entre esposo/ esposa X família do cônjuge doente, como a que se deu no caso Terri Schiavo nos Estados Unidos.

Com efeito, sendo certo que no Brasil, à luz do Artigo 1.775, do Código Civil brasileiro "o cônjuge ou companheiro, não separado judicialmente ou de fato, é, de direito, curador do outro, quando interdito", caso fosse legal a prática da eutanásia neste país (o que incansavelmente friso ser impossível do ponto de vista jurídico-constitucional brasileiro) poderia em caso de interpretação do diploma civil pátrio de forma isolada, isto é, descuidando-se do Texto Constitucional, acabaria por se legitimar no Brasil, atrocidades como as cometidas pela Suprema Corte Americana, em que a vontade de um marido de que fosse retirada a sonda que hidratava e alimentava sua esposa prevaleceu sobre a vontade da família da doente, os quais desejavam cuidar da mesma.

Particularmente, sou totalmente contrário à eutanásia, por entender que ela, inexoravelmente, apoia a teoria da morte sobre a vida ao defender sua destruição através do argumento de aliviar a dor.

Além disso, entendo que o doente em estado vegetativo ou qualificado pela Medicina como em estado terminal, não se encontra morto, de modo que o mesmo por conservar sua condição de pessoa humana dotada de dignidade como todos os demais da espécie humana, faz jus a que se mantenham todos os cuidados necessários, visando assim, respeitar seu inviolável direito à vida, uma vez que o pensamento em contrário, ao meu sentir, redunda em grave ofensa contra a dignidade da pessoa humana, em crime contra a vida e em um atentado contra a humanidade.

Cumpre ressaltar que haja vista ser a vida humana um direito fundamental e reconhecidamente inviolável pelo constituinte originário, deve-se ter muito cuidado em tudo o que esteja direta ou indiretamente relacionado com a vida humana. Afinal, com os avanços científicos, o estado crítico de uma pessoa tida hoje como doente terminal, pode ser alterado, sendo certo que há inúmeros registros de pessoas que estavam desenganadas pela Ciência e que se recuperaram posteriormente; muitas após anos em coma, como por exemplo, o caso do polonês Jan Grzebski,[110] o qual em 2007 acordou após 19 (dezenove) anos em coma, depois de ter sido atropelado por um trem, sendo certo que na época os médicos haviam dado a ele uma expectativa de vida de apenas 3 (três) anos.

Quanto à ortotanásia, tenho um posicionamento pessoal sob dois aspectos, quais sejam: 1º) quanto à inviolabilidade do direito à vida; 2º) quanto à possibilidade ou não de seu uso.

Sob o primeiro aspecto e de forma isolada em relação ao segundo aspecto, me posiciono favoravelmente, uma vez que na ortotanásia, muito diferente da eutanásia (especialmente a passiva, hipótese em que há uma conduta humana que visa encurtar a vida do doente) não há a utilização de nenhum recurso que ocasione o

---

110   BBCBrasil.com. *Polonês acorda após coma de 19 anos.* Disponível em: <http://www.bbc.co.uk/portuguese/reporterbbc/story/2007/06/070602_polones_acordarg.shtml>. Acesso em: 2 de fevereiro de 2011.

A INVIOLABILIDADE DO DIREITO À VIDA

encurtamento da vida do doente, ocorrendo nesse caso a suspensão de procedimentos e de métodos e/ou tratamentos extraordinários de suporte à vida, como medicamentos agressivos e aparelhos, os quais têm por objetivo tão somente a manutenção artificial da vida do doente terminal, o qual tenha doença reconhecida pela Medicina como grave e incurável.

Assim, ocorrendo a morte do doente de forma natural e não provocada, inexiste violação ao direito à vida e à dignidade do doente como pessoa humana.

Já no tocante ao segundo aspecto, penso que deva ser informado por junta médica ao paciente (caso este se encontre lúcido) ou à sua família, de forma extensa, clara e exaustiva, todas as informações a ela solicitadas, incluindo-se a informação clara de que a ortotanásia não constitui procedimento de encurtamento da vida do doente e principalmente acerca da possibilidade de no futuro, conforme já analisei anteriormente, com os avanços da Ciência ser descoberto medicamento que torne curável, doença naquele momento tida por incurável.

Finalmente, quanto à distanásia, a qual é conceituada pelos dicionários Aurélio e Houaiss e por toda a Medicina como espécie de morte lenta, ansiosa e com muito sofrimento, coloco-me em posição contrária à sua prática, haja vista que em que pese caber à Medicina empreender esforços para salvar a vida humana, há momentos em que o corpo humano não responde mais, o que ocasiona tão somente mais sofrimentos ao doente que recebe um determinado tratamento inútil, o qual pura e simplesmente apenas serve para lhe ocasionar mais dor e sofrimento; tão somente lhe impedindo que morra em paz.

4. INDUZIMENTO, INSTIGAÇÃO OU AUXÍLIO AO SUICÍDIO

Acerca desses crimes, convém inicialmente registrar que o atual Código Penal brasileiro em seu Artigo 122, capítulo e parágrafo único, incisos I e II, prevê para quem induzir ou instigar alguém a suicidar-se ou prestar-lhe auxílio para que o faça, pena de reclusão de dois a seis anos, caso o suicídio se consuma; ou reclusão, de um a três anos, se da tentativa de suicídio resulta lesão corporal de natureza grave; sendo a pena duplicada em todos os casos, nas hipóteses de ser o crime praticado por motivo egoístico; ou se a vítima é menor ou tem diminuída, por qualquer causa, a capacidade de resistência.

Nessa esteira, deve-se esclarecer que induzimento é fazer penetrar no pensamento da vítima, que esta mesma se destrua, ou seja, a ideia de suicídio é colocada na mente da vítima, a qual não tinha tal pensamento inicialmente; por outro lado, na instigação, a vítima já possuía em sua mente a ideia de destruir a si própria, tendo sido tal ideia apenas estimulada pelo ofensor; finalmente, por auxílio tem-se toda ajuda moral ou material dada pelo ofensor à vítima.

Visto isso, analisando-se os termos utilizados pelo legislador e diante do significado de cada um dos termos, se conclui, sem qualquer dificuldade, que os atos para alcançar a extinção da vida devem ser praticados pela própria vítima, induzida, instigada ou auxiliada por terceiro, uma vez que se os atos para a consecução do resultado forem praticados por terceiro, não se estará diante do crime de induzimento, instigação ou auxílio a suicídio, mas sim, diante de um homicídio.

Por fim, outra questão importante a ser lembrada é que não é punível a conduta de terceiro que embora tenha induzido, instigado ou auxiliado alguém a se suicidar, o suicídio não se consuma; ou se da tentativa de suicídio não resulta lesão corporal de natureza grave para a vítima. Desse modo, não se pune a tentativa.

A Inviolabilidade do Direito à Vida

5. INFANTICÍDIO

Passamos agora à análise do crime de infanticídio, o qual tem previsão no Artigo 123 do Código Penal Brasileiro e que merece atenção principalmente pela sua estreita relação com os crimes de homicídio e aborto, conforme se constatará ao final.

É interessante registrar que conforme é de conhecimento público, o termo infanticídio corriqueiramente é utilizado pelos dicionários para designar o assassínio de uma criança.

Mas afinal, a vida de quem o legislador procurou tutelar com a tipificação do crime de infanticídio? Seria a vida de uma criança? Seria a vida de um recém-nascido?

A resposta para tais indagações se encontra na própria redação do supracitado Artigo 123 do Código Penal, o qual assim estabelece: "Artigo 123 - Matar, sob a influência do estado puerperal, o próprio filho, durante o parto ou logo após: Pena - detenção, de dois a seis anos".

Vejamos que o crime de infanticídio somente pode ser cometido pela parturiente contra o nascente[111] ou neonato[112]. No entanto, os colaboradores poderão responder pelo mesmo crime, tendo em vista a comunicabilidade das circunstâncias subjetivas quando elementares do crime, nos termos do Artigo 30,[113] do Código Penal.

Cumpre ressaltar que para a conduta ser tipificada como infanticídio, não bastará que a parturiente encontre-se no estado puerperal, sendo necessário que esse estado tenha influenciado diretamente na mesma para que mate seu filho, uma vez que aí sim, estará caracterizada a prejudiciabilidade ou diminuição de sua capacidade de agir de forma livre.

Nesse sentido, colhe-se do item 40 da Exposição de Motivos do Código Penal que "o *infanticídio* é considerado um *delictum*

---

111   Termo utilizado para a hipótese da prática do crime ocorrer durante o parto.

112   Termo utilizado para a hipótese da prática do crime ocorrer após o parto.

113   Artigo 30 - Não se comunicam as circunstâncias e as condições de caráter pessoal, salvo quando elementares do crime.

exceptum quando praticado pela parturiente sob a *influência do estado puerperal*. Essa cláusula, como é obvio, não quer significar que o puerpério acarrete sempre uma perturbação psíquica: é preciso que fique averiguado ter esta realmente sobrevindo em consequência daquele, de modo a diminuir a capacidade de entendimento ou de autoinibição da parturiente".[114]

O raciocínio da doutrina pátria segue a mesma intelecção da Exposição de Motivos do Código Penal.

Com efeito, comentando o Artigo 123 do Código Penal, o eminente professor Luis Régis Prado afirma que "faz-se necessário que a mãe pratique o crime sob a influência do estado puerperal, sob pena de incorrer no delito de homicídio. E isso porque com o critério fisiopsíquico não se pretende afirmar que 'o puerpério acarrete sempre uma perturbação psíquica: é preciso que fique averiguado ter esta, realmente sobrevindo em consequência daquele, de modo a diminuir a capacidade de entendimento ou de autoinibição da parturiente. Fora daí, não há por que distinguir entre infanticídio e homicídio' ".[115]

Portanto, não estando a parturiente sob a influência do estado puerperal no momento da prática do crime contra seu filho, durante o parto ou logo após, estaremos não diante de um infanticídio, mas sim de um homicídio[116] simples ou qualificado, a depender da situação fática; sendo certo ainda que o cometimento de crime pela mãe contra seu próprio filho, antes de iniciado o parto, será tipificado como aborto.

É importante registrar que o crime de infanticídio, previsto pelo legislador, se refere a parturientes normais, as quais, sob a

---

114   BRASIL [Leis etc.] *Código Penal; Código de Processo Penal; Constituição Federal.* Obra coletiva de autoria da Editora Saraiva com a colaboração de Antonio Luiz de Toledo Pinto, Márcia Cristina Vaz dos Santos Windt e Lívia Céspedes. 2ª edição, São Paulo: Saraiva, 2006, p. 255.

115   PRADO, Luiz Régis. *Curso de direito penal brasileiro.* Vol. 2, 2ª Edição, São Paulo: Editora Revista dos Tribunais, 2002, pp. 84-85.

116   Neste sentido: GOMES, Hélio. *Medicina Legal.* 27ª Edição, Rio de Janeiro: Freitas Bastos, 1989, p. 367.

influência do estado puerperal, acabam matando seu próprio filho, e não a parturientes doentes.

Nessa esteira, de forma bem delineada, o professor Hélio Gomes, citando inclusive outras hipóteses de crimes praticados por parturientes contra seu próprio filho, fazendo a devida distinção nos elucida que "Marcé descreveu uma loucura puerperal - profunda, mas passageira alteração da consciência da parturiente - levando-a ao assassínio do filho. (...) Entretanto, três outras ocorrências psicológicas podem surgir no decorrer do parto e do puerpério. No primeiro temos as psicoses puerperais, consequentes ou concomitantes do puerpério. (...) Mãe que mate o filho sob a influência dessa psicose e não sob a influência do estado puerperal é uma doente mental: enquadra-se no Artigo 26 do Código Penal. No segundo caso, o puerpério agrava anormalidades anteriores, que podem levar ao crime. (...) A criminosa enquadrar-se-á no parágrafo único do Artigo 26. Ainda aqui não se trata de influência do estado puerperal. O terceiro caso, o mais comum, é aquele a que quis se referir por certo o legislador. Nele ingressam as gestantes normais, mas a quem as dores do parto, as emoções do abandono moral, as privações físicas sofridas antes, obnubilam a consciência, enfraquecem a vontade, levando-as a matar o filho, durante ou logo após o parto. Não são alienadas nem semialienadas. Também não são calculistas nem inemotivas. São mulheres perturbadas momentaneamente pelos sofrimentos físicos (dores e hemorragia) e morais que o parto acarreta".[117]

Por fim, no tocante ao crime de infanticídio, quanto à duração do prazo do estado puerperal, cumpre registrar que embora um tanto quanto desnecessário, haja vista o próprio Artigo 123, do Código Penal conceituar, o professor Julio Fabbrini Mirabete, registra em obra de sua autoria que "(...) o período (...) vai do deslocamento e expulsão da placenta à volta do organismo materno às condições normais, havendo discordância quanto a seu limite de duração (de 6 ou 8 dias a 6 semanas)".[118]

---

117   GOMES, Hélio. *Op. cit.*, pp. 370-371.

118   MIRABETE, Julio Fabbrini. *Código penal interpretado*. São Paulo: Atlas, 1999, p. 682.

6. ABORTO

No tocante ao crime de aborto, antes de analisarmos o Código Penal Brasileiro, deve-se assinalar que o abortamento ou aborto como é chamado pelo legislador e como é comumente designado costumeiramente, é a interrupção do processo gestacional com a consequente morte do feto, o qual se inicial com e na concepção até o momento anterior ao parto, com as chamadas "dores de abertura".

O abortamento pode ocorrer de duas formas: natural ou provocada. Na primeira hipótese, como o próprio nome sugere, o abortamento ocorre naturalmente, dando-se a interrupção da gestação espontaneamente, sem que para isso tenha concorrido a gestante ou terceiro, ou seja, nessa hipótese é o próprio organismo da gestante que, por algum problema de doença, coloca fim à gestação. Por outro lado, no aborto provocado, a morte do feto ocorre por uma ação ou omissão da gestante ou de terceiro, a princípio somente de forma dolosa, por força do parágrafo único do Artigo 18, do diploma penal pátrio, o qual estabelece que "salvo os casos expressos em lei, ninguém pode ser punido por fato previsto como crime, senão quando o pratica dolosamente"; mas também de forma culposa, estando o caso concreto inserido em uma das hipóteses de omissão penalmente relevante (Artigo 13, § 2º, alíneas "a", "b" e "c", do Código Penal), o qual será analisado mais adiante.

O Código Penal Brasileiro tipifica o crime de aborto em três dispositivos. No primeiro (Artigo 124) pune com detenção, de um a três anos, quem "provocar aborto em si mesma ou consentir que outrem lho provoque"; no segundo (Artigo 125), pune com pena de reclusão, de três a dez anos, quem "provocar aborto, sem o consentimento da gestante"; já no terceiro (Artigo 126), pune com pena de reclusão, de um a quatro anos, quem "provocar aborto com o consentimento da gestante", sendo a pena de três a dez anos de reclusão, na hipótese em que "a gestante não é maior de quatorze anos, ou é alienada ou débil mental, ou se o consentimento é obtido mediante fraude, grave ameaça ou violência" (parágrafo único do Artigo 126).

É importante esclarecer que em tramitação no Congresso Nacional, o projeto de Lei n° 489, de 2007, uma vez aprovado, nos termos de seu Artigo 30, tornará as penas previstas nos Artigos 125 e 126 do Código Penal mais severas, passando a pena para a hipótese de violação do Artigo 125, de reclusão de 3 (três) a 10 (dez) anos para pena de reclusão de 6 (seis) a 15 (quinze) anos; enquanto a pena no caso de violação do Artigo 126 do diploma penal pátrio passaria de pena de reclusão de 1 (um) a 4 (quatro) anos para pena de reclusão de 4 (quatro) a 10 (dez) anos.

Já no tocante à pena do Artigo 124 do Código Penal, inócua é a sua alteração por parte do legislador no Artigo 30, do multicitado projeto de Lei n° 489, de 2007, uma vez que mantendo a mesma pena, isto é, de 1 (um) a 3 (três) anos, tão somente visa alterar o tipo de pena privativa de liberdade, passando de detenção para reclusão.

Contudo, na prática, na hipótese de violação do Artigo 124 do Código Penal, após eventual aprovação do projeto de Lei n° 489, de 2007, não existirá nenhuma diferença essencial entre detenção e reclusão, isso porque, embora a pena de reclusão, nos termos do Artigo 33 do mesmo diploma penal pátrio deva ser cumprida em regime fechado, semiaberto ou aberto; enquanto a de detenção, seja cumprida em regime semiaberto, ou aberto, salvo necessidade de transferência a regime fechado, o que a *priori* imporia ao infrator um tipo de pena privativa de liberdade mais gravosa, isso se torna inócuo, uma vez que a pena não ultrapassa 3 (três) anos, razão pela qual na pior das hipóteses, isto é, em caso de reincidência do condenado, observadas as alíneas[119] do § 2°, do Artigo 33, do

---

119 Artigo 33 - [...] § 2° - As penas privativas de liberdade deverão ser executadas em forma progressiva, segundo o mérito do condenado, observados os seguintes critérios e ressalvadas as hipóteses de transferência a regime mais rigoroso: (Redação dada pela Lei n° 7.209, de 11.7.1984) a) o condenado a pena superior a 8 (oito) anos deverá começar a cumpri-la em regime fechado; b) o condenado não reincidente, cuja pena seja superior a 4 (quatro) anos e não exceda a 8 (oito), poderá, desde o princípio, cumpri-la em regime semiaberto; c) o condenado não reincidente, cuja pena seja igual ou inferior a 4 (quatro) anos, poderá, desde o início, cumpri-la em regime aberto.

Código Penal, será imposta ao mesmo no máximo pena privativa de liberdade desde o princípio, a ser cumprida em regime semiaberto, ressalvada a necessidade de transferência a regime fechado.

Voltando-se novamente a atenção para o Código Penal vigente, deve-se atentar para o fato de que a conduta tipificada na parte final do Artigo 124 e no Artigo 126 é rigorosamente a mesma, qual seja, aborto praticado com o consentimento da gestante; distinguindo-se tão somente, quanto à pena a ser aplicada, uma vez que a gestante que consentiu que lhe provocassem o aborto será apenada com menos rigor que aquele que com seu consentimento lhe provocou o aborto.

Ressalvada a parte final do Artigo 124, do Código Penal, cujo núcleo do tipo penal é "consentir", nas outras hipóteses, o núcleo do tipo penal é "provocar". Assim, quanto a esse último, qualquer ação ou omissão integrará a conduta típica do crime de aborto.

Visto isso, antes de analisar as diversas espécies de aborto, importa colacionar a lição do mestre em Enfermagem pela Universidade Federal de Santa Catarina, professor Wilson Kraemer de Paula, o qual em obra de sua autoria apresenta dentre outras, diversas formas de abortamento, todas por ação, tais como:

> *"Aborto Medicamentoso: consiste na utilização de drogas uterotônicas (que provocam a contração uterina) e a consequente expulsão do conteúdo no útero contido.*
>
> *Aborto por Sucção: o interventor introduz uma cânula (tubo) de plástico no útero. Este tubo é conectado a um aspirador com poder de aspiração vinte e nove vezes maior do que um aspirador de pó caseiro. O embrião ou feto é dilacerado e aspirado.*
>
> *Aborto por Sonda e outros Objetos Pontiagudos: comumente praticado por "aborteiras", consiste na introdução de uma sonda, ou qualquer outro objeto pontiagudo no útero, provocando dilatação cervical (do colo uterino), contração uterina e a consequente expulsão do conteúdo do útero contido.*

Aborto por Curetagem: o interventor introduz uma cureta (instrumento metálico) no útero e faz uma "raspagem" do mesmo, extraindo partes do embrião ou feto, até o esvaziamento total do útero.

Abortamento por Envenenamento Salino: o interventor insere uma agulha dentro do abdômen da mãe, perfurando a bolsa d'água e injetando uma solução salina hipertônica. O feto, que já respira e engole líquido a partir da 11ª semana, fica envenenado.

Aborto por Cesariana: feito, geralmente entre a 8ª e 24ª semana de gestação, consiste na extração do feto, através de uma incisão (corte) no útero, feita via abdominal. Como normalmente o feto é imaturo, portanto inviável, ele não recebe a devida assistência e morre".[120] (grifei)

Como se nota pela lição colacionada, não há que se negar a gravidade e a hediondez do crime de abortamento.

À vista disso, o legislador pátrio, também atento à necessidade de tornar de forma expressamente legal, hediondo o crime de aborto, inseriu no projeto de Lei nº 489, de 2007, o acréscimo ao Artigo 1º, da Lei nº 8.072, de 25 de julho de 1990 (Lei dos Crimes Hediondos), de seu inciso VIII, o qual, uma vez aprovado tornará o "aborto (Artigos 124 a 127 (NR)" um crime hediondo no país, o que ainda que com atraso, se mostra de suma importância para a defesa da vida humana, uma vez que o endurecimento da Lei possibilitará maior reflexão para os que tenham a intenção de cometer tal bárbaro crime.

É relevante salientar que em que pese à gravidade do delito do aborto, parte da sociedade (destacando-se alguns políticos e personalidades tidas como intelectuais) defende, ao invés de penas mais duras, a descriminalização do aborto, apesar das penas para tal crime, ao meu sentir, já serem demasiadamente brandas, especialmente se comparadas com as penas para quem cometer um homicídio.

---

120   PAULA, Wilson Kraemer de. *Aborto: Tradições e Contradições*. Florianópolis: Papa-Livro, 1996, pp. 53-54.

Registro que tratarei especialmente dessa questão, comparando as penas para o crime de abortamento em relação às penas para o crime de homicídio, inclusive com observância à hipótese de aumento de pena, prevista no Artigo 127 do Código Penal, no próximo capítulo, onde será defendida juridicamente, a revogação do Artigo 128, do diploma penal pátrio pela atual Constituição da República.

Quanto à apologia ao aborto, em que pese ao meu sentir já se encontra o mesmo abarcado pelo Artigo 287[121] do vigente Código Penal; visando impedir a prática e a perpetuação de tal conduta, o legislador também inseriu no projeto de Lei n° 489, de 2007, o Artigo 28, o qual, uma vez aprovado, imporá pena de detenção de 6 (seis) a 1 (um) ano e multa, a quem "fazer publicamente apologia do aborto ou de quem o praticou, ou incitar publicamente a sua prática".

Ainda na mesma proposta legislativa, consta em seu Artigo 29, a pena de detenção de 1 (um) a 2 (dois) anos e multa para quem "induzir mulher grávida a praticar aborto ou oferecer-lhe ocasião para que o pratique"; sendo tal dispositivo, uma vez aprovado de suma importância, haja vista que se aplicará diretamente à casos corriqueiros de namorados e até mesmo companheiros e esposos que não querem assumir a gravidez da namorada, companheira ou esposa; bem como à casos de familiares que não querem ter a "honra manchada" por uma gravidez de uma mulher solteira, razão pela qual, apesar de branda a pena, intimidará tais práticas.

Questão importante é que merece ser abordada no presente capítulo é a relativa ao aborto omissivo e sua possibilidade de ocorrência.

Porém, antes de adentrar especificamente na seara do crime de aborto omissivo, faz-se necessária uma análise sobre a omissão relevante, do ponto de vista jurídico-penal.

Com efeito, acerca da omissão penalmente relevante, o Código Penal Brasileiro dispõe nas alíneas "a", "b" e "c" do § 2°, de seu Artigo 13 que "a omissão é penalmente relevante quando o

---

121   Artigo 287 - Fazer, publicamente, apologia de fato criminoso ou de autor de crime: Pena - detenção, de três a seis meses, ou multa.

omitente devia e podia agir para evitar o resultado. O dever de agir incumbe a quem: a) tenha, por lei, obrigação de cuidado, proteção ou vigilância; b) de outra forma, assumiu a responsabilidade de impedir o resultado; c) com seu comportamento anterior, criou o risco da ocorrência do resultado".

É interessante observar que por tal dispositivo, o legislador está a punir aquele que muito embora não tenha causado o resultado, por não ter agido, conforme lhe incumbia a norma penal em uma das três supracitadas hipóteses elencadas pelo legislador, foi equiparado ao causador do resultado.

Deste modo, no tocante ao crime de aborto por omissão penalmente relevante, a gestante ou terceiro, embora tenha o dever de agir para evitar que o abortamento ocorra (resultado), se omite, causando a morte do feto; caracterizando-se aqui, o chamado pela doutrina, crime comissivo por omissão.

É interessante ainda apontar que muito embora o parágrafo único do Artigo 18, do Código Penal tenha proibido a punição de alguém por fato previsto como crime, senão quando a pratica do mesmo tenha sido dolosa, o que impossibilitaria a punição de crime de aborto culposo, haja vista a não expressa previsão legal para tanto; tal possibilidade é autorizada pelo disposto nas alíneas "a", "b" e "c" do § 2º, do Artigo 13, do mesmo diploma penal pátrio.

Com efeito, da leitura do dispositivo legal acima citado e transcrito, observa-se de forma inequívoca que não há nenhuma vedação de os crimes comissíveis por omissão, em casos especiais, contemplarem forma culposa.

Nesse sentido, colhe-se decisão da jurisprudência do Egrégio Tribunal de Justiça do Estado do Rio Grande do Sul:

> *Crime de Aborto. Omissão Criminosa do Médico Plantonista. Rejeição da Denúncia.*
> *Pelo crime de aborto provocado por terceiro descrito no Artigo 125 do Código Penal, de acordo com a norma escrita no Artigo 13, § 2º, letra "b", também do Código Penal, pode responder o médico plantonista que deliberadamente se recusa a atender parturiente por ele anteriormente examinada, com indicação de seu médico assistente de necessidade de*

cesária, devidamente informado do padecimento do feto e que somente comparece à Casa de Saúde para proceder à intervenção cirúrgica após a morte da criança no útero materno.
Recurso acolhido para o efeito de receber a denúncia.[122]

Cumpre anotar ainda que, conforme assinalado anteriormente, também à luz do Artigo 13, § 2º e suas alíneas, há a possibilidade de crimes de omissão imprópria na modalidade culposa.

Nessa esteira, corroborando o entendimento acerca de tal possibilidade, merece transcrição a lição do mundialmente conceituado penalista alemão, Hans-Heinrich Jescheck, o qual elucida que *Los delitos de omisión impropia no regulados en la ley pueden cometerse por imprudencia siempre que el correspondente tipo de comisión considere suficiente la culpa.[123]*

Desse modo, combinando-se o disposto nos Artigos 124, 125 e 126, do Código Penal com o que dispõe alguma das três alíneas do § 2º, do Artigo 13, do mesmo diploma penal, pode-se afirmar que o crime de abortamento poderá ser cometido (e ser punido) por uma ação ou omissão da gestante ou de terceiro, de forma dolosa ou culposa.

Deve-se anotar que, desse modo, não se está a defender para punir a prática de aborto culposo, uma analogia *in malan partem*, a qual é vedada no direito penal brasileiro,[124] mas sim, está a se defender a aplicação das penalidades previstas nas alíneas "a", "b" e "c" do § 2º, do Artigo 13 do vigente Código Penal Brasileiro, conforme anteriormente apresentado.

Cumpre ressaltar que, apesar de entender e defender nesta obra que o crime de aborto pelas razões anteriormente expostas

---

122   TRIBUNAL DE JUSTIÇA DO ESTADO DO RIO GRANDE DO SUL. Terceira Câmara Criminal. *Recurso em Sentido Estrito nº 70018782169*. Rel. Des. Vladimir Giacomuzzi. Disponível em: <www.tjrs.jus.br>. Acesso em: 18 de abril de 2011.

123   JESCHECK, Hans-Heinrich. *Tratado de Derecho Penal, Parte General*, vol. II, Barcelona: Bosch, 1981, p. 868.

124   GRECO, Rogério. *Curso de direito penal: parte geral*. vol. 1. 7ª Edição, revisada e atualizada, Niterói: Impetus, 2006, pp. 50-51.

já possa ser punido tanto por sua prática dolosa como também por sua prática culposa, o legislador infraconstitucional, visando até mesmo dar maior clareza normativa (em que pese ao meu sentir, de forma desnecessária), estabeleceu no Artigo 23 e seus §§, do projeto de Lei nº 489, de 2007 (Estatuto do Nascituro), pena de detenção de 1 (um) a 3 (três) anos para quem "causar culposamente a morte do nascituro"; prevendo ainda que "a pena é aumentada de um terço e [sic] o crime resulta de inobservância de regra técnica de profissão, arte ou ofício, ou se o agente deixa de prestar imediato socorro à vítima, não procura diminuir as consequências de seu ato ou foge para evitar a prisão em flagrante"; podendo "o Juiz [...] deixar de aplicar a pena, se as consequências da infração atingirem o próprio agente de forma tão grave que a sanção penal se torne desnecessária".

É importante asseverar que uma vez aprovado o multicitado projeto de Lei nº 489, de 2007, terá agido muito bem o legislador ao conceder ao Juiz a possibilidade de deixar de aplicar a pena, uma vez preenchidas as condições legais para tanto, haja vista que não são poucos os casos de mulheres que, por exemplo, sem saber, pensando que determinado chá fará bem à sua gestação acabam abortando o seu filho, vindo a posteriormente ficarem deprimidas por se sentirem culpadas pela morte do nascituro. Sem dúvidas, em tais casos, torna-se inócua a aplicação de qualquer sanção penal, tendo em vista que tais mulheres receberam a maior sanção: ficarem sem os seus filhos.

Ultrapassadas tais pertinentes questões, sem ter a pretensão de citar todas, até porque a doutrina não é uníssona a conceituá-las, passamos a analisar as diversas espécies de abortamento, como seguem.

Neste diapasão, podemos citar cinco espécies de aborto:

a) **Aborto Eugênico:** é aquele que consiste na interrupção da gestação nas hipóteses em que o feto é portador de doenças ou anomalias graves. Tal espécie de aborto, visa, na verdade, um "controle de qualidade" na espécie humana, não tendo nenhuma previsão no ordenamento jurídico, muito embora inúmeros juízes e tribunais brasileiros tendem a acolher pedidos nesse sentido (como nas hipóteses de anencéfalos, por exemplo), insistindo, assim, a usurparem a competência do Poder Legislativo, violando a Constituição e a legislação infraconstitucional pátria;

b) **Aborto por motivo de honra:** consiste na interrupção da gestação para que a mulher e sua família não fiquem desonradas pela gravidez, sendo mais comum entre mulheres que não têm o apoio do pai da criança ou que moram com seus pais;

c) **Aborto Sentimental:** é aquele praticado em casos em que a mulher é vítimada de estupro, tendo-se notícia de seu surgimento na Europa, por ocasião da Primeira Guerra Mundial, em que mulheres eram violentadas por invasores. Cumpre ressaltar que essa espécie de aborto é tida pelo legislador brasileiro como fato impunível, desde que seja praticado por médico, devido às circunstâncias (Artigo 128, II, do Código), o que discordo, considerando tal dispositivo inconstitucional, conforme será defendido no próximo capítulo;

d) **Aborto Social:** é aquele que consiste em abortar por falta de recursos financeiros para criar e educar a criança, o que, de forma discriminatória e equivocada, já foi defendido por muitos como meio de diminuição da criminalidade;

e) **Aborto Terapêutico:** consiste na interrupção da gestação quando inexiste outro meio de salvar a vida da gestante. Deve-se anotar que essa espécie de aborto, chamada de aborto necessário pelo legislador brasileiro, encontra-se prevista no inciso I, do Artigo 128, do Código Penal, o qual torna o fato impunível, desde que praticado por médico, devido às circunstâncias, o que também particularmente discordo, considerando tal dispositivo inconstitucional, conforme também será defendido no próximo capítulo.

Além disso, quanto a essa última espécie de aborto analisada, deve-se anotar que atualmente, com o avanço da Medicina, torna-se felizmente cada vez mais rara a apresentação de um dramático caso como esse, em que se tenha que optar por matar uma vida para salvar outra.

7. A CHAMADA PÍLULA DO DIA SEGUINTE E SUA RELAÇÃO COM A PRÁTICA DO ABORTO

Outra questão relevante e que gera grandes discussões no meio jurídico é a relativa à chamada "pílula do dia seguinte", cujo uso, apesar de não ser considerado um crime (fato típico, ilícito e punível) pelo ordenamento jurídico brasileiro e por todos os países onde o uso da mesma é permitido, merece ser rechaçada e defendida a sua proibição, uma vez que se trata não de um método contraceptivo, mas sim, um método abortivo.

Com efeito, a chamada "pílula do dia seguinte" possui ação anti-implantação, tratando-se, por isso, na verdade, de um aborto realizado com meios químicos, não sendo coerente intelectualmente, nem cientificamente justificável, dizer que com tais condutas não se busque a mesma coisa. Além disso, mostra-se suficientemente claro que a intenção dos que pedem ou propõem o uso da pílula é obter diretamente a interrupção de uma eventual gravidez em andamento, exatamente como no caso do aborto; não podendo se olvidar ainda que o início da gravidez ocorre no momento da concepção e não a partir da implantação do blastocisto na parede uterina, como o que está sendo sugerido implicitamente.

Nesse diapasão, foi apresentado o projeto de Lei n° 1.413, de 2007, de autoria do deputado Luiz Bassuma, o qual visa proibir a distribuição, a recomendação pelo SUS e a comercialização pelas farmácias de método de anticoncepção de emergência - AE (pílula do dia seguinte).

É interessante apontar que a proposição legislativa encontra na Ciência, a fundamentação para que a chamada "pílula do dia seguinte" seja proibida no Brasil.

Desse modo, colhe-se em trecho da justificativa do supracitado projeto de Lei n° 1.413, de 2007 que "um ciclo menstrual é composto normalmente de três fases: a primeira, onde as dosagens hormonais são baixas e dificilmente ocorre a fecundação, porque não houve o amadurecimento do óvulo e a posterior ovulação; a segunda, onde as dosagens hormonais começam a aumentar e a provocar, ao mesmo tempo, ação nos folículos, amadurecendo os óvulos, até a saída deles do ovário ou a ovulação nas trompas, a modificação da parede interna do útero, preparando para receber o óvulo fecundado, e agindo no colo do útero, produzindo o muco cervical, que propicia a migração do espermatozoide através do útero e das tropas até o óvulo; e a terceira fase, quando o óvulo, que saiu do ovário "morre" após 24 horas, quando não pode mais ser fecundado [...]. Na segunda fase, ou no período fértil, quando gradualmente ocorre o aumento hormonal, preparando o corpo da mulher para que ele esteja em condições de ser fecundado, se houver uma relação sexual, com certeza, ocorrerá a gravidez. É importante lembrar que o espermatozoide na presença do muco cervical, além de ter condições e migrar até as trompas para encontrar o óvulo, ele se mantém com vida até cinco dias aguardando a ovulação. Se a mulher tomar um AE no início do período fértil, a alta dosagem hormonal pode evitar a ovulação. Mas se a ovulação já tiver ocorrido, estando o muco cervical no mais alto grau de viscosidade, o espermatozoide tem todas as condições para, rapidamente, encontrar o óvulo, ocorrendo em questão de horas, a fecundação. Lembrando que o espermatozoide tem apenas 24 horas para encontrar o óvulo, porque depois o óvulo morre se não for fecundado. Nesse caso, o único papel do AE, principalmente o método progestágeno isolado, será alterar a parede interna do útero, impedindo a nidação do embrião ou a fixação no útero do óvulo fecundado. Desse modo, observa-se que a anticoncepção de emergência pode ser abortiva, se tomada após uma relação sexual realizada no ápice do período fértil".

A única crítica que deve ser feita ao Projeto de Lei é que muito embora, conforme já assinalado anteriormente, vise proibir a distribuição, a recomendação pelo SUS e a comercialização pelas farmácias da chamada "pílula do dia seguinte"; não há no Projeto de Lei qualquer pena para quem vier a infringi-lo.

Assim, uma vez aprovado, teremos uma norma de pouca ou nenhuma eficácia, haja vista que para atingir os objetivos a que se propõe, deve a norma estabelecer uma penalidade para o seu infrator.

8. CONCLUSÃO

Como pôde ser observado até aqui e será mais explorado no próximo capítulo desta obra, a defesa no sentido de que o aborto não seja descriminalizado, mas muito pelo contrário, que tenha sua pena majorada, não é uma questão religiosa, desta ou daquela religião, mas sim, uma questão ética e moral e sobretudo, jurí-dico-constitucional, pois é inadmissível que o discurso da legali-zação ou não do aborto ainda permaneça especialmente na tríade argumentação: liberdade da mulher ao seu corpo *versus* cadeia *versus* religião.

Portanto, pelo exposto, não pode o Estado pura e simples-mente abrir os olhos para mulheres adultas, que devem ser respon-sáveis por todos os seus atos, ainda que impensados, sob o argu-mento que não se pode punir com cadeia quem pratica um aborto, e que países sob forte domínio da religião, sobretudo, da religião Católica, como Portugal, Itália e Espanha, por exemplo, já possuem uma política voltada para as mesmas; fechando, por outro lado, os olhos para tantos e tantos inocentes, cujas vidas, ao arrepio da Constituição da República, dos Direitos Humanos fundamentais e da legislação infraconstitucional, são ceifadas sob o argumento precípuo que as mulheres que os geram têm liberdade sobre o seu corpo e que isso é questão religiosa, o que se pode através de argumentos não religiosos, mas jurídico-constitucionais concluir ser uma grande mentira.

Capítulo V

A Revogação do Artigo 128 do Atual Código Penal pela Vigente Constituiçã da República Federativa do Brasil, a Temática do Aborto e a Tutela do Direito à Vida do Nascituro no Brasil

Depois de analisados no Capítulo I desta obra, o Biodireito e a Bioética, solo em que inexoravelmente se encontra inserida a temática do direito à vida; bem como após analisados no Capítulo III, os crimes contra a vida humana à luz do ordenamento jurídico, doutrina e jurisprudência pátria e ainda do direito comparado, passamos a analisar as questões que envolvem a vida humana na temática do aborto, uma vez que tratando a presente obra da vida humana e de suas imbricações, é impossível considerar a proteção desse supremo direito, qual seja, o direito à vida, não explorando especialmente a questão do aborto.

É importante ser esclarecido desde já que assim como me posicionei desde as primeiras linhas desta obra, também aqui neste Capítulo será analisada a temática do aborto, deixando de lado toda e qualquer inclinação afetiva que circunde a matéria, razão pela qual a questão será analisada com racionalidade, sempre à luz da Biologia Genética e do ordenamento jurídico brasileiro.

A questão da descriminalização do aborto vem hodiernamente ganhando força nos países latino-americanos, incluindo o Brasil, tendo-se buscado por inúmeras vezes a partir de projetos de lei, a completa legalização do aborto neste país, em que pese o Código Penal Brasileiro em seu Artigo 128 e incisos, só permitir o aborto, quando praticado por médico, não existindo outro meio de salvar a vida da gestante, ou na hipótese da gravidez resultar de estupro, sendo necessário nesse último caso, no entanto, o prévio consentimento da gestante ou, quando incapaz, de seu representante legal.

Visto isso, é importante voltar-se aos primórdios da elaboração e promulgação do atual diploma penal pátrio, o qual data do ano de 1940 e que tinha como seu fundamento, a Constituição dos Estados Unidos do Brasil de 1937.

Por isso, não serão analisadas nesse ponto, a Constituição Política do Império do Brasil, de 25 de março de 1824, bem como as Constituições da República dos Estados Unidos e do Brasil, de 24 de fevereiro de 1891 e de 16 de julho de 1934.

Interessante esclarecer que essa Constituição foi decretada pelo então presidente da República, Getúlio Vargas, em um momento em que o país passava por graves problemas político-sociais, devendo-se assinalar que tal Carta Política relegou o direito à vida a segundo plano, trazendo no capítulo que trata dos direitos e garantias individuais (Artigos 122 e 123), e em especial de forma expressa em seu Artigo 122, *caput*, a garantia aos brasileiros e aos estrangeiros residentes no país, dos direitos à liberdade, à segurança individual e à propriedade, deixando deste modo, de fora, o direito à vida, permitindo, inclusive, que Lei viesse a prescrever a pena de morte nas hipóteses nela previstas.

Deve-se deixar de forma destacada que a referida Constituição não previa ao longo de seus 187 Artigos, a previsão de ação direta de inconstitucionalidade, o que demonstra expressamente a ausência de controle na legalidade das leis promulgadas durante a sua vigência.

Verifica-se na exposição de motivos da parte especial do Código Penal poucas linhas acerca da criminalização do aborto e as hipóteses em que não haverá punição, tendo o legislador pátrio naquela ocasião mantido a incriminação do aborto, declarando, no entanto, não ser punível, como anteriormente assinalado, o aborto praticado por médico, caso inexista outro meio de salvar a vida da gestante, ou na hipótese de gravidez resultante de estupro, sendo necessário neste caso, porém, o prévio consentimento da gestante ou, quando incapaz, de seu representante legal, tendo sido dadas como motivos para tais exceções, razões de ordem individual ou social.

Assim, pode-se chegar facilmente à conclusão de estar o Artigo 128 do Código Penal Brasileiro, cuja redação, frise-se, data de 1940, em consonância pelo menos com a então Constituição dos Estados Unidos do Brasil de 1937, a qual lhe dava fundamento, apesar de nesta, como já esclarecido, não constar de forma expressa qualquer meio de controle da constitucionalidade das leis promulgadas neste país, à época.

Cumpre esclarecer que a elaboração de uma nova Constituição se dá nos momentos em que há rompimento na ordem constitucional. Assim, cumpre trazer à baila que após a Constituição de 1937, o Brasil teve as Constituições de 1946 e de 1967; a Emenda à Constituição de 1967 nº 1 de 1969, a qual pode ser considerada uma nova Constituição, tendo em vista as profundas e significativas mudanças na Constituição emendada, e finalmente a Constituição de 1988, tendo em todas as Constituições a partir da de 1946, sido resguardado de forma clara e inequívoca o direito à vida, conforme se verifica respectivamente, em seus Artigos 141, *caput*[125]; 150, *caput*[126]; 153, *caput* (de igual teor da Constituição de 1967); e 5º, *caput*[127], vedando-se, inclusive, em regra, a pena de morte no território nacional.

---

125 Artigo 141 - A Constituição assegura aos brasileiros e aos estrangeiros residentes no País a inviolabilidade dos direitos concernentes à vida, à liberdade, a segurança individual e à propriedade, nos termos seguintes: (...)

126 Artigo 150 - A Constituição assegura aos brasileiros e aos estrangeiros residentes no País a inviolabilidade dos direitos concernentes à vida, à liberdade, à segurança e à propriedade, nos termos seguintes: (...)

127 Artigo 5º - Todos são iguais perante a lei, sem distinção de qualquer natureza, garantindo-se aos brasileiros e aos estrangeiros residentes no País a inviolabilidade do direito à vida, à liberdade, à igualdade, à segurança e à propriedade, nos termos seguintes: (...)

Nessa perspectiva, chega-se à atual Constituição da República Federativa do Brasil de 1988, a qual, como já assinalado no parágrafo antecedente, consagra no *"caput"* de seu Artigo 5º, a inviolabilidade do direito à vida, consagrando este mesmo dispositivo da Carta Magna, o direito à liberdade.

Deve-se frisar que a atual Constituição é ainda mais direta e clara do que as Constituições de 1946 e 1967 (incluindo sua Emenda de nº 1 de 1969) que também asseguravam o direito à vida, uma vez que a vigente, determina que a inviolabilidade é do direito à vida e não tão somente o respeito a direitos concernentes à vida, o que poderia causar eventuais discussões acerca da tutela constitucional a tal supremo direito.

Especificamente no tocante à temática do aborto, discute-se muito de um lado a existência de um direito da mulher à liberdade em relação ao seu corpo em contraposição ao direito à vida do nascituro.

Assim, nessa perspectiva, analisando-se a atual Constituição, seria possível dizer, ao menos inicialmente, que se está diante de uma colisão de direitos fundamentais (direito à liberdade da mulher *versus* direito à vida do nascituro).

Porém, tal colisão é apenas aparente. Com efeito, a liberdade consagrada na Constituição é referente a cada pessoa em sua individualidade, não se estendendo ao direito alheio. Deste modo, não se compreende como um direito assegurado constitucionalmente, a liberdade de uma mãe tirar a vida de seu próprio filho, pois, biologicamente falando, o feto possui vida própria, não sendo, por isso, uma "propriedade" daquela que o está gerando.

Nesse sentido, acerca do direito à liberdade como sendo um direito que impede fazer algo que venha a prejudicar outra pessoa humana, é importante assinalar que tal entendimento pode ser extraído inclusive dos Artigos 4º e 5º da Declaração dos Direitos do Homem de 1789, a qual "respirando" liberdade, assim estabelecia:

> **"Artigo 4º.** *A liberdade consiste em poder fazer tudo que não prejudique o próximo. Assim, o exercício dos direitos naturais de cada*

> *homem não tem por limites senão aqueles que asseguram aos outros membros da sociedade o gozo dos mesmos direitos. Esses limites apenas podem ser determinados pela lei.*
> **Artigo 5°.** *A Lei não proíbe senão as ações nocivas à sociedade .*
> *[...]*

Além disso, não se pode jamais esquecer que o direito à vida, como pressuposto lógico necessário para se gozar os demais direitos, deve prevalecer sobre todo e qualquer outro direito quando exista algum conflito entre direitos fundamentais, daí incluindo-se, necessariamente, um possível direito da mulher à liberdade de seu próprio corpo.

Nesta esteira, corroborando o nosso entendimento, assevera Adriano de Cupis que "o direito à vida é o principal direito individual, o bem jurídico de maior relevância que, atualmente tutelam todos os ramos do direito, pois todos os bens e interesses jurídicos protegidos pelo direito positivo, dela depende; seria absolutamente inútil tutelar a liberdade, a igualdade e os bens materiais de uma pessoa, sendo permitida ou tolerada lesão à sua vida".[128]

No mesmo sentido, leciona Carlos Alberto Bittar ao afirmar que "dentre os direitos de ordem física, ocupa posição de primazia o direito à vida, como bem maior na esfera natural e também na jurídica, exatamente porque, em seu torno e como consequência de sua existência, todos os demais gravitam, respeitados, no entanto, aqueles que dele extrapolam (embora constituídos ou adquiridos durante o seu curso, como o direito à honra, à imagem e o direito moral de autor, a desafiar o vetusto axioma "*mors omnia solvit*)".[129] [130]

Já na seara jurisprudencial, corroborando o nosso posicionamento, colhe-se de voto do desembargador Wagner Wilson, do

---

128 CUPIS, Adriano de. Os direitos da personalidade. Campinas: Romana Jurídica, 2004, p. 72.

129 Brocardo latino que significa "A morte dissolve tudo".

130 BITTAR, Carlos Alberto. *Os direitos da personalidade*. Rio de Janeiro: Forense Universitária, 2004, p. 28.

Egrégio Tribunal de Justiça do Estado de Minas Gerais, proferido nos autos da Apelação Cível julgada nesse tribunal, posicionamento nesse sentido e nos seguintes termos:

> *"O direito à vida antecede todos os outros e não pode ser minimizado por um direito subjetivo da mãe, que deseja abortar, para evitar eventuais problemas seus de ordem estritamente emocionais. Considerando que o Artigo 4° do Pacto São José da Costa Rica do qual o Brasil é signatário, assegura o direito à vida desde a concepção e tem força de emenda constitucional imutável, cláusula Pátrea, portanto e, ainda, que o Código Civil Brasileiro estabelece que a Lei põe a salvo o direito do nascituro desde a concepção, entendo que nessa ação deveria ser o caso, inclusive, de se nomear um curador ao feto, para defender seu direito de viver. Não somos dono da vida. Temos apenas o direito de desfrutar dela. Não somos juízes da vida, não nos cabe, numa análise perfunctória dos autos, decidir liminarmente sobre ela".*[131]

À vista disso, convém estabelecer desde logo, o conceito de vida humana na acepção empregada no supracitado Artigo 5°, *caput*, do diploma constitucional pátrio, não se podendo dizer ter este um conteúdo indeterminado, pois se assim fosse, poderia até mesmo o Estado negar tal direito, por interpretá-lo de forma diversa a que o constituinte originário perseguiu o consagrando na Lei Maior.

Afinal, sendo o direito à vida, um direito pré-existente ao Estado, este não pode negá-lo nem suprimi-lo, mas tão somente garanti-lo.

Cumpre destacar que acerca da vida humana e de sua inviolabilidade, elucida o renomado professor Alexandre de Moraes que "o início da mais preciosa garantia individual deverá ser dado pelo biólogo, cabendo ao jurista, tão somente, dar-lhe o enquadramento legal, pois, do ponto de vista biológico a vida se inicia

---

131 TRIBUNAL DE JUSTIÇA DO ESTADO DE MINAS GERAIS. Décima Sexta Câmara Cível. *Apelação Cível n° 1.0024.10.231638-7/001*. Rel. Des. Otávio Portes. Disponível em: <www.tjmg.jus.br>. Acesso em: 5 de maio de 2011.

A INVIOLABILIDADE DO DIREITO À VIDA

com a fecundação do óvulo pelo espermatozoide, resultando um ovo ou zigoto[132] (...)".

Desse modo, o conceito de vida humana e quando essa se inicia ultrapassa o campo de estudo da ciência jurídica, exigindo-se do operador do direito, que se socorra dos campos da biomedicina e da genética para se chegar a tal conceito.

É assim que se chega à conclusão através das lições de renomados geneticistas que a vida humana se inicia na e a partir da fecundação, pelo encontro dos vinte e três cromossomos masculinos com os vinte e três cromossomos femininos, o qual gera o zigoto, sendo certo que é a partir e na fecundação que se dá o início da vida humana, pois esta é um contínuo desenvolver--se, uma vez que o zigoto, constituído por única célula por meio do supracitado encontro, de forma imediata produz proteínas e enzimas humanas, capacitando-se, ele mesmo, ser humano embrionário, a constituir todos os tecidos, os quais se autorre-novam e se distinguem, formando-se em ser humano único e distinto daquela que o gera, não sendo este da mãe, pois tem vida própria. Em suma, ele está na mãe!

Félix Ruiz Alonso afirma categoricamente que "a biologia gené-tica hoje assenta como pacífico que a vida se inicia na concepção. Por essa razão denominar-se-á a dita corrente de científica".[133]

Nessa esteira, afirma o renomado professor Jérôme Lejeune, um dos mais brilhantes cientistas do mundo contemporâneo, cate-drático de Genética da Universidade de Sorbonne em Paris, em relação à temática que "o que define um ser humano é o fato de ser membro da nossa espécie. Assim, quer seja extremamente jovem (embrião), quer seja mais idoso, ele não muda de uma espécie para outra".[134]

---

132   MORAES, Alexandre de. *Direito constitucional.* 9ª Edição, São Paulo: Atlas, 2001, p. 20.

133   MARTINS, Ives Gandra da Silva (coordenação). *Op. cit.*, p. 401.

134   LEJEUNE, Jérôme. *Um homem é um homem. In: Revista Pergunte e responde-remos*, n° 326, pp. 98-194.

E arremata o renomado cientista francês, afirmando que desde a fecundação, a carga genética é plenamente diferenciada em relação à dos genitores, razão pela qual o embrião é um ser humano individualizado, desde a sua primeira fase de evolução.[135]

Ainda merece colação, a doutrina do ilustre professor e renomado médico, Doutor Dernival da Silva Brandão segundo o qual "o embrião é o ser humano na fase inicial de sua vida. É ser humano em virtude de sua constituição genética própria e de ser gerado por um casal humano através de gametas humanos-espermatozoides e óvulo. Compreende a fase de desenvolvimento que vai desde a concepção, com a formação do zigoto na união dos gametas, até completar a oitava semana de vida".[136]

Portanto, é inadmissível não só à luz do Direito, mas também à luz da Biologia Genética, dizer que não há vida no embrião, uma vez que este deve ser considerado e respeitado como vida humana (pois é!!!), sendo certo que a partir do momento em que venha alcançar maior tamanho e desenvolvimento físico, com a constituição de cabeça, tronco e membros passe a ser chamado de feto, essa inegável vida humana.

Nessa esteira, assevera o doutrinador Edgard Magalhães Noronha que "durante a gestação, em qualquer momento se tem vida no produto da concepção, pois cresce e se aperfeiçoa, assimila as substâncias que lhe são fornecidas pelo corpo materno e elimina os produtos de recusa; executa, assim, funções típicas de vida (...)".[137]

---

135 LEJEUNE, Jérôme *apud* CHINELLATO, Silmara Juny de Abreu. *Estatuto jurídico do nascituro: a evolução do direito brasileiro*. In: CAMPOS, Diogo Leite de; CHINELLATO, Silmara J.A. (Coord.). *A pessoa humana e o direito*. Coimbra: Almedina, 2009, p. 416.

136 FERREIRA, Alice Teixeira; SOARES, André Marcelo Machado; BATISTA, Claudia Maria de Castro; RAMOS, Dalton Luiz de Paula; BRANDÃO, Dernival da Silva; CERQUEIRA, Elizabeth Kipman; PRAXEDES, Herbert; MARTINS, Ives Gandra da Silva; JÚNIOR, Paulo Silveira Martins Leão. *Vida: O Primeiro Direito da Cidadania*. Goiânia: Bandeirante, 2005, p. 10.

137 NORONHA, Edgard Magalhães. *Direito Penal*. 25ª Edição, São Paulo: Saraiva, 1991, p. 50.

Ainda nessa perspectiva, deve-se destacar que em toda gravidez humana já está pressuposta a presença de pelo menos duas vidas humanas distintas: a da mãe e a do(s) ser(es) humano(s) que está(ão) sendo gerados.

Partindo de tais lições, pode-se começar traçar um paralelo entre a inviolabilidade do direito à vida, consagrado no *caput* do Artigo 5º, da Constituição da República, como direito fundamental, com as hipóteses de aborto em que não há punição, apesar de típico, o fato.

Antes disso, porém, cumpre trazer importante lição doutrinária de Maria Helena Diniz, a qual assevera que "diante à inviolabilidade do direito à vida, previsto no Artigo 5º da CF, da proteção do direito à saúde, Artigos 194 e 196 da CF, não podem ser admitidos o aborto [...] e a realização de experimentos científicos ou terapias que rebaixem a dignidade da pessoa humana".[138]

Visto isso, é importante frisar que conforme assinalado no capítulo em que foram analisados os diversos crimes contra a vida; o abortamento, ou como consagrado na legislação penal para designar o crime, o aborto é a interrupção da gravidez com a consequente morte do feto, antes de sua viabilidade extrauterina, pois ocorrendo a morte da criança após o seu nascimento já não há que se falar em aborto, mas sim, em homicídio, este qualificado, à luz do Artigo 121, § 2º, do diploma penal pátrio.

Nesse ponto, note-se que é amplamente contraditório o Código Penal Brasileiro (em que pese já haver um projeto de Lei em tramitação na Câmara dos Deputados que visa majorar a pena para o crime de aborto, conforme analisado no capítulo anterior desta obra), pois em que se diferencia a vida humana intrauterina da vida humana extrauterina?

Com efeito, o Código Penal prescreve em seu Artigo 121, § 2º, a majoração da pena de no mínimo 6 (seis) e máximo 20 (vinte) anos de reclusão para 12 (doze) e 30 (trinta) anos, respectivamente, no caso, dentre outros, quando o homicídio é cometido

---

138 DINIZ, Maria Helena. *O estado atual do biodireito.* 6ª Edição, São Paulo: Saraiva, 2009, p. 89.

mediante recurso que dificulte ou torne impossível à defesa do ofendido ou com emprego de meio cruel; ao mesmo tempo em que penaliza àquele que põe fim à vida de um ser inocente com uma pena de no máximo 10 (dez) anos no caso de provocar aborto, sem o consentimento da gestante (Artigo 125 do Código Penal), salvo se atingido pela hipótese do Artigo 127, do diploma penal pátrio, onde poderia se chegar a uma pena de até 30 (trinta) anos de reclusão, quando da conduta resultar a morte da mulher, na hipótese de provocar aborto, sem o consentimento da gestante; notando-se claramente, no entanto, que a pena máxima, nesse caso, tem por objetivo maior, punir a supressão da vida da gestante e não a do nascituro, o que se mostra nada pouco razoável.

Assim, não se pode chegar à outra conclusão de ser contraditório e incoerente o diploma penal pátrio, pois este deveria tutelar a vida humana de forma igualitária e não punir de forma distinta, tendo como critério para essa aberração ou como dizem alguns, "política criminal", o fato da morte do ser inocente ter ocorrido intraútero, onde será considerado tão somente aborto, tendo consequentemente uma punição menor; ou extraútero, hipótese em que receberá maior rigor na punição estatal.

Portanto, a diferença da hipótese de ser considerado hediondo ou não a morte de um inocente reside tão somente no fato do crime ter se dado após o parto, onde será considerado hediondo; ou anteriormente ao parto, hipótese considerada como aborto, recebendo o ofensor punição infinitamente menos gravosa, conforme assinalado anteriormente, se distanciando do almejado pelo constituinte de 1988 e pela própria essência do que se busca com os direitos humanos.

É importante frisar que aqueles que mesmo assim se negam a entender e acolher que realmente ambos os crimes mereceriam tratamento igual pelo legislador infraconstitucional no tocante à punição estatal, defendendo o "direito" da mulher abortar, o qual à luz da Constituição da República, frise-se, inexiste, não deveriam se escandalizar quando uma criança recém-nascida é assassinada ou abandonada em lixeiras, jogadas em rios etc., pois no que isso difere do assassinato de um ser indefeso no ventre de sua mãe? Afinal, antes de nascer, já não se é um ser humano? Estaria este novo ser livre de sentir dor ou fadado ao sofrimento? Não teria ele, o direito de viver?

Visando responder melhor tais perguntas, permitindo inclusive que cada leitor(a) chegue à sua própria conclusão acerca de cada indagação, penso ser importante se contrapor à defesa de muitos, incluindo membros[139] do Poder Público, no sentido que não se poderia obrigar uma mulher a ter um filho sem que se sinta em condições de tê-lo com fatos bárbaros que são noticiados pela imprensa de pessoas, sobretudo, "mães" que jogam seus filhos em lixeiras, rios ou até mesmo os abandonam em local ermo.[140]

Como se nota, embora pareçam ainda que apenas aparentemente conflitantes, tais fatos confrontados se complementam.

Com efeito, aqueles que concordam com o entendimento de que cabe à mulher decidir se quer ou não ter a criança, podendo em caso negativo, abortá-lo com a chancela do Estado, não poderiam se escandalizar com tamanhas barbaridades e covardias perpetradas por inúmeras genitoras contra seus próprios filhos, isso porque como sempre merece ser frisado, não se pode tratar a vida intraútero como inferior à vida extraútero, pois isso seria hierarquizar a vida humana.

O fato de uma genitora colocar num saco plástico e arremessar de determinada altura seu próprio filho realmente é pavoroso, cruel, bárbaro, inadmissível, imoral, criminoso!!! Porém, não

---

139   NUBLAT, Johanna. Folha de São Paulo *apud* NOBLAT, Ricardo. *O Globo*. Blog do Noblat/Política. Não dá para obrigar mulher a ter filho, diz nova ministra, em 27 de dezembro de 2010. Disponível em: <http://oglobo.globo.com/pais/noblat/posts/2010/12/27/nao-da-para-obrigar-mulher-ter-filho-diz-nova-ministra-352477.asp>. Acesso em: 27 de dezembro de 2010.

140   MAGALHÃES, João Carlos. Folha.com/Cotidiano. *Recém-nascido é abandonado pela mãe e sobrevive a queda de 2 metros em Belém*, em 27 de dezembro de 2010. Disponível em: <http://www1.folha.uol.com.br/cotidiano/851316-recem-nascido-e-abandonado-pela-mae-e-sobrevive-a-queda-de-2-metros-em-belem.shtml>. Acesso em: 27 de dezembro de 2010.

menos pavoroso, cruel, bárbaro, inadmissível, imoral e criminoso é alguém, seja mãe ou não, matar uma criança inocente antes mesmo que tal criança nasça, sem que esse ser humano inocente tenha qualquer meio de defesa, como ocorre em relação às crianças recém-nascidas ou de tenra idade.

Assim, condenar a conduta da mãe ou de alguém que mata ou comete violência contra um recém-nascido e absolver alguém da conduta de abortar, ou mais claramente falando, de matar o nascituro é no mínimo contraditório, incoerente e imoral, isto sem falar criminoso!!!

Talvez a contrariedade e a imoralidade do ato não preocupe aos que cometam tamanha monstruosidade, estando mesmo preocupados com o fato de tal conduta ser criminosa, razão pela qual insistem em defender a legalização do aborto.

É tristemente pavoroso que o que deveria ser de todo reprimido com veemência pelo Poder Público, não vem sendo; tornando-se certo mesmo que as próprias autoridades não vêm dando bom exemplo à população ao apoiarem, muitas vezes, abertamente, a legalização do aborto no Brasil, o que vem se alastrando em todo o mundo.

Sem sombra de dúvidas, exemplos de defesa e respeito pela vida humana por parte das autoridades são de suma importância para uma melhor conscientização da população (em que pese em pesquisa Datafolha, divulgada em outubro de 2010, apenas 7% - sete por cento - dos entrevistados terem apoiado a descriminalização do aborto no Brasil)[141] acerca da brutalidade que é o aborto, seja para o nascituro, seja para mãe, seja para a sociedade como um todo.

No entanto, infelizmente, não é o que vem ocorrendo com frequência por parte das autoridades públicas. Aliás, péssimo exemplo foi dado por importante político de notoriedade pública nacional, em um evento direcionado a empresários de São Paulo, ocasião em que o mesmo não transpareceu apreço pela vida humana

---

141 MACHADO, Uirá. Folha.com/Poder. *Aumenta a rejeição ao aborto no Brasil após tema ganhar espaço na eleição*, de 11 de outubro de 2010. Disponível em: <http://www1.folha.uol.com.br/poder/812927-aumenta-a-rejeicao-ao-aborto-no-brasil-apos-tema-ganhar-espaco-na-eleicao.shtml>. Acesso em: 31 de dezembro de 2010.

de inocentes, tendo inclusive, em seu discurso, indagado quem dos presentes não teria tido uma "namoradinha" que tivesse precisado abortar,[142] o que acabou ainda que de forma reflexa, colocando as mulheres como objetos e não como pessoas, desrespeitando desse modo, a dignidade de cada mulher e também de cada homem.

Com efeito, a simples indagação por parte de uma autoridade pública de quem dos homens presentes no evento nunca teria tido uma "namoradinha que precisou abortar", viola a dignidade da pessoa humana, fundamento deste país, uma vez que coloca a mulher como objeto de prazer e não como pessoa humana que é, a qual traz consigo o maior privilégio, a maior dádiva que somente as mulheres podem ter que é a de ser mãe. Por outro lado, ainda que de forma impensada, com suas palavras, acaba por colocar todos os homens como cafajestes e irresponsáveis por sua conduta ou opção; sendo certo ainda que com sua falácia, reduz o sexo ao puro prazer inconsequente e irresponsável, colocando este como fim e não como meio, uma vez que é a geração de uma nova vida humana através do amor mútuo entre um homem e uma mulher que deve ser o fim e não o meio de uma relação sexual.

É interessante apontar que a argumentação, muitas vezes utilizada ainda que de forma reflexa de que quem defende a não legalização do aborto está pautado numa visão religiosa é estapafúrdia e mentirosa, haja vista que o que se está "em jogo" é a punição ou não de quem mata um ser humano inocente. Se pensado de forma diferente, se estará a passos largos a caminho de um dia também se defender a legalização do homicídio.

Penso que as indagações feitas por mim anteriormente, embora circundem o campo filosófico, ético, religioso, moral etc., encontram no campo do Direito, respostas eficazes, tendo na verdade o constituinte optado através de forma inequívoca trazer, conforme já assinalado anteriormente, a dignidade da pessoa

---

142   BILENKI, Thais; coluna Mônica Bergamo. Folha.com/Poder. *'Quem aqui não teve uma namoradinha que precisou abortar?', questiona Cabral.* Disponível em: <http://www1.folha.uol.com.br/poder/845722-quem-aqui-nao-teve-uma-namoradinha-que-precisou-abortar-questiona-cabral.shtml>. Acesso em: 28 de dezembro 2010.

humana, como fundamento da Constituição da República, logo nas primeiras linhas do Texto Constitucional,[143] dignidade esta que é dotado todo ser da espécie humana, independentemente de sua condição social.

Nesse sentido, leciona o desembargador do Tribunal de Justiça do Estado do Rio de Janeiro e professor, Nagib Slaibi Filho que "na interpretação axiológica, que leva em conta os valores protegidos pela norma jurídica, pode-se dizer que o valor supremo da Constituição é o referente à dignidade da pessoa humana".[144]

Acerca desse importante instrumento a favor do ser humano, principalmente após as barbáries cometidas durante a Segunda Guerra Mundial, a qual levou à morte milhões de judeus, e, de modo especial, na recente história brasileira, com a ditadura militar, convém ressaltar ser esse não um princípio vazio, mas de importante conteúdo, trazendo consigo a ideia de que "dignidade humana (...) é a medida de valor concernente ao conjunto dos atributos exclusivos da pessoa humana, justamente o que a torna superior às coisas da natureza e capaz de autoconsciência, consciência do que a cerca e autodeterminação",[145] estando, desse modo, também o feto, tutelado por esse princípio, uma vez já ser dotado de vida humana.

Não obstante, convém destacar que aqueles que rejeitam a tese de paridade entre os crimes de homicídio e aborto poderiam destacar que enquanto aquele é tipificado no Artigo 121 do Código Penal, este é tipificado nos Artigos 124 ao 126, do referido diploma legal. Porém, essa posição deve ser afastada por alguns motivos: o primeiro deles é que ambos os Artigos tutelam o mesmo bem jurídico, a saber: a vida, sendo que o bem jurídico protegido na incriminação do aborto é a vida do ser humano em formação, o qual,

---

143   Artigo 1º - A República Federativa do Brasil, formada pela união indissolúvel dos Estados e Municípios e do Distrito Federal, constitui-se em Estado Democrático de Direito e tem como fundamentos: (...) III – a dignidade da pessoa humana;

144   SLAIBI FILHO, Nagib. *Direito Constitucional* – Rio de Janeiro: Forense, 2006, p. 128.

145   DEL' OLMO, Florisbal de Souza, ARAÚJO, Luís Ivani de Amorim, coordenadores; colaboradores MATTOS, Adherbal Meira... [et al.]. *Op. Cit.*, p. 276.

frise-se, não deixa de ser vida; segundo, que a diferença entre o aborto e o homicídio é meramente temporal, ou seja, a capitulação se dá em relação ao momento do cometimento do crime, conforme já assinalado anteriormente nas observações tecidas sobre a hediondez desse crime, a qual também se defende nesta obra.

Ao punir de forma mais gravosa aquele que venha a cometer um homicídio contra um recém-nascido e punir de forma branda a quem colocou fim à vida de um ser humano em sua vida intrauterina, viola-se frontalmente o princípio do biodireito da igualdade das vidas ou da não hierarquização da vida,[146] segundo o qual, especificamente na matéria que ora se analisa, é inadmissível se ter à vida extrauterina como mais importante que a vida intrauterina, não se podendo entender à luz também do direito constitucional pátrio, desse modo, como sendo o feto, um direito daquela que o gera decidir se o mesmo nascerá ou não, pois ao contrário, admitindo-se a hierarquia entre vidas, se voltaria aos tempos da barbárie cometidos por Hitler em relação a milhões de judeus, o qual entendia ser a raça ariana superior à judia.

É inegável que o supracitado princípio do biodireito é corolário do princípio da isonomia ou da igualdade, o qual está insculpido no mesmo Artigo 5º, *caput*, da Constituição da República, deixando claro e de forma inequívoca não ter o constituinte de 1988, visado fazer quaisquer distinções, seja quais forem, principalmente por ter previsto apenas um caso de exceção ao direito à vida, na hipótese de guerra declarada, tendo em vista agressão estrangeira, conforme se depreende do inciso XLVII, do referido Artigo 5º, o que não se permite concluir somente por isso, tratar-se o direito à vida no direito pátrio, como relativo, sob pena de não consecução dos objetivos almejados pelo legislador constituinte.

Assim, reforça-se a defesa da revogação do Artigo 128 do Código Penal, pela atual Carta Magna, haja vista, a inviolabilidade do direito à vida consagrado no multicitado *caput* do Artigo 5º da Constituição, sendo ela, hierarquicamente superior ao Código

---

146   DALVI, Luciano. *Op. cit.*, p. 23.

Penal e a qualquer norma infraconstitucional, podendo-se ainda tecer alguns comentários acerca de cada inciso do referido Artigo 128, do Código Penal.

Desse modo, no tocante ao inciso I, este se mostra violador do princípio da igualdade, pois a vida do nascituro não é menos importante do que a vida de sua mãe e, além disso, não se pode esquecer que a vida dentro do ventre da gestante não pertence a ela, podendo-se considerar o feto como ser humano distinto daquela que o gera, tendo esse ser, vida própria; além de ferir o já citado princípio da igualdade das vidas ou da não hierarquização da vida, isso porque com a violação desse princípio estaria se admitindo no Brasil, ainda que de forma reflexa, o que vigorava no nazismo, ou seja, o princípio da hierarquia das vidas, que consistia numa diferenciação negativa, face à condição de ser alemão ou judeu, de ter alguma deficiência ou não, o que deve ser reprimido com veemência pelos ordenamentos jurídicos não só brasileiro, mas também de todos os países.

Cumpre ressaltar, para que não haja qualquer dúvida por parte dos leitores a esse respeito, que a hipótese desse inciso não guarda qualquer relação com o instituto da legítima defesa, previsto no inciso II, do Artigo 23 e 25, ambos do Código Penal Brasileiro, uma vez que "para que haja legítima defesa, é preciso que o sujeito esteja reagindo a injusta agressão, atual ou iminente, contra direito próprio ou de terceiro, utilizando-se de meios necessários de forma moderada",[147] o que não se verifica na hipótese do inciso I do Artigo 128 do diploma penal, haja vista inexistir obviamente, por parte do nascituro, qualquer agressão; devendo-se observar ainda que no tocante à legitima defesa, o próprio legislador previu que não há crime e que por isso, não haverá punição, exceto por excesso culposo ou doloso, o que não se verifica no tocante ao aborto cometido na hipótese de não haver outro meio de salvar a vida da gestante, uma vez que aqui o legislador previu um crime, mas optou por deixar de puni-lo devido às circunstâncias fáticas.

---

147 JUNQUEIRA, Gustavo Octaviano Diniz. *Direito Penal*. 6ª Edição, São Paulo: Premier Máxima, 2007, p. 98.

A Inviolabilidade do Direito à Vida

No tocante à relação entre o aborto terapêutico e o estado de necessidade, o qual, à luz do Artigo 24 do Código Penal, exclui a ilicitude de um fato descrito na Lei penal como crime, sempre que uma pessoa praticar o fato para salvar de perigo atual, que não provocou por sua vontade, nem podia de outro modo evitar, direito próprio ou alheio, cujo sacrifício, nas circunstâncias, não era razoável exigir-se, não há que se dizer (muito embora a doutrina penalista pátria seja nesse sentido) que na hipótese de aborto terapêutico praticado por médico, estaria a gestante em estado de necessidade, uma vez que ao meu sentir, o próprio § 1°, do mesmo Artigo 24, do diploma penal tira da gestante tal excludente, uma vez que a gestante tem o dever legal de enfrentar o perigo, até porque o próprio legislador estabeleceu pena para as hipóteses de abandono de incapaz (Artigo 133[148] do Código Penal), exposição ou abandono de recém-nascido (Artigo 134[149] do Código Penal) e maus tratos (Artigo 136[150] do Código Penal), os quais muito embora

---

148 Artigo 133 - Abandonar pessoa que está sob seu cuidado, guarda, vigilância ou autoridade, e, por qualquer motivo, incapaz de defender-se dos riscos resultantes do abandono: Pena - detenção, de seis meses a três anos.
§ 1° - Se do abandono resulta lesão corporal de natureza grave: Pena - reclusão, de um a cinco anos.
§ 2° - Se resulta a morte: Pena - reclusão, de quatro a doze anos.
§ 3° - As penas cominadas neste Artigo aumentam-se de um terço: I - se o abandono ocorre em lugar ermo; II - se o agente é ascendente ou descendente, cônjuge, irmão, tutor ou curador da vítima; (...)

149 Artigo 134 - Expor ou abandonar recém-nascido, para ocultar desonra própria: Pena - detenção, de seis meses a dois anos.
§ 1° - Se do fato resulta lesão corporal de natureza grave: Pena - detenção, de um a três anos.
§ 2° - Se resulta a morte: Pena - detenção, de dois a seis anos.

150 Artigo 136 - Expor a perigo a vida ou a saúde de pessoa sob sua autoridade, guarda ou vigilância, para fim de educação, ensino, tratamento ou custódia, quer privando-a de alimentação ou cuidados indispensáveis, quer sujeitando-a a trabalho excessivo ou inadequado, quer abusando de meios de correção ou disciplina: Pena - detenção, de dois meses a um ano, ou multa.
§ 1° - Se do fato resulta lesão corporal de natureza grave: Pena - reclusão, de um a quatro anos.

sejam cometidos contra pessoas já nascidas, servem de nortea-mento para a nossa construção doutrinária.

Assim, à luz da teoria concepcionista a qual defende que a pessoa humana deve ser reconhecida como tal, desde a e com a concepção; e por entender que o feto desde a concepção faz sim jus ao direito à vida, o qual lhe é reconhecido pelo Artigo 5º, *caput*, da Constituição da República; e ainda por interpretação do § 1º, do Artigo 24 combinado com o Artigo 124, primeira parte do Código Penal, o qual pune o autoaborto, a mãe tem o dever legal de enfrentar o perigo, visando não abortar o feto, fazendo jus tão somente ao meu sentir à redução da pena, nos termos do § 2º, do multicitado Artigo 24, do Código Penal, tendo em vista as circunstâncias fáticas.

Cumpre-me esclarecer que tal intelecção se baseia em funda-mentos jurídico-constitucionais, bem como científicos, não sendo a mesma, por isso, extraída à vista de circunstâncias fáticas, uma vez que esse autor, em que pese defender a vida humana em todos os aspectos e circunstâncias, reconhece a delicadeza de num caso concreto estar um homem diante da difícil escolha entre a vida da mulher que ama e de seu filho, não menos amado; frisando-se, no entanto, que conforme anotado no capítulo anterior desta obra, atualmente, com o avanço da Medicina, torna-se felizmente cada vez mais rara a apresentação de um dramático caso como esse, em que se tenha que optar por matar uma vida para salvar outra.

Desse modo, pelo exposto, ainda que em desacordo com a majoritaríssima doutrina penal pátria (a qual sem o cumprimento de qualquer formalismo, respeito), defendo do ponto de vista eminentemente jurídico-constitucional, a revogação do inciso I, do Artigo 128 do Código Penal pela Carta Magna.

Ultrapassada a análise do inciso I, do Artigo 128, do Código Penal, aponta-se como infinitamente mais gravosa, a hipótese a que se refere o inciso II, do mesmo dispositivo legal penal, cuja aplicação também deve ser afastada, visto que ao se legitimar o

---

§ 2º - Se resulta a morte: Pena - reclusão, de quatro a doze anos.

§ 3º - Aumenta-se a pena de um terço, se o crime é praticado contra pessoa menor de 14 (catorze) anos.

aborto nessa hipótese se está estendendo a pena do violador do Artigo 213 do Código Penal (estupro) a um ser que nada fez e que, nesse caso, seria condenado à morte, enquanto aquele que cometeu esse crime bárbaro que é o estupro (e que se frise, deve ser reprimido com veemência pela União, a qual detém a competência privativa para legislar sobre direito penal, nos termos do Artigo 22, I, da Constituição da República), seria apenado com no máximo 10 (dez) anos de reclusão, salvo se atingido pela hipótese do § 2°, do mesmo Artigo 213, do diploma penal pátrio, onde poderia se chegar a uma pena de até 30 (trinta) anos de reclusão, quando da conduta resultar a morte da mulher, vítima de estupro.

Além disso, não se pode esquecer que a própria Constituição da República, em seu Artigo 5°, XLV, impede que a pena passe da pessoa do condenado, o que ocorre indiscutivelmente nesse caso, já que se estaria ceifando a vida de um ser inocente por um crime praticado por seu genitor, não havendo no ordenamento jurídico brasileiro, pena de morte, salvo, como já assinalado, em caso de guerra declarada, nos termos do Artigo 84, XIX, conforme dispõe o mesmo Artigo 5º, em seu inciso XLVII, "a", vedando-se assim, a morte também deste ser indefeso, até porque, penalizar um ser indefeso com a pena de morte, ainda que reflexamente seria legitimar o mais brutal dos crimes que se pode cometer.

Nessa esteira, à luz da Constituição da República, visando impedir que uma vez aprovado o projeto de Lei n° 489, de 2007 (Estatuto do Nascituro), o nascituro seja punido com a morte (pena esta que no Brasil, nos termos da Carta Magna só é permitida em caso de guerra declarada) por um crime que não cometeu, o legislador infraconstitucional, respectivamente, nos Artigos 12 e 13 e seus incisos, da referida proposta legislativa, estabelece que "é vedado ao Estado e aos particulares causar qualquer dano ao nascituro em razão de ato delituoso cometido por algum de seus genitores"; e que "o nascituro concebido em ato de violência sexual não sofrerá qualquer discriminação ou restrição de direitos, assegurando-lhe, ainda, [...] direito prioritário à assistência pré-natal, com acompanhamento psicológico da gestante; direito à pensão alimentícia equivalente a 1 (um) salário mínimo, até que complete dezoito anos, não sendo identificado o genitor, ou se for insolvente, a obrigação recairá sobre o Estado; no caso de genitor identificado, será ele responsável pela pensão alimentícia, cabendo ao Poder Judiciário fixar seu valor, não podendo ser inferior a 1 (um) salário mínimo; e direito prioritário à adoção, caso a mãe não queira assumir a criança após o nascimento".

É evidente que tais dispositivos, uma vez aprovados, serão de suma importância na defesa da vida do nascituro concebido em ato de violência sexual, sobretudo, a contrário senso, legal e expressamente punir o crime de aborto em tais casos. Contudo, em que pese transparecer ter visado o legislador uma isonomia material, por entender estar o nascituro concebido por meio de ato de violência sexual em situação desigual em comparação com os demais, penso que ainda nessa hipótese não deva ser dado tratamento prioritário em situações como essas, no tocante à assistência pré-natal e à adoção, uma vez que isso daria margem à hierarquização de vidas humanas.

Analisado especificamente os dois incisos do Artigo 128 do Código Penal, cuja revogação pela vigente Constituição se defende na presente obra, analiso também a temática do aborto em si, muito embora já tenha assentado anteriormente a premissa de defender a vida humana desde a concepção até o seu declínio natural.

Aponto ainda que embora entenda revogados ambos os incisos do Artigo 128 do Código Penal pela Constituição da República, registro que conforme parcialmente anteriormente esclarecido, tais dispositivos legais não tornam o aborto legal nessas hipóteses, mas sim, impunível, o que convenhamos, é bem diferente de ser tido como legal, uma vez que o legislador reconhece que tais condutas ofendem sim um bem jurídico (a vida humana intrauterina), decidindo, no entanto, por "política criminal", não punir a sua prática em tais casos.

Tecidas tais considerações, passo a analisar a questão do aborto, fazendo um paralelo com o direito civil brasileiro e com a doutrina e a jurisprudência pátria.

Nessa perspectiva, merece grande atenção o Artigo 2º do vigente Código Civil Brasileiro, o qual estabelece que embora a

A INVIOLABILIDADE DO DIREITO À VIDA

personalidade civil da pessoa comece com o nascimento com vida, a Lei porá a salvo, desde a concepção os direitos do nascituro, garantindo ainda ao nascituro os Artigos 542[151], 1779[152] e 1798[153], todos do diploma civil pátrio, respectivamente, o direito de receber doação (sendo necessária aqui a aceitação por seu representante legal); direito a curador em hipótese especial; e a legitimidade sucessória uma vez já concebidos no momento da abertura da sucessão; sendo certo ainda que a professora Silmara Juny de Abreu Chinellato, defende[154] a viabilidade de ser feito à luz do supracitado Artigo 1798, do Código Civil, um testamento em favor do embrião pré-implantatório.[155]

Ora, do que adiantaria o legislador infraconstitucional conferir aos já concebidos, tantos direitos, especialmente o direito sucessório se lhes for negado o direito à vida que antecede todo e qualquer outro direito?

Aqui, importa apresentar as teorias que visam explicar e analisar os direitos do nascituro.

Assim, brevemente, visando colocar cada leitor(a) a par de cada uma delas, convém anotar que há três teorias a esse respeito:

a) **a teoria natalista,** a qual defende a tese de que o nascituro possui apenas expectativa de direito desde a concepção;

---

151   Artigo 542 - A doação feita ao nascituro valerá, sendo aceita pelo seu representante legal. (no mesmo sentido é o Artigo 14, do Projeto de Lei nº 489, de 2007).

152   Artigo 1779 - Dar-se-á curador ao nascituro, se o pai falecer estando grávida a mulher, e não tendo o poder familiar. (no mesmo sentido é o Artigo 16, *caput* do Projeto de Lei nº 489, de 2007).

153   Artigo 1798 - Legitimam-se a suceder as pessoas nascidas ou já concebidas no momento da abertura da sucessão. (no mesmo sentido é o Artigo 17, do Projeto de Lei nº 489, de 2007).

154   CHINELLATO, Silmara Juny de Abreu. Estatuto jurídico do nascituro: a evolução do direito brasileiro. In: CAMPOS, Diogo Leite de; CHINELLATO, Silmara Juny de Abreu (Coord.). (Org.). *A pessoa humana e o direito*. Coimbra: Almedina, 2009, p. 427.

155   Determinado termo refere-se ao embrião que ainda não foi implantado no útero feminino.

b) a teoria da personalidade condicional, segundo a qual a personalidade humana apenas retroagirá à data da concepção caso o nascituro nasça com vida, sendo que o nascituro teria uma personalidade formal desde a concepção, o que lhe asseguraria, desde a concepção, gozar de direitos personalíssimos, vindo a ter personalidade material, o que lhe garantiria a aquisição de direitos patrimoniais e somente após o seu nascimento com vida;

c) a teoria concepcionista, segundo a qual o nascituro possui personalidade formal e material desde a concepção, ou seja, o nascituro adquire direitos personalíssimos e patrimoniais desde o momento da concepção.

Deve-se apontar que a teoria natalista é adotada dentre outros países como Espanha, Itália e Portugal. Entre nós, parte da doutrina pátria, por muitas vezes ainda estar arraigada à letra fria da lei, tende a considerar que o Código Civil adotou a teoria natalista, uma vez tendo estabelecido que a personalidade civil se inicia com o nascimento com vida.

Contudo, ao meu sentir, fazendo-se uma interpretação do Código Civil à luz da Constituição da República, a qual por sua vez deve ser interpretada sempre à luz do princípio da dignidade da pessoa humana e ainda, tendo em vista os inúmeros direitos, inclusive patrimoniais, assegurados ao nascituro no mesmo Código Civil, impõe-se reconhecer que no Brasil, ainda que de forma implícita, adota-se a teoria concepcionista.

Importa esclarecer que a aplicação da teoria concepcionista vem sendo defendida e reconhecida por parte da moderna doutrina pátria, citando-se dentre outros importantes doutrinadores: Cristiano Chaves de Farias e Nelson Rosenvald, Gustavo Tepedino, Guilherme Calmon Nogueira da Gama, Maria Helena Diniz, Pablo Stolze Gagliano e Rodolfo Pamplona Filho.

Por toda doutrina concepcionista, colaciono a doutrina abalizada da professora Maria Helena Diniz, a qual assevera que "inúmeros são os direitos do nascituro, por ser considerado, pelo direito, em nossa opinião, um ente dotado de personalidade jurídica formal e material".[156]

É inegável que a aquisição da personalidade não pode estar condicionada ao nascimento com vida,[157] uma vez que de acordo com a Ciência, a vida humana se inicia com e a partir da concepção.

Contudo, cumpre-me esclarecer que em obra de sua autoria, editada sete anos antes, a mesma ilustre doutrinadora defendia que o nascituro fazia jus somente à personalidade jurídica formal, o que ao meu sentir não demonstra nenhuma contradição da mesma autora, mas sim um avanço em sua posição que sempre demonstrou apreço pelos direitos do nascituro, sobretudo, pelo seu direito à vida.

Assim, em posição inicial, entendia a notável doutrinadora pátria que tinha "o nascituro personalidade jurídica formal, no que se refere aos direitos personalíssimos, passando a ter personalidade jurídica material, adquirindo os direitos patrimoniais, somente, quando do nascimento com vida. Portanto, se nascer com vida, adquire personalidade jurídica material, mas, se tal não ocorrer, nenhum direito patrimonial terá".[158]

Cumpre assinalar que ainda à luz da posição anterior da ilustre professora Maria Helena Diniz, em nada fica abalada a verdadeira premissa de que todo nascituro faz jus ao direito à vida, até porque em nada adiantaria que lhe fosse assegurado direito de natureza patrimonial sem que antes lhe fosse assegurado o direito à vida.

Ainda acerca da teoria concepcionista e de sua defesa, brilhante é a lição do professor francês, Gerard Cornu, citado pela professora Adriana Caldas Maluf, o qual assevera que "a criança adquire personalidade jurídica desde antes de seu nascimento,

---

156   DINIZ, Maria Helena. *O estado atual do biodireito*. São Paulo: Saraiva, 2001, p. 127.

157   OTERO, Paulo. *Personalidade e identidade pessoal e genética do ser humano: um perfil constitucional da bioética*. Coimbra: Almedina, 1999, p. 32.

158   DINIZ, Maria Helena. *Lei de Introdução ao Código Civil brasileiro interpretada*. São Paulo: Saraiva, 1994, p. 205.

pelo simples fato de sua concepção. É o seu interesse principal que a Lei protege. A ficção é interpretada favoravelmente ao infante. A Lei civil, por seu turno, garante o respeito à vida humana desde a concepção, ali também iniciando sua personalidade".[159]

É muito importante registrar que o Superior Tribunal de Justiça, com base na teoria concepcionista, vem admitindo a existência de dano moral ao nascituro, conforme se verifica através de trecho de ementa de decisão, colhida de sua jurisprudência:[160]

> *RESPONSABILIDADE CIVIL. ACIDENTE DO TRABALHO. MORTE. INDENIZAÇÃO POR DANO MORAL. FILHO NASCITURO. FIXAÇÃO DO QUANTUM INDENIZATÓRIO. DIES A QUO. CORREÇÃO MONETÁRIA. DATA DA FIXAÇÃO PELO JUIZ. JUROS DE MORA. DATA DO EVENTO DANOSO. PROCESSO CIVIL. JUNTADA DE DOCUMENTO NA FASE RECURSAL. POSSIBILIDADE, DESDE QUE NÃO CONFIGURDA A MÁ-FÉ DA PARTE E OPORTUNIZADO O CONTRADITÓRIO. ANULAÇÃO DO PROCESSO. INEXISTÊNCIA DE DANO. DESNECESSIDADE.*
>
> *- Impossível admitir-se a redução do valor fixado a título de compensação por danos morais em relação ao nascituro, em comparação com outros filhos do de cujus, já nascidos na ocasião do evento morte, porquanto o fundamento da compensação é a existência de um sofrimento impossível de ser quantificado com precisão.*
>
> *- Embora sejam muitos os fatores a considerar para a fixação da satisfação compensatória por danos morais, é principalmente com base na gravidade da lesão que o juiz fixa o valor da reparação.*
>
> *(...)*
>
> *Recurso especial dos autores parcialmente conhecido e, nessa parte, provido. Recurso especial da ré não conhecido.*

Nessa esteira, visando explicitar a existência de não apenas danos morais, mas também de danos materiais ao nascituro, o legislador pátrio, no Artigo 21 do projeto de Lei n° 489, de 2007,

---

159 CORNU, Gerard *apud* MALUF, Adriana Caldas do Rego Freitas Dabus. *Curso de bioética e biodireito*. São Paulo: Atlas, 2010, p. 112.

160 BRASIL. Superior Tribunal de Justiça. Terceira Turma. *REsp n° 931556/RS*. Rel: Min Nancy Andrighi. 17 de junho de 2008. Disponível em: <www.stj.jus.br>. Acesso em: 12 de abril de 2011.

A INVIOLABILIDADE DO DIREITO À VIDA

estabeleceu que "os danos materiais ou morais sofridos pelo nascituro ensejam reparação civil".

Ainda nesse diapasão, por estar inexoravelmente interligada à imposição de danos morais ao nascituro, cumpre esclarecer que no mesmo projeto de lei, especificamente em seus Artigos 26 e 27, o legislador previu a punição por crimes contra a honra do nascituro, tendo respectivamente em tais dispositivos, estabelecido pena de detenção de 1 (um) a 3 (três) anos e multa a quem "referir-se ao nascituro com palavras ou expressões manifestamente depreciativas"; bem como pena de detenção de 6 (seis) meses a 1 (um) ano e multa a quem "exibir ou veicular, por qualquer meio de comunicação, informações ou imagens depreciativas ou injuriosas à pessoa do nascituro".

Visto isso, impõe ressaltar que, à luz da legislação em vigor, especialmente do mesmo Artigo 2º do Código Civil, assegurados também estão os mesmos direitos aos fetos anencéfalos, até porque a Constituição da República, Lei Maior, que dá validade à legislação infraconstitucional, veda qualquer discriminação.

Nesse sentido, leciona a professora Adriana Caldas do Rego Freitas Dabus Maluf que "recebe proteção o nascituro anencéfalo à luz do Artigo 2º do Código Civil (...). Pela análise desse dispositivo, podemos entender que a Lei Civil não faz (...) nenhuma discriminação, pelo contrário, a norma prevista nesse Artigo é de inclusão. Assim, podemos concluir que o feto anencéfalo, em virtude de sua carga genética humana, goza de direitos subjetivos, ínsitos à sua personalidade, desde sua concepção, enquanto ser vivente, mesmo com a reduzida expectativa de vida que apresenta. Entendemos (...) que essa característica não limita seus direitos nem sua dignidade".[161]

Visto isso, cumpre-me registrar que há doutrinadores que embora não deixem de defender o direito à vida do nascituro, entendem que a questão do inicio da vida humana, a qual decorre da própria natureza humana não se confunde com a personalidade civil, a qual seria estabelecida pelo ordenamento jurídico de cada país.

---

161   MALUF, Adriana Caldas do Rego Freitas Dabus. Curso de bioética e biodireito. São Paulo: Atlas, 2010, p. 120.

Nesse sentido, leciona o professor André Guilherme Tavares de Freitas que "a Vida não pode ser confundida com a capacidade jurídica, que, em regra, começa com o nascimento com vida, pois a primeira existe independentemente da segunda, por decorrer da Natureza e não do Direito, razão pela qual a partir da concepção há Vida, pouco importando quando esta Vida terá capacidade jurídica, até mesmo porque, se com a concepção não há Vida, o que há então?".[162]

E arremata ainda o ilustre professor e promotor de justiça do Ministério Público do Estado do Rio de Janeiro, dizendo que "o inicio da Vida é um fenômeno da natureza, independente de regras jurídicas, e, portanto, diverso da personalidade civil, cujo marco é estabelecido pelo Direito, conforme se observa, v.g., no Artigo 2º do Código Civil Brasileiro ("A personalidade civil da pessoa começa no nascimento com vida; mas a Lei põe a salvo, desde a concepção os direitos do nascituro"), e no Artigo 66 do Código Civil Português (nº 1. "A personalidade adquire-se no momento do nascimento completo e com vida", nº 2. "Os direitos que a Lei reconhece aos nascituros dependem de seu nascimento"). O Código Civil Espanhol, além do nascimento com vida exige que o recém-nascido tenha forma humana e vida separada da mãe por no mínimo vinte e quatro horas (Artigo 30), e o Código Civil Francês, que haja o nascimento com vida e viabilidade desta (Artigos 311-4, 725, § 2º, 906, § 2º)".[163]

Já Antônio Junqueira de Azevedo, deixando de lado a querela de o nascituro ter ou não personalidade civil, defendendo, no entanto, a inviolabilidade do direito à vida dos mesmos, afirma que o feto "tem vida própria e no mínimo, capacidade para ser amado. Filosoficamente, ou eticamente, é, pois, pessoa humana. Do ponto de vista jurídico, pode não ter "personalidade civil" ([...] Artigo 2º do [...] Código [Civil]), mas já é sujeito de direito ([...] Artigo 2º, última parte, do [...] Código [Civil]). Constitucionalmente, não há, por fim, como negar que o feto assim constituído esteja protegido

---

162 FREITAS, André Guilherme Tavares de. *Tutela Penal do Direito à Vida*. Rio de Janeiro: Lumem Juris, 2009, p. 9.

163 FREITAS, André Guilherme Tavares de. *Op. cit.*, p. 9.

A Inviolabilidade do Direito à Vida

tanto pelo princípio da dignidade da pessoa humana que pressupõe o direito à vida quanto pelo caput do Artigo 5° da C.R.".[164]

Cumpre assinalar que na esteira do pensamento do ilustre doutrinador André Guilherme Tavares de Freitas, numa demonstração de aceno à teoria da personalidade condicional, cumpre esclarecer que o Artigo 3°, *caput* do projeto de Lei do Estatuto do Nascituro, dispõe que "o Nascituro adquire personalidade jurídica ao nascer com vida, mas sua natureza humana é reconhecida desde a concepção, conferindo-lhe proteção jurídica através desse estatuto e da Lei civil e penal"; estabelecendo no parágrafo único do mesmo Artigo que "o nascituro goza do direito à vida, à integridade física, à honra, à imagem e de todos os demais direitos da personalidade", ou seja, teria o nascituro, conforme analisado anteriormente no presente Capítulo, uma personalidade formal desde a concepção, o que lhe asseguraria, desde a concepção, o gozo de direitos personalíssimos.

Em que pese respeitar o entendimento do ilustre professor por seus próprios fundamentos, bem como do legislador pátrio, o qual no projeto de Lei n° 489 de 2007, parece ter acenado para a teoria concepcionista condicionada da personalidade jurídica, reitero o meu entendimento pessoal, o que também vem sendo defendido por grande parte da doutrina pátria, de que à luz da Constituição da República, a qual traz a dignidade da pessoa humana como fundamento de nosso país, não se pode negar que entre nós abraçou-se a teoria concepcionista da personalidade jurídica, ainda que de forma implícita; teoria esta que assegura ao nascituro direitos personalíssimos e patrimoniais, sendo certo que de todos os direitos do nascituro, o maior, mais relevante e essencial é, indiscutivelmente, seu direito à vida.

Nesse diapasão, na defesa da vida do nascituro, com grande autoridade, o renomado constitucionalista brasileiro, Ives Gandra

---

164 AZEVEDO, Antônio Junqueira de. *Estudos e pareceres de direito privado.* São Paulo: Saraiva, 2004, pp. 15-16.

da Silva Martins, lembra a preocupação de Hipócrates com a vida do nascituro ao inserir em seu juramento, o dever do médico em não provocar aborto, o qual foi sabiamente acompanhado pelos romanos, os quais já em seu Direito garantiam ao nascituro todos os direitos, inclusive à vida, desde a concepção.[165]

Ainda nessa esteira, é interessante apontar que colhe-se na versão clássica em português, da Declaração de Genebra,[166] aprovada pela Assembleia Geral da Associação Médica Mundial, em 1948 em Genebra, a qual atualizou o Juramento de Hipócrates, a imposição a cada médico de manter o mais alto respeito pela vida humana desde a concepção. Contudo, deve-se anotar que posteriormente a supracitada Declaração foi atualizada, subtraindo-se a expressão "desde a concepção", passando a se impor aos médicos, um respeito absoluto pela vida humana, o que no meu sentir, forte nos mais conceituados conhecimentos da moderna Ciência, de onde se extrai que a vida humana se inicia a partir da concepção, nada fez mudar quanto à imposição aos médicos de respeitarem a vida humana desde a concepção, haja vista que conforme assinalado, o atual texto impõe um respeito absoluto, impossibilitando-se, assim, qualquer relativização.

Nesse sentido, torna-se impossível esquecer que a vida é um direito natural, universal e um supra direito, independente de qualquer convicção, seja ela de ordem religiosa, política ou filosófica, permitindo que se afirme que cabe ao Estado simplesmente reconhecê-lo, como fez o constituinte de 1988, não tendo o Estado, o condão de criar algo que foge do positivismo jurídico, o qual tende a tudo positivar, em homenagem da afamada segurança jurídica, sem a qual inegavelmente haveria "rachaduras" no Estado Democrático de Direito, antecedendo tal direito, qualquer outro, pois insisto indagar: do que adiantaria o direito à propriedade ou qualquer outro direito se não houver o direito à vida resguardado?

---

165 MARTINS, Ives Gandra da Silva (coordenação). *Op. cit.*, p. 24.

166 Disponível em: <http://biodireitomedicina.wordpress.com/2009/01/24/o-juramento-dos-medicos-manterei-o-mais-alto-respeito-pela-vida-humana-desde-sua-concepcao/>. Acesso em: 19 de abril de 2011.

A Inviolabilidade do Direito à Vida

Aqui chamo a atenção para uma lição doutrinária do professor César Fiúza, o qual diz que "o nascituro não tem direitos propriamente ditos. Aquilo a que o próprio legislador denomina 'direitos do nascituro' não são direitos subjetivos, são, na verdade, direitos objetivos, isto é, regras impostas pelo legislador para proteger um ser que tem a potencialidade de ser pessoa e que, por já existir pode ter resguardados eventuais direitos que virá a adquirir ao nascer".[167]

Com o devido respeito que é dado ao ilustre professor César Fiúza, o que não faço por mero formalismo, não concordo com seu posicionamento.

Com efeito, o que se compreende na lição é que o nascituro não possui direitos subjetivos, mas apenas expectativa de direito.

Ora, seria incoerente e irrazoável pensar assim, uma vez que não se pode dizer que deve ser resguardo um direito futuro de alguém (mesmo que não seja esse alguém visto como pessoa humana que verdadeiramente é) sem que antes disso, esteja assegurado a esse ser humano, dentre outros, o direito à vida.

Desse modo, entendo que poderia até se dizer que o nascituro possui expectativa de direitos patrimoniais, uma vez que isso pode vir a acontecer com qualquer pessoa, como por exemplo, expectativa de direito de receber uma herança de uma pessoa que ainda está viva. Contudo, o direito à vida do nascituro é um direito que lhe é assegurado desde a concepção, e não se pode pensar o contrário sob pena de ferir toda a lógica do ordenamento jurídico brasileiro.

Especificamente, é por isso que logo no princípio desta obra demonstrei que apesar do meu apreço pelo Projeto de Lei n° 489, de 2007, o qual uma vez aprovado disporá sobre o Estatuto do Nascituro, há, no mesmo, quatro dispositivos que merecem emenda antes que se torne lei, pois apresentam vícios gravíssimos ao estabelecerem expectativa (e não direitos reconhecidos desde a concepção) de direitos aos nascituros, inclusive no tocante ao seu direito à vida.

Com efeito, dispõem respectivamente os Artigos 4°, 5°, 6° e 9° do Projeto de Lei mencionado que "é dever da família,

---

167 FIÚZA, César. *Direito Civil: curso completo*. 8ª Edição, revisada, atualizada e ampliada. Belo Horizonte: Del Rey, 2004, p. 114.

da sociedade e do Estado assegurar ao nascituro, com absoluta prioridade, a **expectativa do direito à vida, à saúde, à alimentação, à dignidade, ao respeito, à liberdade e à convivência familiar**, além de colocá-lo a salvo de toda forma de negligência, discriminação, exploração, violência, crueldade e opressão"; que "nenhum nascituro será objeto de qualquer forma de negligência, discriminação, exploração, violência, crueldade e opressão, sendo punido, na forma da lei, qualquer atentado, por ação ou omissão, à **expectativa de seus direitos**"; que "na interpretação dessa lei, levar-se-ão em conta os fins sociais a que ela se dirige, as exigências do bem comum, os direitos e deveres individuais e coletivos, e a condição peculiar do **nascituro como futura pessoa em desenvolvimento**"; que "é vedado ao Estado e aos particulares discriminar o nascituro, privando-os da **expectativa de algum direito**, em razão de sexo, idade, etnia, origem, deficiência física ou mental ou probabilidade da sobrevida". (grifei)

Além disso, colhe-se o mesmo equívoco na justificativa do projeto de lei, uma vez que consta no mesmo que "na verdade, refere-se o projeto a *expectativa de direitos*, os quais, como se sabe, gozam de proteção jurídica, podendo ser assegurados por todos os meios moral e legalmente aceitos". (grifado no original)

Como é notado, o legislador se equivoca ao inserir num projeto de Lei que visará a proteção integral do nascituro, como o faz no Artigo 4º de tal proposta legislativa, que este possui expectativa de direito à vida! Ora, se for entendido que o nascituro possui expectativa até mesmo do direito à vida, não haveria que se falar em direito à vida desde a concepção, pois havendo vida humana desde a concepção e visando o projeto de lei, proteger de forma integral os nascituros, deve-se, como se pode extrair da própria Constituição, reconhecer aos nascituros, desde a concepção, não apenas uma expectativa de direitos, mas sim, o próprio direito, sobretudo, seu direito à vida.

Cumpre ressaltar que além de se equivocar ao dizer que o nascituro possui "expectativa de direitos", praticamente repetiu o legislador no Artigo 5º do projeto de lei, o que já havia estabelecido no Artigo anterior; apenas com a diferença de que no Artigo 5°, traz a punição a qualquer atentado, seja por ação ou omissão, trazendo no Artigo 4° os destinatários da norma, o que poderia ter sido colocado em apenas um dispositivo.

O Artigo 6° do Projeto de Lei n° 489, de 2007, também merece emenda, uma vez que coloca o nascituro numa condição de "futura pessoa em desenvolvimento", e não como pessoa em desenvolvimento.

Na verdade, é um equívoco se colocar num projeto de Lei que uma vez aprovado se tornará um marco histórico na defesa da vida humana, que o nascituro é uma "futura pessoa em desenvolvimento", uma vez que desde seu estágio embrionário, deve ser reconhecido cada ser humano, não como "futura pessoa humana em desenvolvimento", mas sim, como "pessoa humana em desenvolvimento"; termo esse que respeita a dignidade da pessoa humana desde a concepção até o seu declínio natural.

É por isso que se pode afirmar que não há palavras vãs em nenhuma norma que componha o ordenamento jurídico de uma nação. Assim, o legislador infraconstitucional à luz da Constituição, ao trazer no corpo do Código Civil, importantes dispositivos legais, corrobora o entendimento e reconhece que também se deve respeitar o direito à vida da pessoa já concebida, devendo-se ter sempre em mente, que hoje, não há que se ter mais a Constituição somente "no topo de uma pirâmide", na qual ela estaria como norma de hierarquia superior (o que de fato é), estando as demais subordinadas a ela, apesar de Hans Kelsen, assim a conceber; mas sim, como um "grande sol, o qual irradia seus raios aos diversos ramos do direito", no que se consubstancia o fenômeno da constitucionalização do direito civil e de todos os demais campos do direito, razão pela qual todos os ramos do direito devem ser interpretados segundo os ditames constitucionais.

Interessante apontar que, conforme já assinalado no capítulo anterior desta obra, o constituinte pátrio colocou todos os crimes dolosos contra a vida humana sob o julgamento do Tribunal do

Júri; o qual é formado por pessoas do povo, sendo dirigido o julgamento, por magistrado, não fazendo, desse modo, a Constituição da República, qualquer distinção quanto ao crime doloso contra a vida, seja ele homicídio, aborto, induzimento, instigação ou auxílio a suicídio ou infanticídio, o que demonstra o amplo respeito do constituinte pela vida humana.

Questão que se deve rechaçar é a relativa à imprensa que muitas vezes afirma e reafirma que o aborto não pode ser tratado com cadeia, mas sim, como questão de saúde pública, uma vez que inúmeras mulheres pobres morreriam em clínicas clandestinas ao fazerem aborto, enquanto que outras tantas abastadas financeiramente vão para o exterior e fazem o aborto em clínicas luxuosas.

Em que pese haver de fato uma diferenciação entre ricos e pobres e eu, apesar de um feroz defensor da vida humana desde a concepção até o seu declínio natural reconhecer que de fato isso infelizmente ocorra, respondo a quem diz isso, da seguinte forma:

a) em primeiro lugar, a questão não se limita ao fato de se defender cadeia pura e simplesmente para quem comete o crime de aborto. O que se defende é que não haja impunidade para quem matar um ser inocente (isso poucos na imprensa dizem!!!). Com efeito, não se pode olvidar que a pena, consubstanciada na defesa da ordem pública, além de ter uma finalidade de não gerar na sociedade um sentimento de impunidade pela não aplicação da pena a quem violou uma norma de conduta, tem como objetivo, como finalidade, a ressocialização do condenado;

b) em segundo lugar (apenas a título de argumentação, uma vez que mesmo se não fosse o caso atual da saúde pública, não defenderia em nenhuma hipótese o aborto), como é notório e sabido, o sistema público de saúde não consegue prover nem os casos de doenças que precisa atender, sendo noticiado inúmeras vezes casos de pessoas que morrem sem tratamento adequado. Sendo assim, como poderia o próprio

Estado que não consegue atender os doentes usar dinheiro público para matar um ser humano inocente?

c) em terceiro lugar, entender o aborto como um caso de saúde pública é reduzir a gravidez e, principalmente, o feto (vida individualizada da mulher que o gera) a uma doença, o que é inadmissível!

d) em quarto lugar, há que se lembrar que todos nós que vivemos em sociedade temos que ter responsabilidade por nossos atos. Assim, um homem e uma mulher sabem perfeitamente que de uma relação sexual poderá advir uma gestação. Desse modo, não pode nem o homem nem a mulher, após um ato inconsequente e de muitas vezes, puro prazer, querer destruir uma vida humana e ainda querer ter no Estado e na sociedade, o apoio para tamanha covardia e crueldade contra um ser inocente!!!

Quanto ao argumento da clandestinidade da prática do aborto e a falsa afirmação de que haveria diminuição da prática em caso da descriminalização do aborto em nosso país, é importante trazer a lume a lição do renomado professor Luíz Flávio Borges D'Urso, o qual assim assevera:

> *"Outro argumento muito explorado é que realizam-se milhares de abortos clandestinos, levando risco de vida, àquelas mulheres, que face a ilegalidade, submetem-se à curiosos sem técnica, sem condições mínimas de higiene, a fim de interromper sua gravidez. Esse argumento foi desmentido pelos países que legalizaram o aborto, pois, lastreados nessa razão, surpreenderam-se, ao depois da legalização, quando constataram que as clínicas clandestinas não desapareceram, verificando-se que a clandestinidade não é resultante da lei, mas muito mais, da própria condição psíquica de algumas mulheres que abortam, pois, preferem, apesar da legalidade - naqueles países, manterem o anonimato.*
> *Dessa realidade, verificou-se a permanência dos abortos clandestinos e todos seus riscos e ao lado, um aumento dos casos de aborto,*

porquanto, legalizado, autorizado, nada estava a impedir o aborto por ímpeto, por egoísmo, por qualquer motivo revelador se uma simples 'vontade'."[168]

Particularmente, defendo a posição da majoração da pena para o crime de aborto, devendo o mesmo ser considerado um crime hediondo, haja vista estar diante da matança de inocentes.

Mário Quintana afirmava que "o aborto não é, como dizem, simplesmente um assassinato. É um roubo... Nem pode haver roubo maior. Porque, ao malogrado nascituro, rouba-se-lhe este mundo, o céu, as estrelas, o universo, tudo. O aborto é o roubo infinito".

É importante frisar que fundamentando-se, não em argumentos religiosos ou eminentemente jurídicos, mas se estribando em estudos científicos, tendo a vida humana, início na e a partir da concepção, tem-se como vidas humanas a serem igualmente reconhecidas e tuteladas pelo Estado, a do concebido e a do já nascido.

Ante o exposto, pode-se concluir que de fato e de direito, não houve a recepção do Artigo 128 do Código Penal Brasileiro pela atual Constituição da República, uma vez ter o Texto Constitucional de forma implícita, adotado no ordenamento jurídico pátrio, o princípio da igualdade das vidas ou da não hierarquização da vida, ao consagrar a igualdade e a vida, dentre outros, como direito de todos, vedando-se qualquer distinção entre seres humanos, independentemente do tempo de vida que tenham.

---

168 D'URSO, Luíz Flávio Borges. *A propósito do aborto*. Jus Navigandi, Teresina, ano 4, n° 28, 1 fev. 1999. Disponível em: <http://jus.uol.com.br/revista/texto/982>. Acesso em: 18 de abril de 2011.

CAPÍTULO VI

O Aborto de Fetos Anencéfalos à Luz da Constituição da República

1.   BREVE INTRODUÇÃO

Dando prosseguimento à obra, questão interessante a ser abordada, a qual se encontra no auge de grande debate doutrinário e jurisprudencial é a possibilidade ou não de aborto de fetos anencéfalos, principalmente após a Arguição de Descumprimento de Preceito Fundamental (ADPF) número 54, ajuizada pela Confederação Nacional dos Trabalhadores na Saúde – CNTS perante o Supremo Tribunal Federal, no ano de 2004, e lamentavelmente julgada procedente por maioria e nos termos do voto do Relator, em abril de 2012, tendo sido declarada a inconstitucionalidade da interpretação segundo a qual a interrupção da gravidez de feto anencéfalo é conduta tipificada nos Artigos 124, 126, 128, incisos I e II, todos do Código Penal, votando contra, os Senhores Ministros Ricardo Lewandowski e Cezar Peluso (então Presidente do Supremo Tribunal Federal), que julgavam improcedente a supracitada ação.

Nesse diapasão, é importante esclarecer que o objetivo neste Capítulo é analisar a questão com total independência em relação à posição que por maioria de votos adotou o Supremo Tribunal Federal, nos autos da Arguição de Descumprimento de Preceito Fundamental número 54.

Não obstante já ter sido trabalhada no Capítulo anterior a questão da revogação do Artigo 128 do Código Penal pela Constituição da República, torna-se relevante o estudo da possibilidade ou não do aborto de fetos anencéfalos, uma vez que apesar de tal hipótese não se encontrar elencada no multicitado Artigo 128 do diploma penal pátrio, vem à mesma ganhando espaço na mídia, na doutrina e na jurisprudência (sobretudo, após o equivocado e inconstitucional entendimento do Supremo Tribunal Federal), sendo por muitos defendido o aborto nesses casos, em nome do propalado princípio também constitucional, da dignidade da pessoa humana, o qual merece ser interpretado com maior rigor, sob pena de esvaziá-lo.

Visto isso, cumpre assinalar que no presente capítulo analisarei especialmente a falsa premissa de ser a anencefalia sinônimo de morte encefálica, bem como a correlação entre a anencefalia e a dignidade da pessoa humana.

Assim, espera-se que ao final do presente capítulo cada leitor(a) chegue à sua própria conclusão sobre o tema, sendo certo que o mesmo será analisado sob o fundamento jurídico-constitucional brasileiro, bem como à luz da Ciência Médica.

2. A ANENCEFALIA E A FALSA PREMISSA DE SER SINÔNIMO DE MORTE ENCEFÁLICA

Preliminarmente, entendo que o ponto nevrálgico a ser analisado é a questão do conceito de morte, sua definição pelo direito pátrio e a sua possível relação com os fetos anencéfalos, uma vez que quem defende a não criminalização da prática de aborto em relação aos anencéfalos, o faz especialmente fundamentando seu pleito de que não há vida humana a ser tutelada, haja vista a morte cerebral do feto, o que, conforme será demonstrado neste capítulo, não condiz com a verdade.

Mas afinal, quando ocorre a morte de uma pessoa humana à luz da Ciência Médica e do Direito Brasileiro?

A resposta a essa indagação não pode ser dada à luz do Código Civil, uma vez que ele em nada colabora para a resolução de tal indagação, como se verifica pela redação do seu Artigo 6º, parte inicial, o qual dispõe que "a existência da pessoa natural termina com a morte".

É na Lei nº 9.434, de 4 de fevereiro de 1997, a qual dispõe sobre a remoção de órgãos, tecidos e partes do corpo humano para fins de transplante e tratamento e dá outras providências que se pode encontrar o momento e as circunstâncias em que para o direito brasileiro se dará a morte.

Com efeito, ao disciplinar a retirada de órgãos e tecidos humanos para transplante, é evidente que o legislador teve que determinar o momento e as circunstâncias em que se tem como morta a pessoa humana, sob pena de se retirar órgãos e tecidos de uma pessoa viva, o que afronta a dignidade da pessoa humana.

Ciente de tal necessidade, qual seja, a de determinar o momento e as circunstâncias em que a pessoa humana é tida como morta, o legislador estabeleceu no artigo 3º, *caput*, da Lei de Transplantes que "a retirada *post mortem* de tecidos, órgãos ou partes do corpo humano destinados a transplante ou trata-mento deverá ser precedida de diagnóstico de morte encefálica, constatada e registrada por dois médicos não participantes das equipes de remoção e transplante, mediante a utilização de crité-rios clínicos e tecnológicos definidos por resolução do Conselho Federal de Medicina".

Assim, como se verifica pelo teor do dispositivo legal da Lei de Transplantes, optou o legislador por definir no direito brasileiro a morte cerebral ou encefálica como a que ao menos juridicamente põe termo à vida.

Conceituando a morte real ou autêntica, o professor Roberto Senise Lisboa, doutor em Direito Civil pela Universidade de São Paulo, define esta como sendo "a paralisação das atividades cere-brais, cardíacas e respiratórias em caráter definitivo, que faz com que o corpo (matéria) adquira o estado de rigidez cadavérica".[169]

Ainda nessa esteira, colhe-se literalmente no parecer profe-rido nos autos do Processo-Consulta CFM nº 1.839/1998 PC/CFM/

---

169 LISBOA, Roberto Senise. Manual elementar de direito civil. 2ª Edição, São Paulo: Revista dos Tribunais, 2002, p. 225.

n° 24/2003, cujos assuntos são a anencefalia e transplante que "a morte não é um evento, mas sim um processo. O conceito de morte é uma convenção que considera um determinado ponto desse processo. Quando não havia transplantes, a morte se caracterizava pela parada cardiorrespiratória. Com o advento dos transplantes, o diagnóstico clínico convencional tornou-se menos importante, passando-se a adotar os critérios de morte encefálica. No entanto, isso não significa que todo o corpo esteja morto. A morte encefálica atesta a total impossibilidade de perspectiva de vida".[170]

Importante esclarecer que tal parecer seria posteriormente a base da equivocada Resolução CFM n° 1.752/2004 (revogada pela Resolução CFM n° 1949/2010), a qual pura e simplesmente "atropelou" a Constituição da República, conforme será posteriormente analisado.

Cumpre frisar que conforme assinalado anteriormente, o supracitado Parecer proferido nos autos do Processo-Consulta CFM n° 1.839/1998 PC/CFM/ n° 24/2003, o qual acabou por fundamentar a revogada Resolução CFM n° 1.752/2004, já recebia críticas fundamentadas na própria Ciência Médica, conforme se extrai da análise feita pelo Doutor Sérgio Ibiapina Ferreira Costa, em publicação voltada para principalmente para a classe médica, nestes termos:

> *"Trata-se de decisão ética das mais difíceis na prática clínica considerar como apto para a doação de órgão recém-nascido com o tronco encefálico 'funcionante', não importa quanto tempo, portanto, vivo. O próprio CFM, na resolução que dispõe sobre a morte encefálica define alguns pontos que não devem suscitar dúvidas para a sociedade quanto aos critérios de um ente morto. Com esse propósito, convém enfatizar que o anencéfalo, mesmo com a baixa expectativa de vida, detém tronco encefálico, respira após o nascimento, esboça movimentos e, na condição de ser vivente, a ninguém é dado*

---

170 BRASIL. Conselho Federal de Medicina. Processo-Consulta CFM n° 1.839/1998 PC/CFM/ n° 24/2003, aprovado em Sessão Plenária no dia 9 de maio de 2003. Disponível em: <http://www.portalmedico.org.br/pareceres/cfm/2003/24_2003.htm>. Acesso em: 10 de abril de 2011.

o direito de praticar homicídio, promovendo a retirada de órgãos para serem transplantados".[171]

Voltando-se novamente a atenção para a chamada Lei de Transplantes, verifica-se na parte final do seu Artigo 3º que o legislador remeteu importante tarefa ao Conselho Federal de Medicina, qual seja, definir os critérios para o diagnóstico de morte encefálica.

Nessa esteira, o Conselho Federal de Medicina (CFM) editou a Resolução nº 1480/97, publicada em 21 de agosto de 1997 no Diário Oficial da União – Seção 1, nº 160, páginas 18.227 e 18.228.

É importante assinalar que nas considerandas desta resolução, duas delas, especialmente chamam muito a atenção, quais sejam: a relativa à necessidade da adoção de critérios para constatar, de modo indiscutível, a ocorrência de morte; e a que se refere que ainda não há consenso sobre a aplicabilidade dos critérios desta resolução em crianças menores de 7 dias e prematuros.

A referida resolução definiu os critérios para o diagnóstico de morte encefálica em seu Artigo 4º, o qual dispõe que "os parâmetros clínicos a serem observados para constatação de morte encefálica são: coma aperceptivo com ausência de atividade motora supraespinal e apneia".

Quanto ao chamado "teste da apneia", abro aqui um parêntese para assinalar que em estudo do eminente Doutor Cícero Galli Coimbra, médico neurologista e professor adjunto do Departamento de Neurologia e Neurocirurgia - Chefe da Disciplina de Neurologia Experimental da Universidade Federal de São Paulo, este defende tratar-se de um método nocivo e homicida.

Segundo o eminente Doutor Cícero Galli Coimbra, "o denominado 'teste da apneia', correntemente utilizado como parte integrante de protocolos "diagnósticos" de morte encefálica (ao longo do qual O RESPIRADOR É DESLIGADO POR DEZ MINUTOS), traz riscos inegáveis para a vitalidade do encéfalo do paciente em

---

171 COSTA, Sérgio Ibiapina Ferreira. *Anencefalia e Transplante*. Revista da Associação Médica Brasileira. São Paulo, v. 50, n. 1, jan./mar. 2004, p. 10.

coma, no qual o estado de irresponsividade, mesmo quando associada à ausência de reflexos cefálicos, pode dever-se à sustentação de déficits circulatórios parciais, próprios da chamada penumbra isquêmica, situação em que o tecido nervoso permanece inerte ao longo de muitas horas, mas mantém-se potencialmente recuperável na dependência da restauração, espontânea ou terapeuticamente induzida, dos níveis circulatórios normais; (...) entre os efeitos nocivos determinados pelo teste da apneia, já documentados na literatura médica, contam-se hipóxia (não prevenida em todos os casos apesar das precauções aconselhadas); hipercapnia (inegável, já que é o próprio objetivo do teste, e que, como se reconhece há longo tempo, provoca drástica piora da hipertensão intracraniana nesses pacientes), acidose respiratória abrupta (inevitável, e determinante de graves consequências sobre a função cardiovascular), hipotensão severa (uma das mais graves dentre as consequências deletérias do teste, porque capaz de provocar colapso circulatório intracraniano irreversível, ativamente induzindo à morte das células neuronais), e finalmente parada cardíaca fatal (ocorrendo mesmo na presença das medidas preventivas da hipóxia); (...) mencionado 'teste' constitui-se, de fato, em medida potencialmente ANTECIPADORA DA MORTE e, por ser instituído em substituição a recursos terapêuticos potencialmente salvadores da vida desses pacientes, em medida DETERMINANTE DA MORTE, e portanto HOMICIDA".[172] (grifado no original)

"Fechando o parêntese", volto à análise da Resolução CFM nº 1480/97 para assinalar que à luz do seu Artigo 2º, de seu anexo e da Lei nº 9434/97, a morte encefálica deverá ser constatada e registrada por dois médicos não participantes das equipes de remoção e transplante, sendo o atestado emitido através do documento intitulado "termo de declaração de morte encefálica", o qual deverá ser precedido de exames que indubitavelmente a comprove.

Fato é que analisando o teor da Lei nº 9434/97, bem como da Resolução CFM nº 1480/97, a qual define os critérios para o

---

172 COIMBRA, Cícero Galli. *Apnéia na Morte Encefálica*. Disponível em: <http://www.unifesp.br/dneuro/apnea.htm>. Acesso em: 10 de abril de 2011.

diagnóstico de morte encefálica, conclui-se o equívoco grosseiro de se equiparar a anencefalia (a qual mais a frente analisarei teoricamente embasado na doutrina) com a morte cerebral.

Com efeito, a parte inicial do Artigo 3º da Lei nº 9434/97 afasta tal raciocínio equivocado ao assinalar que "a retirada **_post mortem_** de tecidos, órgãos ou partes do corpo humano destinados a transplante ou tratamento deverá ser precedida de diagnóstico de morte encefálica (...)" (grifei)

Assim, demonstrado está que para que se verifique morte encefálica em uma pessoa humana é pressuposto lógico necessário que esta nasça com vida; ocorrendo o nascimento com a separação da criança com vida do corpo de sua mãe e a posterior respiração daquela.

Isso porque, "desde o momento em que o recém-nascido teve respiração pulmonar, está feita a prova de ter tido vida"[173] fora do útero materno.

A esse respeito, importa assinalar que para saber se a criança morreu após ter nascido com vida, utiliza-se dentre outros, do tradicional exame clínico denominado docimasia hidrostática de Galeno, o qual consiste em colocar em um recipiente com água, os pulmões retirados da criança morta. Assim, tendo havido respiração, o ser humano ficará com os pulmões cheios de ar e flutuarão os mesmos na água, o que demonstrará que a criança nasceu com vida; diferentemente se a criança não tiver respirado, hipótese em que os pulmões irão afundar, demonstrando que a criança já nasceu morta.

Em que pese o erro grosseiro, o Conselho Federal de Medicina vem sistematicamente afirmando serem inaplicáveis e desnecessários os critérios de morte encefálica para os anencéfalos tendo em vista (na esteira de suas normas e do equivocado entendimento do Supremo Tribunal Federal) sua inviabilidade vital em decorrência da sua ausência de cérebro (o que é um erro), conforme se verifica,

---

173   SAN TIAGO DANTAS, Francisco Clementino de. *Programa de Direito Civil.* 3ª Edição, revisada e atualizada por Gustavo Tepedino et al. Rio de Janeiro: Forense, 2001, p. 135.

fica, por exemplo, nas considerandas da Resolução CFM nº 1752, publicada no D.O.U. de 13 de setembro de 2004, seção I, p. 140 e da Resolução CFM nº 1949, publicada no D.O.U., 6 julho de 2010, seção I, p. 85, a qual revogou a primeira resolução mencionada nesse parágrafo.

Contudo, mais à frente, ainda no presente Capítulo, será devidamente demonstrado o erro que é dizer que os anencéfalos não possuem cérebro.

Aliás, o que merece repúdio é a supracitada e já revogada Resolução CFM nº 1.752/2004 (a qual vigorou por quase seis anos e aí está o absurdo ainda maior), a qual em seu Artigo 1º estabelecia que "uma vez autorizado formalmente pelos pais, o médico poderá realizar o transplante de órgãos e/ou tecidos do anencéfalo após o seu nascimento", estabelecendo em seu Artigo 2º que "a vontade dos pais deve ser manifestada formalmente, no mínimo 15 dias antes da data provável do nascimento".

Vejamos que tal resolução enquanto vigorou "atropelou" a Constituição da República Federativa do Brasil, cuja interpretação é norteada pelo princípio da dignidade da pessoa humana, afrontando ainda a própria Lei de Transplante, a qual exige a morte encefálica para a retirada de tecidos, órgãos ou partes do corpo humano destinados a transplante ou tratamento, uma vez que ao invés de ser retirado os órgãos das crianças anencéfalas após a sua morte, como ocorre ou pelo menos deve ocorrer com as demais pessoas, autorizou o Conselho Federal de Medicina, como procedimento médico ético, a retirada dos órgãos, tecidos e partes do corpo humano da criança nascida com anencefalia após o nascimento destas, bastando para isso, a autorização dos seus pais, os quais nem sempre encontram-se psicologicamente preparados para tomar tal medida.

É importante salientar que defende-se nesta obra que após a morte da criança anencéfala, e aqui friso, após a morte (E NÃO APÓS SEU NASCIMENTO) devem, os pais, autorizar a doação dos órgãos e tecidos possíveis de serem transplantados para outras crianças, muitas delas recém-nascidas que estejam na dependência de um transplante para que possam continuar vivendo!

Felizmente (em que pese a inconstitucional decisão da maioria dos membros do Supremo Tribunal Federal), hoje essa absurda Resolução encontra-se revogada! Mas e quanto ao tempo em que vigorou? Quantas atrocidades a mesma não embasou? O que se pode dizer é que no Brasil, urgentemente, devem os poderes constituídos (Executivo, Legislativo e Judiciário) e toda a sociedade civil ficar atentos para as aberrações de normas editadas por Conselhos Profissionais que tendem a querer legislar e o pior, muitas vezes, editando normas que afrontam a Constituição da República e a Legislação Infraconstitucional.

É importante frisar que dizer que os fetos anencéfalos são natimortos cerebrais não condiz com a verdade e violenta sua dignidade e seu direito de viver, não importando o quanto tempo de vida terão, uma vez que, conforme já assinalado, a anencefalia não equivale à morte encefálica.

Nesse diapasão, diante do inquestionável erro grosseiro do Conselho Federal de Medicina, o qual editou a hoje revogada, supracitada Resolução CFM nº 1752, de 2004, a qual autorizava a retirada de órgãos em crianças portadoras de anencefalia, apesar de respirarem de forma espontânea, necessitando tão somente do consentimento dos pais com antecedência de 15 dias antes da provável data do parto, o que inclusive, já assinalamos anterior-mente, em um ato de lucidez, o Ministério da Saúde, editou a Portaria GM/MS 487, de 2 de março de 2007, a qual dispõe sobre a remoção de órgãos e/ou tecidos de neonato anencéfalo para fins de transplante ou tratamento, estabelecendo a mesma já em seu Artigo 1º, a proibição da retirada de órgãos e/ou tecidos de neonatos portadores de anencefalia, para fins de transplante ou tratamento, salvo na hipótese de precedentemente existir diagnós-tico de parada cardíaca irreversível.

Cumpre ressaltar que o Ministério da Saúde necessitou publicar tal Portaria, uma vez que o Conselho Federal de Medicina, até então, se recusava quanto à sugestão de alterar a hoje, frise--se, revogada Resolução CFM nº 1752, de 2004, conforme escla-receu o coordenador do SNT (Sistema Nacional de Transplantes) do Ministério da Saúde, Roberto Schlindwein, em entrevista[174] na época da edição da Portaria.

Comprovando o quão estapafúrdia do ponto de vista científico era a já revogada Resolução CFM nº 1752, de 2004, bem como a decisão da maioria dos Ministros do Supremo Tribunal Federal que por maioria de votos julgou procedente a Arguição de Descumprimento de Preceito Fundamental nº 54, é importante anotar que em nosso próprio país temos o exemplo da menina M., nascida em 20 de novembro de 2006 e que viveu comprovadamente com anencefalia por 1 (um) ano, 8 (oito) meses e 12 (doze) dias, vindo a falecer em 1º de agosto de 2008; caso esse que será analisado um pouco mais a frente, por ocasião da pesquisa da decisão liminar do Senhor Ministro do Supremo Tribunal Federal, Marco Aurélio de Mello, proferida nos autos da multicitada ADPF nº 54.

Nessa esteira, refutando inclusive a falsa premissa de que os anencéfalos são natimortos, a professora Maria Helena Diniz assevera com a autoridade que lhe é peculiar que o anencéfalo é "um ser humano tanto quanto um homem que venha a sofrer grave lesão nos hemisférios cerebrais ou a perder parte de seu cérebro num acidente automobilístico ou numa intervenção cirúrgica para extirpação de um tumor maligno, perdendo a capacidade de qualquer contato com o mundo exterior, mas suscetível de regular sua homeostasia, em virtude da persistência do funcionamento adequado do tronco cerebral. Se assim é, dever-se-á respeitá-lo como pessoa humana, não se ferindo sua dignidade".[175]

Assim, conforme devidamente fundamentado não apenas do ponto de vista jurídico-constitucional, mas, sobretudo cientifico, sendo certo que há vida nos seres humanos anencéfalos, conclui-se, de forma clara e inequívoca que o aborto de fetos anencéfalos é um crime sim, ainda que a maioria dos ilustres Ministros

---

174 SUWWAN, Leila. Folha Online/Cotidiano. Governo restringe transplante de órgão de bebê anencéfalo, de 16 março 2007. Disponível em: <http://www1.folha.uol. com.br/folha/cotidiano/ult95u132590.shtml>. Acesso em 28 de abril de 2011.

175 DINIZ, Maria Helena. *O estado atual do biodireito*. São Paulo: Saraiva, 2001, p. 282.

do Supremo Tribunal Federal assim não entendam, haja vista que não indicando a anencefalia morte encefálica, há bem jurídico a ser tutelado, isto é, a vida humana do ser humano anencéfalo.

3. A ANENCEFALIA E A DIGNIDADE DA PESSOA HUMANA.

Outra questão que merece destaque no presente Capítulo é a relação entre o aborto de fetos anencéfalos e a dignidade da pessoa humana, razão pela qual mostra-se cabível analisar tal ponto à luz das lições doutrinárias acerca do conceito de dignidade da pessoa humana, colacionadas no primeiro capítulo da presente obra.

Com efeito, fato é que embora a Constituição da República de forma inequívoca consagre o direito à vida como inviolável, o que exige redobrada atenção do julgador no que tange a qualquer decisão que venha a restringir tal direito, não sendo, deste modo, viável ao magistrado proferir uma decisão em cognição sumária, isto é, liminarmente, haja vista a irreversibilidade da decisão, pois uma vez suprimida a vida humana, não se tem sob a ótica cientifica como reverter o quadro, o Ministro do Supremo Tribunal Federal, Marco Aurélio de Mello, relator da multicida ADPF nº 54, às 13 horas do dia 1º de julho de 2004, concedeu liminar *ad referendum* do Plenário da Corte, no sentido de afastar a glosa penal relativamente àqueles que viessem a participar da interrupção da gravidez no caso de anencefalia, no que foi desastrosamente acompanhado pela maioria dos demais Ministros da mesma Corte Constitucional que julgaram procedente a referida ação, em abril de 2012.

Na ocasião, isto é, em 1º de julho de 2004, o Senhor Ministro Marco Aurélio de Mello concedeu liminarmente a supra-citada medida, entendendo equivocadamente que "no caso da anencefalia, a ciência médica atua com margem de certeza igual a 100%. Dados merecedores da maior confiança evidenciam que fetos anencefálicos morrem no período intrauterino em mais de 50% dos casos. Quando se chega ao final da gestação, a sobrevida é diminuta, não ultrapassando período que possa ser tido como razoáveis [sic] em foco. Daí o acolhimento do pleito formulado para, diante da relevância do pedido e do risco de manter-se com plena eficácia o ambiente de desencontros em pronunciamentos judiciais até aqui notados, ter-se não só o sobrestamento dos processos e decisões não transitadas em julgado, como também o reconhecimento do direito constitucional da gestante de submeter--se à operação terapêutica de parto de fetos anencefálicos, a partir de laudo médico atestando a deformidade, a anomalia que atingiu o feto".[176]

Equivocado se mostra o raciocínio do ilustre Ministro, uma vez que há inúmeros casos de crianças que nasceram e viveram com anencefalia por tempo razoável, como o da menina M.J.F que veio a falecer no interior de São Paulo, em 1º de agosto de 2008, 1 (um) ano, 8 (oito) meses e 12 (doze) dias após o parto.

Cumpre ressaltar que esta criança só conseguiu vir ao mundo e viver por 1 (um) ano e 8 (oito) meses graças a sua corajosa mãe, C.G.F., a qual, apesar de no quinto mês da gestação ter recebido o prognóstico que sua filha não viveria mais do que algumas horas, quis levar a gravidez até o fim, respeitando a vida da menina M.

Deste modo, conclui-se que com o devido respeito ao ilustre Ministro, sua decisão (assim como a decisão da maioria dos Ministros que compõem a Corte Constitucional brasileira que julgou procedente a ADPF nº 54) padece de constitucionalidade, por estar a mesma afrontando diretamente o direito à vida, o qual é consagrado como inviolável pelo texto constitucional, violando ainda o princípio da separação dos poderes ou das funções, insculpido no Artigo 2º da Constituição da República de 1988,[177] uma vez que com sua decisão, inovou no mundo jurídico, acrescentando

---

176 BRASIL. Supremo Tribunal Federal. Decisão monocrática do Relator Ministro Marco Aurélio de Mello nos autos da Arguição de Descumprimento de Preceito Fundamental n. 54, de 1º de julho de 2004. Disponível em: <www.stf.jus.br>. Acesso em: 8 abril de 2011.

177 Artigo 2º - São Poderes da União, independentes e harmônicos entre si, o Legislativo, o Executivo e o Judiciário.

hipótese diversa das previstas no Código Penal para isentar de pena àqueles que viessem a cometer o crime de aborto no caso de anencefalia do feto, vindo deste modo a usurpar a função do Legislativo, já que ele é o único capaz de legislar, em que pese o uso de medidas provisórias pelo Executivo, competindo privativamente à União legislar sobre matéria penal.[178]

Com efeito, os argumentos de que ao se impedir a antecipação da morte do feto anencéfalo estaria se respeitando e assegurando a dignidade da mãe, não convence, até porque ao se arguir o possível descumprimento de preceito fundamental junto ao Supremo Tribunal Federal, buscando-se a isenção de pena para quem cometeu o crime de aborto contra o feto anencéfalo, o que se pretendeu (e inconstitucionalmente se obteve) foi a obtenção pela via judicial de decisão que permitisse o aborto nestes casos, servindo-se do Pretório Excelso como meio para se obter um fim, isto é, a legalização do aborto de fetos anencéfalos; competência esta que somente os legítimos representantes do povo brasileiro detém.

Aliás, corroborando o nosso entendimento, merece transcrição parte do voto da Senhora Ministra Ellen Gracie, proferido em 27 de abril de 2005, ocasião em que acompanhada dos Senhores Ministros Eros Grau, Cezar Peluso e Carlos Velloso, se posicionou pela inadmissão da ADPF nº 54, por considera-la incabível, asseverou: "Parece-me profundamente antidemocrático pretender obter, por essa via tão tortuosa da ADPF, manifestação a respeito de um tema que, por ser controverso na sociedade brasileira, ainda não logrou apreciação conclusiva do Congresso Nacional, ainda que registradas tantas iniciativas legislativas em ambas as Casas. Não há o Supremo Tribunal Federal de servir como 'atalho fácil' para a obtenção de resultado – a legalização da prática do abortamento – que os representantes eleitos do povo brasileiro ainda não se dispuseram a enfrentar".[179]

---

178   Artigo 22 - Compete privativamente à União legislar sobre: I - direito civil, comercial, penal, processual, eleitoral, agrário, marítimo, aeronáutico, espacial e do trabalho;

179   BRASIL. Supremo Tribunal Federal. Voto proferido pela Ministra Ellen Gracie em questão de ordem na ADPF 54, em 27 de abril de 2005. Disponível em: <www.stf.

No mesmo sentido, merece colação ementa de julgamento, proferido nos autos de apelação cível em que negando-se a autorização para o abortamento de feto anencéfalo, consubstanciou-se no voto do eminente relator (o que se encontra inclusive expresso na ementa) que o que se busca no Judiciário em casos como estes, é a criação por via transversa hipótese de aborto não prevista pelo artigo 128 do Código Penal, o que fere o direito à vida consagrado na Constituição e os direitos do nascituro estabelecidos no Código Civil, corroborando, assim, com o entendimento esposado no parágrafo anterior.

Eis a ementa do julgamento:

> *ALVARÁ JUDICIAL - AUTORIZAÇÃO PARA ABORTO - ANENCÉFALO - ANTECIPAÇÃO DE TUTELA - REQUISITOS NÃO PREENCHIDOS. Para o acolhimento da antecipação de tutela pretendida, necessário o preenchimento dos requisitos constantes do Artigo 273 do mesmo diploma legal, quais sejam, a verossimilhança do direito alegado e a possibilidade de ocorrência de danos irreparáveis ou de difícil reparação. No caso em análise, muito embora sejam patentes os danos irreparáveis e de difícil reparação que serão impostos à apelante com sua gestação e futuro nascimento de seu filho, não se verifica a presença da verossimilhança do direito alegado, eis que pretende a criação por via transversa de terceira hipótese de aborto, ainda não prevista pelo artigo 128 do Código Penal, ferindo o direito à vida da criança e os direitos do nascituro estabelecidos pelo atual Código Civil.[180]*

No entanto, cumpre ressaltar que haja vista que inicialmente foi concedida liminarmente a medida cautelar *ad referendum* do Plenário do Supremo Tribunal Federal, este se reuniu em 20 de outubro de 2004, tendo sido revogada por 7 (sete) votos a 4 (quatro) a medida concedida liminarmente pelo relator que permitia a interrupção da gravidez de fetos anencefálicos, sem qualquer penalidade a quem assim agisse.

---

jus.br> Acesso em: 15 de abril de 2011.

180   TRIBUNAL DE JUSTIÇA DO ESTADO DE MINAS GERAIS. Décima Sexta Câmara Cível. *Apelação Cível nº. 1.0024.10.231638-7/001.* Rel. Des. Otávio Portes. Disponível em: <www.tjmg.jus.br>. Acesso em: 5 de maio de 2011.

A titulo informativo, assinalo que votaram pela cassação da decisão do relator, os Ministros Eros Grau, Joaquim Barbosa, Cezar Peluso, Gilmar Mendes, Ellen Gracie, Carlos Velloso e Nelson Jobim. Já pela manutenção da decisão do relator, além deste, votaram os Ministros Carlos Ayres Britto, Celso de Mello e Sepúlveda Pertence.

Anote-se que na mesma sessão plenária por maioria de votos, vencido o Senhor Ministro Cezar Peluso, o Plenário do Supremo Tribunal Federal referendou a parte da decisão do relator, Ministro Marco Aurélio de Mello, mantendo o sobrestamento dos processos e decisões não transitadas em julgado, envolvendo a imputação de crime de aborto por conta de tal operação, até o prosseguimento do julgamento para apreciação de questão de ordem acerca do cabimento da Arguição de Descumprimento de Preceito Fundamental no caso e, em seguida, do mérito.

A bem da verdade, o Senhor Ministro Marco Aurélio de Mello (e posteriormente o Supremo Tribunal Federal por maioria de votos), com sua decisão acabou chancelando o chamado aborto eugênico, o qual na visão do professor Luciano Dalvi trata-se de "verdadeiro eufemismo para o racismo, o neonazismo e a pregação de uma técnica abortiva de seleção artificial do ser humano".[181]

Corroborando o entendimento esposado anteriormente, é interessante ainda trazer o conceito doutrinário de Antônio Houaiss, citado pelo professor Luciano Dalvi de o que vem a ser eugênia, sendo esta a "Ciência que se ocupa do aperfeiçoamento físico e mental da raça humana".[182]

E arremata o professor Antônio José Eça, ao dizer que o aborto eugênico "consiste em interromper a gestação quando se suspeite que o futuro ser vai trazer consigo doenças ou anomalias graves (...) que seriam incompatíveis com a vida extrauterina".[183]

---

181   DALVI, Luciano. *Op. cit.*, p. 80.

182   HOUAISS, Antônio. *Enciclopédia e Dicionário Ilustrado*. São Paulo: Objetiva, 2001, p. 81.

183   MARTINS, Ives Gandra da Silva (coordenação). *Op. cit.*, p. 545.

A verdade é que, embora muito se fale nos meios de comunicação sobre a anencefalia, muito pouco dela se diga a fundo o que é na verdade, o que acaba muitas vezes induzindo os leigos no assunto a terem uma falsa representação da realidade, defendendo a morte sumária do feto por acreditar que os mesmos estão mortos do ponto de vista cerebral, O QUE NÃO É VERDADE!!!

Antes de apresentar aos leitores o que de fato seja a anencefalia, assinalo que equivocada e lamentavelmente, colhe-se do parecer proferido nos autos do Processo-Consulta CFM nº 1839/1998 PC/CFM/ nº 24/2003 que "o anencéfalo (ausência de cérebro) não tem as mínimas condições de sobrevida, haja vista não possuir as estruturas neocorticais. Possui tão somente o tronco cerebral. Cumpre também salientar que esses seres não têm uma vida de relação com o mundo exterior".

É lamentável ler em parecer aprovado em Sessão Plenária do Conselho Federal de Medicina que anencefalia signifique ausência de cérebro, o que não é verdade, tratando-se ao meu sentir num equívoco cometido em tal parecer, o qual acaba embasando matérias jornalísticas tão quão equivocadas.

Nessa perspectiva, comprovando o equívoco cometido no citado parecer me socorro da lição do renomado Doutor Paulo Silveira Martins Leão Junior, procurador do Estado do Rio de Janeiro, o qual elucida que "o termo anencefalia designa uma falha no processo de formação do embrião, entre o 16º (...) e o 26º (...) dia de gestação, em razão da qual se verifica ausência variável da calota craniana, dos tecidos que a ela se sobrepõem, dos hemisférios cerebrais e cerebelo".[184]

Ainda na esteira da conceituação do que verdadeiramente é a anencefalia, merece também colação a doutrina abalizada da festejada doutrinadora pátria, Maria Helena Diniz, a qual assevera que o anencéfalo "pode ser um embrião, feto ou recém-nascido que, por malformação congênita, não possui uma parte do sistema nervoso central, ou melhor, faltam-lhe os hemisférios cerebrais e

---

184   MARTINS, Ives Gandra da Silva (coordenação). *Op. cit.*, p. 244.

A Inviolabilidade do Direito à Vida

tem uma parcela do tronco encefálico (bulbo raquidiano, ponte e pedúnculos cerebrais). Como os centros de respiração e circulação sanguínea situam-se no bulbo raquidiano, mantém suas funções vitais, logo o anencéfalo poderá nascer com vida, vindo a falecer horas, dias ou semanas depois".[185]

Desse modo, à luz das brilhantes lições doutrinárias anteriormente colacionadas, demonstra-se de forma cristalina o equívoco visto no parecer proferido nos autos do Processo-Consulta CFM número 1839/1998 PC/CFM/ n° 24/2003, o qual ainda que de forma reflexa, acaba contribuindo para que os meios de comunicação de massa disseminem a falsa afirmação de que a anencefalia é a ausência de cérebro, o que certamente faz com que o público em geral conclua erroneamente que a anencefalia significa morte cerebral do feto, o que não é verdade, conforme anteriormente analisado e comprovado.

Aliás, frisa-se que, muito pelo contrário, o feto anencéfalo tem sim as manifestações vitais de qualquer outro feto, como os batimentos cardíacos, a capacidade de se alimentar e de respiração, dentre outros; não colocando a gravidez de um feto anencéfalo, em risco a vida da mãe, ressalvados os riscos de toda e qualquer outra gestação, o que é monitorado pelo médico responsável pelo pré-natal da gestante.

Nesse diapasão, merece transcrição trecho de artigo científico de autoria do Doutor Rodolfo Acatauassú Nunes, Professor Adjunto da Faculdade de Ciências Médicas da Universidade do Estado do Rio de Janeiro, Mestre e Doutor pela Faculdade de Medicina da Universidade Federal do Rio de Janeiro e Livre-Docente pela Escola de Medicina e Cirurgia da Universidade Federal do Estado do Rio de Janeiro; artigo este incluído no Memorial apresentado pela Conferência Nacional dos Bispos do Brasil – CNBB, na condição de *amicus curiae*, nos autos da ADPF n° 54, o qual elucida que "quanto à repercussão no organismo materno, a anencefalia pode cursar com uma gravidez normal, mas pode também evoluir com manifestações do tipo polidrâmnio,

---

185   DINIZ, Maria Helena. *O estado atual do biodireito*. São Paulo: Saraiva, 2001, p. 281.

doença hipertensiva da gravidez, vasculopatia periférica, hipocontra-tilidade uterina após o parto, dificuldades oriundas da apresentação fetal, distúrbios emocionais e infecções puerperais, **todas condições factíveis de também surgir em outros processos gestacionais**. No entanto, ressalta-se que nenhuma dessas condições, uma vez identificadas, exigirão imediata interrupção da gestação. Todas são, em princípio, manuseadas de modo conservador, quase sempre com eficácia".[186] (gn)

E arremata o renomado médico, professor Rodolfo Acatauassú Nunes afirmando que "outros dados equivocados sob o ponto de vista científico, como a morte de todas as crianças com anence-falia imediatamente após o parto, o grande risco de vida materno que obriga a interrupção da gravidez, a exclusão da possibilidade de qualquer grau de consciência da criança com anencefalia e a imprudente desconsideração de possíveis efeitos da adição fólico às farinhas na frequência e gravidade da afecção, são frequente-mente referidos em argumentações de conteúdo superficial, por vezes apoiadas na imprecisão científica dos termos. Infelizmente, algumas dessas argumentações vêm sendo usadas no Brasil na área judicial, para justificar a chamada antecipação terapêutica do parto, um eufemismo para o aborto".[187]

É importante assinalar que se mostra lamentável que os mesmos veículos de comunicação em massa tanto se equivoquem ao veicularem informações que induzem tantos leigos ao erro; por outro lado, se omitam a prestar informações acerca da prevenção das malformações decorrentes de falhas no fechamento neural, incluindo-se nessas, a anencefalia, através da ingestão no período anterior à gestação, de ácido fólico, o qual possui a equação perfeita entre saúde e finanças, uma vez que conjuga o seu baixo custo econômico com seu alto grau de benefício para a saúde da gestante, em que pese ser desconhecido por muitas, tendo em vista a inércia governamental em propagar o seu uso e a ausência

---

186 NUNES, Rodolfo Acatauassú. *Terapia na Anencefalia final*, p. 4.

187 NUNES, Rodolfo Acatauassú. *Terapia na Anencefalia final*, p. 1.

de esclarecimentos pelos formadores de opinião, visando estimular seu consumo.

Com efeito, acerca da questão do uso do ácido fólico, é importante esclarecer que a Diretoria Colegiada da Agência Nacional de Vigilância Sanitária – ANVISA, editou em 13 de dezembro de 2002, a Resolução nº 344, publicada em 18 de dezembro de 2002, obrigando todas as indústrias que utilizem em suas atividades, farinhas de trigo e de milho, a adicionar nas mesmas, ferro e ácido fólico, conforme item 4.1 do Anexo (Regulamento Técnico para Fortificação das Farinhas de Trigo e das Farinhas de Milho com Ferro e Ácido Fólico) da supracitada Resolução, o qual dispõe que "é obrigatória a adição de ferro e de ácido fólico nas farinhas de trigo e nas farinhas de milho pré-embaladas na ausência do cliente e prontas para oferta ao consumidor, as destinadas ao uso industrial, incluindo as de panificação e as farinhas adicionadas nas pré-misturas, devendo cada 100g de farinha de trigo e de farinha de milho fornecerem no mínimo 4,2 mg (quatro vírgula dois miligramas) de ferro e 150 mcg (cento e cinquenta microgramas) de ácido fólico".

No entanto, lamentavelmente no item subsequente (4.2), a Resolução já excepciona a regra ao estabelecer que "as farinhas de trigo e as farinhas de milho fortificadas utilizadas como ingredientes em produtos alimentícios industrializados, onde comprovadamente o ferro e ou ácido fólico causem interferências, poderão ser isentas da adição de ferro e ou ácido fólico. A empresa deve manter a disposição do Órgão de Vigilância Sanitária, os estudos que comprovem essa interferência".

Importa salientar que muito embora o Artigo 2º da citada Resolução tenha concedido às empresas um bom prazo 18 (dezoito) meses a contar da data de publicação do Regulamento para que as mesmas pudessem adequar seus produtos à norma; em 10 de dezembro de 2004, houve a publicação da Resolução nº 313, a qual prorrogou em mais 120 (cento e vinte) dias o prazo das industrias para se adequarem a tal imposição normativa.

Dessa forma, por tal norma, desde abril de 2005 todas as indústrias estão obrigadas a fortificar com ferro e ácido fólico todos os produtos derivados das farinhas de trigo, como por exemplo, bolos, pães e massas em geral, devendo haver informação clara e precisa na embalagem do produto (como ocorre com os demais produtos como um todo) sobre essa adição, com a descrição expressa na Tabela Nutricional acerca das respectivas quantidades.

Convém anotar ainda que é de suma importância a adição de ácido fólico em tais alimentos, o que potencialmente contribuirá para que a médio-longo prazo, se constante entre nós brasileiros, a queda do número de anencefalia, dentre outras doenças, como ocorreu nos Estados Unidos e no Chile, países onde houve a redução de até 40% (quarenta por cento) nas doenças do tubo neural devido à fortificação com ácido fólico.[188]

Além disso, do projeto de Lei nº 3.933, o qual obriga a adição de ácido fólico ao leite e que fora apresentado em 28 de agosto de 2008 pelo deputado Dr. Pinotti, colhe-se de sua muito bem fundamentada justificativa que "dados do MRC (Vitamin Study Research Group) indicam presença de baixos níveis de folato em hemácias maternas durante as gestações de crianças anencéfalas. Esse é considerado o indicador mais seguro para diagnosticar deficiência de ácido fólico, pois é menos afetado por mudanças agudas na dieta. O quadro de deficiência materna do ácido fólico pode ser decorrente de questões dietéticas, defeito genético no metabolismo do folato, ou ambos. Dessa forma, inúmeros estudos vêm demonstrando papel protetor no suplemento de ácido fólico no período próximo à concepção, com vários benefícios: reduz a ocorrência de defeitos na formação do tubo neural; reduz o retardo do crescimento; proporciona aumento do peso ao nascimento; previne o parto prematuro; previne a ruptura e o infarto da placenta. Dessa forma, resta clara a importância de suplementar a dieta de mulheres em idade reprodutiva com ácido fólico. Não adianta apenas esperar a gravidez para tomar tal medida, uma vez que as malformações acontecem nas

---

188   BRASIL. Publicação realizada pela Agência Nacional de Vigilância Sanitária em parceria com a FINATEC/UnB e a Colaboração da Coordenação-Geral da Política de Alimentação e Nutrição do Ministério da Saúde. Disponível em: <www.anvisa.gov.br/alimentos/folder_farinha.pdf>. Acesso em: 8 de abril de 2011.

primeiras semanas da gestação, antes mesmo de a mãe saber que está grávida. É necessário que a medida tenha caráter preventivo e seja extensiva ao maior número de mulheres".[189]

Ainda na seara de projetos de lei que tratam da exigência de ácido fólico em alguns alimentos, mostra-se importante apontar que encontram-se tramitando no Congresso Nacional alguns projetos, destacando-se especialmente além do supracitado projeto de Lei nº 3933, de 2008, os de números 6.879, de 2010, o qual obriga a adição de ácido fólico à farinha de mandioca; 70, de 2003, o qual dispõe sobre a adição de ácido fólico na farinha de trigo e na farinha de milho; e 4473, de 1994, o qual dispõe sobre a obrigatoriedade da adição de micronutrientes aos produtos de alimentação que especifica, e dá outras providências; estando os dois primeiros projetos de lei apensados ao quarto acima citado.

Ultrapassadas tais questões, cumpre-se lembrar que embora a Constituição vede a hierarquização de vidas, conforme já explicitado anteriormente na presente obra, não há no caso de fetos anencéfalos, qualquer possibilidade de risco de vida para a mãe, não podendo se legitimar um verdadeiro atentado contra a vida, sob o argumento de sofrimento da mãe em gerar um feto fadado a morrer, o que necessariamente ocorrerá com qualquer ser humano, independentemente de raça, classe social ou religião.

Deve-se destacar ainda que não se pode dizer que a criminalização do aborto de fetos anencéfalos ofenda o princípio da razoabilidade por desproporcionalidade, pois a Constituição da República tutela o bem jurídico mais importante e o consagra como inviolável, qual seja, a vida humana, seja ela intra ou extrauterina, independentemente de qualquer condição.

Frisa-se que, caso seja entendido de forma diversa, estaria se afastando do perseguido pelo constituinte originário, o qual buscou uma Constituição que conjugasse de forma harmônica, ao mesmo tempo, os valores da democracia liberal e da social democracia,

---

189   BRASIL. Câmara dos Deputados. Projeto de Lei nº 3.933, de 28 de agosto de 2008. Disponível em: <http://www.camara.gov.br/sileg/integras/594823.pdf>. Acesso em: 8 de abril de 2011.

consagrando no artigo 5º, *caput,* da Carta Ápice, dentre outros, a inviolabilidade dos direitos à vida e à igualdade, o que demonstra ter sido "abraçada" pela Constituição da República, o já citado princípio da igualdade das vidas ou da não hierarquização da vida, o qual em síntese preceitua que não há diferenciação entre vidas humanas, refutando-se, assim, o direito brasileiro, o já analisado princípio da hierarquia das vidas, o qual era observado na Alemanha nazista de Hitler e que concebia a raça ariana como superior à semita.

Especificamente em relação aos fetos anencéfalos, não seria ético, moral ou juridicamente aceitável o argumento de que o fato de a criança possuir pouca expectativa de vida após seu nascimento ensejaria permissão do aborto, pois quando a Constituição consagra a inviolabilidade do direito à vida, ela não estabelece que para esse direito ser garantido, preservado e respeitado, a pessoa tenha que ter expectativa de vida de cem anos, por exemplo.

Do contrário, se uma pessoa estivesse gravemente doente, tendo uma expectativa de vida dada por seu médico de apenas trinta dias e nessa hipótese, se essa pessoa viesse a ser assassinada no vigésimo nono dia após o fatídico parecer médico, deixaria de ser homicídio por isso? Todos nesse caso responderiam que não! E por que no caso de fetos anencéfalos, muitos defendem o seu assassinato, tendo em vista a sua baixa expectativa de vida?

Nessa esteira, assevera Adriana Maluf[190] que "podemos entender que todo ser produto da mistura genética de células germinativas humanas seja ser humano por excelência, e que em nada obstaria essa característica a baixa viabilidade ou potencialidade reduzida que eventualmente apresentasse, nem tornaria por outro lado esse feto mais ou menos digno da proteção do Estado e da aquisição de direitos [...]".

Assim, tendo em vista o ordenamento jurídico brasileiro e, em especial a previsão constitucional da inviolabilidade do direito à vida, deve ser garantido, preservado e respeitado o direito à vida, desde a concepção até a morte natural de quem quer que seja,

---

190   MALUF, Adriana Caldas do Rego Freitas Dabus. *Curso de bioética e biodireito.* São Paulo: Atlas, 2010, p. 121.

A INVIOLABILIDADE DO DIREITO À VIDA

inclusive dos fetos anencéfalos, pois todos são iguais perante a lei, nos termos do artigo 5º, *caput*, da Constituição de 1988, cabendo ao Estado reconhecer e garantir o tempo que seja, de vida dos fetos anencéfalos.

Nessa perspectiva, não se pode deixar de transcrever parte do voto do eminente desembargador do Egrégio Tribunal de Justiça do Estado de Minas Gerais, José Marcos Vieira, o qual em voto de sua lavra, dá uma verdadeira aula de Direito Constitucional, bem como uma exemplar demonstração de respeito pela Lei Maior e por consequência, pela vida humana, ao asseverar que:

> *"A inviolabilidade do direito à vida, consagrada no art. 5º, caput, da Constituição da República, é uma das chamadas decisões ou pré--decisões constitucionais. Destarte, cumpre considerar o alcance de tal decisão, que protege a todos. O étimo 'todos' evidentemente abrange todos os sujeitos de direito. Verdadeiro que a capacidade de direito é atribuída a toda pessoa (Artigo 1ª[191], Código Civil), a proteção jurídica, de sujeito passivo ou ativo de direitos, surge antes, desde a concepção (Artigo 2º, Código Civil). Não vejo por onde distinguir, de modo a excluir a proteção do incapaz de exercício: é que, na esteira da desproteção do feto anencéfalo, colher-se-ia do incapaz, colher--se-ia a desproteção do inconsciente, tão anencéfalo quanto o que não tenha cérebro. Teríamos a porta aberta para antecipar a morte tanto intra quanto extrauterina. Que diferença do coma irreversível? A inviolabilidade não é da vida, apenas. É o do direito à vida - o que supõe proteção da possibilidade de vida, no sentido substancial e sem qualquer qualificativo. Teria havido a tentativa de equiparação da espécie ao aborto terapêutico: o risco para a saúde da mulher. Ora, o Código Penal, no inciso I, do Artigo 128, estabelece a impunibilidade do aborto necessário, isto é, o que se configure como único meio de salvar a vida da gestante. Na extensão da mesma proteção da vida, entreviu-se a proteção à saúde da gestante, valendo a inexistência de outro meio como justificativa, a sua vez, para o cabimento da Arguição de Descumprimento de Preceito Fundamental. (...) Vejo, portanto, que o descumprimento de preceito fundamental dependeria de prova inconcussa do risco para a saúde, digna de proteção tanto*

---

191   Artigo 1º - Toda pessoa é capaz de direitos e deveres na ordem civil.

quanto a vida. Só que a prova de tal risco haveria de ser algo extra-ordinária, porque não há gravidez sem risco, não há parto sem risco, como não há cirurgia ou terapia sem risco. O juízo de ponderação, portanto, não está entre as interpretações das normas constitucio-nais, ao dizer do confronto entre o caput, do Artigo 5° e o artigo 196, da Constituição da República, ainda que também este último se dirija a todos e garanta o direito à saúde. Se se pudesse deixar de lado a matéria fática, como parece decorrer, a cavaleiro de distintas e, creio, infinitas possibilidades clínicas, e se chegasse ao juízo de ponderação para a interpretação conforme, também não me assaltaria a dúvida. A jurisdição das inviolabilidades se antepõe à das demais proteções constitucionais. E no confronto entre vida e saúde, prevaleceria a primeira. A vida intra e extrauterina, ainda que sem saúde (...)".[192]

Após brilhante voto, é interessante se alertar ainda para o perigo representado pela possibilidade de estabelecer-se uma espécie de "controle de qualidade de fetos", descartando-se àqueles que tenham alguma anomalia, como a anencefalia, que ora se discute, o que seria incompatível com o Estado Democrático de Direito, cujo cerne é o respeito à dignidade humana, que impede taxativamente todo tipo de discriminação, o que em momento algum pode ser desconsiderado seja pelo legislador, seja pelo julgador.

Nesse diapasão, atento a impedir tal espécie de "controle de qualidade de seres humanos", o legislador ao propor o projeto de Lei n° 489, de 2007 (Estatuto do Nascituro), estabeleceu respectivamente nos Artigos 10, 11 e seus §§, da proposta legis-lativa que "o nascituro deficiente terá à sua disposição todos os meios terapêuticos e profiláticos existentes para prevenir, reparar ou minimizar sua deficiência, haja ou não expectativa de sobrevida extrauterina"; que "o diagnóstico pré-natal respei-tará o desenvolvimento e a integridade do nascituro e estará orientado para sua salvaguarda ou sua cura individual"; que "o diagnóstico pré-natal deve ser precedido do consentimento dos

---

192   TRIBUNAL DE JUSTIÇA DO ESTADO DE MINAS GERAIS. Décima Sexta Câmara Cível. *Apelação Cível n. 1.0024.10.231638-7/001.* Rel. Des. Otávio Portes. Disponível em: <www.tjmg.jus.br>. Acesso em: 5 de maio de 2011.

pais, e os mesmos deverão ser satisfatoriamente informados"; e que "é vedado o emprego de métodos de diagnóstico pré-natural que façam a mãe ou o nascituro correrem riscos desproporcionais e desnecessários".

Tais dispositivos, uma vez aprovados, servirão para impedir que um exame pré-natal que diagnostique que o nascituro é acometido de alguma doença, inclusive no tocante àquelas que ocasionam baixa expectativa de vida, como por exemplo, ocorre no caso de anencefalia, seja o ponto inicial para uma "sentença antecipatória de morte" para o mesmo. Se diz "antecipatória", uma vez que a morte é certa para todo e qualquer ser vivente, seja ele humano ou não.

Ao contrário, através de tais dispositivos, cujos fundamentos podem ser extraídos da Constituição da República, a qual consagra os direitos à vida e à isonomia, bem como a dignidade da pessoa humana, ficará também do ponto de vista infraconstitucional, expressamente assegurado ao nascituro que possua alguma deficiência, o direito de ter um tratamento digno, capaz inclusive de reparar ou minimizar o mal que é acometido.

Aliás, no mesmo projeto de Lei nº 489, de 2007, colhe-se em seus artigos 7º e 8º, respectivamente que "o nascituro deve ser objeto de políticas públicas que permitam seu desenvolvimento sadio e harmonioso e o seu nascimento, em condições dignas de existência"; e que "ao nascituro é assegurado, através do Sistema Único de Saúde – SUS, o atendimento em igualdade de condições com a criança".

Desse modo, o que se verifica através de tais dispositivos é a forte inspiração do legislador infraconstitucional no Texto Constitucional, uma vez que ao colocar o nascituro em igualdade de condições com uma criança, assegura tratamento isonômico entre seres humanos em diferentes estágios de vida, porém, com igual dignidade e com o mesmo direito à vida.

Visto isso, é importante, visando até mesmo rechaçar a afirmação de muitos, no sentido de que o nascituro anencéfalo ainda que nasça, viverá por pouquíssimo tempo; dentre outros, merece lembrança, especialmente o caso da menina M., a qual faleceu 1 (um) ano, 8 (oito) meses e 12 (doze) dias depois de seu nascimento; caso este sempre lembrado pelo renomado médico Rodolfo Acatauassú Nunes, o qual, em entrevistas e palestras proferidas por todo o Brasil, assevera que as crianças nascidas com anencefalia não são sem cérebro, tendo inclusive preservadas as estruturas responsáveis pela função respiratória, razões que impõem às autoridades dos poderes constituídos e à sociedade civil como um todo, o reconhecimento, por conseguinte, de vida a esses seres humanos indefesos, os quais fazem jus a todo e qualquer direito que seja assegurado à todas as demais pessoas, independentemente do estágio de vida das mesmas.

Assim, estapafúrdio é o entendimento de alguns doutrinadores os quais tendem a ter, inclusive, o aborto de fetos anencéfalos como crime impossível, a teor do artigo 17[193] do Código Penal Brasileiro, uma vez que em seus entendimentos, não haveria bem jurídico a ser tutelado, chegando os mesmos a tal conclusão por entenderem de forma errônea e equivocada que o anencéfalo seria um natimorto cerebral, comparando e exemplificando, inclusive, o anencéfalo com a hipótese de uma pessoa não responder por homicídio quando atira em uma pessoa já morta.

Ora, conforme lições científicas abalizadas, a anencefalia não significa ausência de cérebro e/ou morte cerebral, o que lhe confere vida, dignidade e reconhecimento de tais direitos por todos, sobretudo, pelo Estado, ao qual incumbe assegurar total respeito, independentemente do tempo de vida que possa ter extraútero, o que impõe que seja veementemente rechaçada toda e qualquer doutrina (bem como a decisão da maioria dos Ministros do Supremo Tribunal Federal que julgou procedente a ADPF nº 54) que quer considere o aborto de fetos anencéfalos como um direito constitucionalmente assegurado (o que vimos que não é; muito pelo contrário), inclusive pleiteando interpretação extensiva do Artigo 128 do Código Penal, o qual, ainda que de forma minoritária, entendo estar revogado pela Carta Magna; quer considere o aborto de fetos anencéfalos como crime impossível.

---

193   Artigo 17 - Não se pune a tentativa quando, por ineficácia absoluta do meio ou por absoluta impropriedade do objeto, é impossível consumar-se o crime.

Aliás, a respeito desse último (crime impossível), merece transcrição, lição doutrinária do professor Júlio Fabrini Mirabete, o qual assevera que "para o reconhecimento do crime impossível é necessário que o meio seja totalmente ineficaz para a produção do resultado. Não exclui a existência do delito da tentativa a utilização de meio relativamente inidôneo, quando há um perigo, ainda que mínimo, para o bem jurídico que o agente pretende atingir".[194]

Desse modo, da supracitada lição doutrinária, se extrai, na verdade, a impossibilidade de se afirmar ser impossível criminalizar a conduta de aborto de feto anencéfalo por considerá-lo crime impossível; quando, na verdade, é a busca de se implantar no Brasil o aborto eugênico, o qual teria por escopo selecionar quais seres humanos poderiam ou não nascer.

4. CONCLUSÃO

Portanto, o aborto de fetos anencéfalos do ponto de vista jurídico é crime, pois estaria da mesma forma que em qualquer aborto, suprimindo-se a vida de seres humanos inocentes e indefesos, os quais, frisa-se, não se encontram em estado de morte cerebral, conforme comprovado no presente Capítulo, cabendo deste modo à todos defender a vida daqueles que não se podem defender, desde a concepção até a morte natural, a fim de se respeitar a dignidade da pessoa humana, princípio este, inclusive constitucional e um dos fundamentos da República Federativa do Brasil, nos termos do artigo 1º, III, da Constituição da República de 1988, conforme também já explicitado anteriormente na presente obra.

---

194 MIRABETE, Júlio Fabbrini, Manual de Direito Penal, Parte Geral, vol. I, São Paulo: Atlas, 2009.

Capítulo VII

A Vida Humana e a Legalização do Aborto uma Análise Social da Temática no Brasil e o Exemplo Português

Neste Capítulo, será analisado, do ponto de vista jurídico-social, o pleito de muitos de legalizar o aborto no Brasil, apresentando o que vem ocorrendo em Portugal após a legalização do aborto.

Inegavelmente, o cenário em que nos encontramos atualmente é sombrio, uma vez que o que se vê é um acelerado movimento tendente a inverter valores antes muito caros para a sociedade e a relegar tudo ao descartável.

Sob essa perspectiva, a ideia do "descartável" chega infeliz e deploravelmente também a atingir a vida humana, em que pese sua inviolabilidade, assim reconhecida por nossa Constituição e pelas de todos os países em que se reconhece a vida humana como um direito natural e pressuposto lógico necessário para se usufruir de todo e qualquer outro direito.

Infelizmente, como já tive a oportunidade de me posicionar anteriormente, não propriamente nesses termos, porém, dentro desse contexto, a mídia por vezes coloca o ser humano, especialmente as mulheres, como objeto de prazer, o que acaba inexoravelmente por reduzi-las a coisas, afrontando, dessa forma, a dignidade da pessoa humana.

Muitas mulheres, em nome da "honra" acabam, por vezes, de livre e espontânea vontade abortando para esconder da família e amigos a gravidez indesejada; outras são forçadas a abortar pela própria família ou pelo "companheiro" que não quer assumir a paternidade.

Diante desse quadro lamentável não se pode esquecer que temos mulheres guerreiras, que mesmo abandonadas por seus companheiros e até por sua família e amigos, felizmente em muitos casos, decidem levar sua gestação até o fim; mulheres essas que, apesar de serem muitas vezes vistas pela sociedade como inferiores, merecem, aqui, nossos cumprimentos por dizerem sim à vida, assumindo sua responsabilidade materna e respeitando o direito de viver de um ser humano inocente.

Também não podem ser esquecidos os homens, sem os quais, naturalmente, não pode uma mulher ficar grávida; homens esses, que, por vezes, passam ao largo da discussão do aborto, uma vez que a centralidade da questão sempre ficou em torno das mulheres, relegando o nascituro a segundo plano e os homens, quiçá, a terceiro plano.

Sendo assim, a gravidez não é um fato que diga respeito apenas às mulheres, mas também aos homens, especialmente os de bem, os quais se sentem chamados à vocação paterna e que não são respeitados em seus direitos, especialmente, como assinalo, por serem colocados fora de qualquer discussão da temática. Afinal, se há homens que desrespeitam as mulheres em dignidade de pessoas humanas que são e não coisas, não se pode olvidar que há também os que reconhecem sua importância na história humana como pai, esposo, companheiro e da mulher como mãe, esposa, companheira, digna de todo respeito e consideração como pessoa humana digna de respeito.

Ultrapassada essa questão, cumpre assinalar que dizer que mulheres pobres morrem por fazerem abortos de forma perigosa e clandestina e que tais casos não podem ser tratados com cadeia, mas sim, como um caso de saúde pública, o que impõe ao Poder Público o dever de legalizar o aborto no Brasil, não convence.

Com efeito, por trás dos apelos e das das preocupações de entidades governamentais e não governamentais, o que se vê e se acredita até mesmo pela experiência de outros países onde o aborto foi legalizado, é que exista um interesse monetário, uma vez que passaria a se ter no aborto mais uma fonte de vantagem econômica para as indústrias farmacêuticas e grandes clínicas particulares, as quais passariam a lucrar com a legalização de tal conduta nefasta e bárbara.

O que deve ser entendido e analisado sempre que o aborto não é pura e simplesmente uma mera interrupção da gravidez. Ao contrário, trata-se de um assassinato com um outro nome, conforme já assinalado anteriormente, onde poucas pessoas decidem pôr fim à vida de um inocente, o qual nada pode fazer.

Como é sabido e consabido, "todo o poder emana do povo, que o exerce por meio de representantes eleitos ou diretamente, nos termos [da] Constituição".[195]

Sendo assim, toda e qualquer norma que venha a implantar no Brasil o aborto (através de uma nova Constituição, pelas razões esposadas anteriormente) terá inexoravelmente nossa parcela de culpa, o que exige que estejamos atentos à plataforma de governo de cada candidato por ocasião de toda eleição.

É importante esclarecer que uma vez legalizado o aborto, tornaria possível que qualquer mulher pudesse procurar um serviço público de saúde para matar um ser inocente. Ou seja, haveria por parte do Estado não apenas a aprovação de tal abominável conduta por parte de quem queira abortar como também o seu total apoio (inclusive financeiro) a tal ato.

Além disso, lamentável é que em um país em que morrem tantas pessoas aguardando internações ou até mesmo socorro médico ainda se tente legalizar a prática de matança de inocentes. É importante lembrar que tal matança seria custeada por cada um de nós, quer queiramos, quer não, reflexamente, através do pagamento de tributos ao erário.

No Brasil, em que pese à fundamentação jurídico-constitucional de inviolabilidade do direito à vida, de modo que a própria atual Constituição preceitue que "não será objeto de deliberação

---

195   Artigo 1°, parágrafo único da Constituição da República Federativa do Brasil de 1988.

A Inviolabilidade do Direito à Vida

a proposta de emenda tendente a abolir os direitos e garantias individuais"[196] (estando aqui incluído o direito à vida), sendo certo ainda que qualquer Lei que venha a restringir ou suprimir tal direito seja tida como inconstitucional, devem todos os que defendem a vida humana, desde a concepção até seu declínio natural ter a atenção redobrada, uma vez que em Portugal, apesar do direito à vida ser tido como inviolável pela Constituição da República Portuguesa de 1976[197] e que nesta seja vedada até mesmo a pena de morte, sem exceção (sendo assim, ainda que por "descuido" do constituinte português, têm-se como mais gravosa que a nossa, a qual excepciona em caso de guerra declarada) lamentavelmente a cultura da morte conseguiu aprovar naquele país, em 2007 por referendo popular (Lei nº 16/2007, de 17 de abril), Lei que, pasmem, permite o aborto até as 10 (dez) primeiras semanas de gravidez por opção da mulher, independentemente, das razões, dentre outras hipóteses previstas pelo vigente Código Penal português,[198] o qual

---

196   Artigo 60, § 4°, IV.

197   Artigo 24 - Direito à vida
1. A vida humana é inviolável.
2. Em caso algum haverá pena de morte.

198   Artigo 142 - Interrupção da gravidez não punível
1 – Não é punível a interrupção da gravidez efetuada por médico, ou sob sua direção, em estabelecimento de saúde oficial ou oficialmente reconhecido e com o consentimento da mulher grávida, quando: (redação dada pela Lei n° 16/2007, de 17 de abril).
a) Constituir o único meio de remover perigo de morte ou de grave e irreversível lesão para o corpo ou para a saúde física ou psíquica da mulher grávida; (redação original do Código Penal Português).
b) Se mostrar indicada para evitar perigo de morte ou de doença grave e duradoura lesão para o corpo ou para a saúde física ou psíquica da mulher grávida e for realizada nas primeiras 12 semanas de gravidez; (redação original do Código Penal Português).
c) Houver seguros motivos para prever que o nascituro virá a sofrer, de forma incurável, de grave doença ou malformação congênita, e for realizada nas primeiras 24 semanas de gravidez, excepcionando-se as situações de fetos inviáveis, caso em que a interrupção poderá ser praticada a todo o tempo; (redação dada pela Lei n° 16/2007, de 17 de abril).
d) A gravidez tenha resultado de crime contra a liberdade e autodeterminação sexual e a interrupção for realizada nas primeiras 16 semanas; (redação original do Código Penal Português).

é atualmente como tantos outros, um triste exemplo de afronta à vida humana e sua dignidade.

É interessante observar que a Lei aprovada em Portugal muito embora seja inconstitucional naquele país (haja vista contrariar expressamente a Constituição Portuguesa) e também viole especialmente os Artigos 1º, 2º, 3º (nos 1 e 2 "b") e 53º da Carta dos Direitos Fundamentais da União Europeia,[199] continua vigorando e

---

e) For realizada, por opção da mulher, nas primeiras 10 semanas de gravidez. (redação dada pela Lei nº 16/2007, de 17 de abril).

2 – A verificação das circunstâncias que tornam não puníveis a interrupção da gravidez é certificada em atestado medico, escrito e assinado antes da intervenção por médico diferente daquele por quem, ou sob cuja direcção, a interrupção é realizada, sem prejuízo do disposto no número seguinte. (redação dada pela Lei nº 16/2007, de 17 de abril).

3 – Na situação prevista na alínea e) do nº 1, a certificação referida no número anterior circunscreve-se à comprovação de que a gravidez não excede as 10 semanas. (redação dada pela Lei nº 16/2007, de 17 de abril).

4 – O consentimento é prestado: (redação dada pela Lei nº 16/2007, de 17 de abril).

a) Nos casos referidos nas alíneas a) a d) do nº 1, em documento assinado pela mulher grávida ou a seu rogo e, sempre que possível, com a antecedência mínima de três dias relativamente à data da intervenção;

b) No caso referido na alínea e) do 9º 1, em documento assinado pela mulher grávida ou a seu rogo, o qual deve ser entregue no estabelecimento de saúde até ao momento da intervenção e sempre após um período de reflexão não inferior a três dias a contar da data da realização da primeira consulta destinada a facultar à mulher grávida o acesso à informação relevante para a formação da sua decisão livre, consciente e responsável.

5 – No caso de a mulher grávida ser menor de 16 anos ou psiquicamente incapaz, respectiva e sucessivamente, conforme os casos, o consentimento é prestado pelo representante legal, por ascendente ou descendente ou, na sua falta, por quaisquer parentes na linha colateral. (redação dada pela Lei nº 16/2007, de 17 de abril).

6 – Se não for possível obter o consentimento nos termos dos números anteriores e a efetivação da interrupção da gravidez se revestir de urgência, o médico decide em consonância face à situação, socorrendo-se, sempre que possível, do parecer de outro ou outros médicos. (redação dada pela Lei nº 16/2007, de 17 de abril).

7 – Para efeitos do disposto no presente Artigo, o número de semanas de gravidez é comprovado ecograficamente ou por outro meio adequado de acordo com as *leges artis*. (redação dada pela Lei nº 16/2007, de 17 de abril).

199 Artigo 1º - Dignidade do ser humano - A dignidade do ser humano é inviolável. Deve ser respeitada e protegida.

Artigo 2º - Direito à vida - 1. Todas as pessoas têm direito à vida; 2. Ninguém pode ser

A INVIOLABILIDADE DO DIREITO À VIDA

por isso, matando inocentes sem qualquer penalidade para quem cometa essa barbaridade.

Deve-se ressaltar que a Constituição portuguesa traz de forma expressa em seu Artigo 41°, n° 6 que "é garantido o direito à objeção de consciência, nos termos da lei"; o que também é assegurado entre nós, pelo inciso VI, do Artigo 5° da nossa Lei Maior, a qual também assegura a inviolabilidade da liberdade de consciência.

Diante disso, conclui-se que os médicos portugueses defensores da vida humana e responsáveis com seu compromisso de salvar vidas, diante de uma lei sangrenta e de morte como a que ora se analisa, podem reclamar o direito de objeção de consciência, que lhes é assegurado pela Constituição. Porém, a maior preocupação deve ser quanto aos demais portugueses, os quais se veem forçados pelo Estado a colaborarem materialmente, ainda que de forma reflexa, através do pagamento de tributos como a matança de inocentes. Afinal, como podem estes argumentar que não pagarão seus tributos em nome de seu direito constitucional de objeção de consciência???

Chamo a atenção de cada leitor, pois o que se diz atualmente pelos defensores do aborto no Brasil é o mesmo que se dizia em Portugal (e também em tantos outros países onde a prática do abortamento foi descriminalizada), antes de convencerem a população portuguesa a votar em massa à favor da morte, contra à vida, tais como: que a legalização da prática do abortamento elimina o problema de abortos clandestinos; que mulheres estão

---

Artigo 3° - Direito à integridade do ser humano - 1. Todas as pessoas têm direito ao respeito pela sua integridade física e mental; 2. No domínio da medicina e da biologia, devem ser respeitados, designadamente: (...) b) A proibição das práticas eugênicas, nomeadamente das que têm por finalidade a seleção das pessoas; (...)
Artigo 53° - Nível de proteção - Nenhuma disposição da presente Carta deve ser interpretada no sentido de restringir ou lesar os direitos do Homem e as liberdades fundamentais reconhecidos, nos respectivos âmbitos de aplicação, pelo direito da União, o direito internacional e as Convenções internacionais em que são Partes a União ou todos os Estados-Membros, nomeadamente a Convenção Europeia para a Proteção dos Direitos do Homem e das Liberdades Fundamentais, bem como pelas Constituições dos Estados-Membros.

elimina o problema de abortos clandestinos; que mulheres estão morrendo por causa de abortos clandestinos; que o aborto é um caso de saúde pública e não de cadeia etc.

Na verdade, o que se verifica em Portugal é um cenário sombrio, com a morte de aproximadamente 19.000 (dezenove mil) inocentes somente em 2010, conforme notícia, a qual seguirá mais à frente.

Independentemente da convicção política, filosófica e religiosa de cada um, deve-se anotar que a questão da prática de abortamento supera qualquer questão relativa à crença religiosa, sendo na verdade uma questão de justiça e uma afronta ao inviolável direito à vida!!! Afinal, fala-se tanto em justiça no sentido de permitir que a mulher aborte sem receber qualquer punição estatal... Mas e a vida do ser humano inocente???

Particularmente, penso que não se pode jamais deixar que isso ocorra entre nós brasileiros, uma vez que isso além de ser a chancela estatal para se matar seres humanos inocentes, será o total descrédito da Constituição da República, a qual traz a dignidade da pessoa humana como fundamento e o direito à vida como inviolável!!!

À vista desse panorama nebuloso, em Petição Coletiva sob o nº 551/X/4, o Partido Portugal pro Vida, reivindicou junto à Assembleia da República Portuguesa, a suspensão imediata da Lei do Aborto e legislação conexa de forma a promover a sua revisão, extraindo-se de trecho do texto de sua petição, o seguinte:

> *"Exmo. Senhor Presidente da Assembleia da República,*
> *Os signatários desta petição dirigem-se à Assembleia da República, enquanto órgão constitucional representativo dos cidadãos portugueses, passado um ano de aplicação da Lei do Aborto aprovada na Assembleia da República, considerando que:*
> *a Lei do aborto não eliminou o problema dos abortos clandestinos, como se propunha;*
> *a Lei do aborto contribui para o agravamento da taxa de natalidade e o envelhecimento da sociedade portuguesa, cada vez mais dependente dos fluxos migratórios para esconder a sua forte tendência recessiva;*

A Inviolabilidade do DIREITO À VIDA

a coberto da Lei do aborto têm vindo a ser exercidas pressões inaceitáveis sobre o código deontológico dos médicos;

por descuido grosseiro do legislador, a Lei transformou o aborto num método contraceptivo de facto, permitindo abortos múltiplos, já verificados, e o "eugenismo liberal";

apesar de reconhecidos aos profissionais de saúde, os Direitos constitucionalmente consagrados de "objeção de consciência" não se estendem ainda aos cidadãos-contribuintes que entendam gravemente atentatório para sua consciência ver-se pelo Estado forçados a dar a sua contribuição material, através de impostos, para a realização de abortos;

Solicitam que a Assembleia da Republica legisle no sentido de:

revogar a actual Lei do Aborto – Lei Nº 16/2007, de 17 de abril;

não existindo uma maioria parlamentar suficiente para a realização do ponto (1), suspender imediatamente a aplicação da Lei do Aborto e legislação conexa de forma a promover a sua revisão, acautelando as situações acima expostas."

Como se percebe pelo trecho do texto citado, o qual fora apresentado em janeiro de 2009 à Assembleia Portuguesa, a qual ainda não deliberou sobre a matéria requerida, a questão do aborto em Portugal é dramática, uma vez que enquanto não houver a revogação desta lei, a matança de inocentes prosseguirá sem qualquer limitação, até porque a própria Lei não veda nem mesmo que uma mesma mulher, por exemplo, possa abortar mais de uma vez por ano, ainda que seja certo que mesmo acaso houvesse tal restrição, não deixaria de ser absurda a chamada Lei do aborto portuguesa.

Como já assinalei anteriormente, em média apenas no ano 2010 foram assassinadas mais de 19.000 (dezenove mil) inocentes em Portugal, conforme notícia que segue:

Aborto: hora de reabrir a discussão

"Os últimos dados estatísticos provam aquilo que para muitos era óbvio, antes de se alterar a legislação: três anos depois da despenalização do aborto em Portugal, o número de abortos está a crescer de forma assustadora.

Este ano, foram feitos, em média, 53 abortos por dia. Na análise a esses números, o diretor de obstetrícia do Hospital de Santa Maria lamenta que as mulheres não tenham compreendido a Lei e que não haja mais medidas de prevenção da gravidez. A realidade é de tal modo assustadora, com os especialistas e defensores da Lei a reconhecerem que a prática do aborto é hoje um método anticoncepcional, que só por si deveria levar os responsáveis a reconhecer o erro das teses que defenderam em 2007. Diante de uma tragédia dessas dimensões, o pior que se pode fazer é persistir no erro. Três anos depois, está na altura de se reabrir uma discussão que nunca foi feita de forma honesta. Os que em 2007 defenderam com tanto calor os direitos das mulheres não podem agora ficar calados diante das estatísticas que, em 2010, são reais, ao contrário dos números ilusórios que se debateram há três anos".[200]

Diante da notícia acima apresentada e da constatação do assassinato de aproximadamente 19.000 (dezenove mil) inocentes em Portugal, conforme noticiado, penso que se deve analisar o número de habitantes naquele país para depois fazermos um paralelo em relação ao Brasil.

Em Portugal, segundo dados do Banco Mundial, viviam em 2009, 10.632.069 (dez milhões, seiscentos e trinta e dois mil e sessenta e nove) pessoas[201], tendo esse país segundo dados do

---

200   PORTUGAL. Renascença/Informação/Opinião, de 27 de dezembro de 2010. Disponível em: <http://www.rr.pt/informacao_detalhe.aspx?fid=121&did=134735>. Acesso em: 28 de dezembro de 2010.

201   Banco Mundial. Disponível em: <http://datos.bancomundial.org/indicador/SP.POP.TOTL>. Acesso em: 30 de dezembro de 2010.

Banco Mundial referentes a 2008, taxas de natalidade[202] de 10[203] (dez) e de fecundidade[204] de 1[205] (um).

Já no Brasil, segundo os primeiros dados divulgados pelo Instituto Brasileiro de Geografia e Estatística – IBGE, em novembro de 2010, temos uma população de 190.732.694 (cento e noventa milhões, setecentos e trinta e dois mil e seiscentos e noventa e quatro) pessoas.[206]

Contudo, visando a maior igualdade possível na comparação de dados, usarei também em relação ao Brasil, os dados do Banco Mundial. Segundo esses dados, a população brasileira em 2009 era de 193.733.795 (cento e noventa e três milhões, setecentos e trinta e três mil e setecentos e noventa e cinco) pessoas,[207] sendo as taxas de natalidade e de fecundidade no Brasil, referentes a 2008, de 16[208] (dezesseis) e 2[209] (dois), respectivamente.

Uma vez apresentados os dados de Portugal e Brasil e sabendo-se que em Portugal foram, conforme notícia transcrita acima, assassinadas aproximadamente em 2009, 19.000 (dezenove mil) inocentes, penso que seja possível fazer uma projeção de

---

202   Refere-se ao número de pessoas que nascem por 1000 habitantes durante um ano.

203   Banco Mundial. Disponível em: <http://datos.bancomundial.org/indicador/SP.DYN.CBRT.IN>. Acesso em: 30 de dezembro de 2010.

204   Refere-se ao número médio de filhos que uma mulher teria ao final de sua idade reprodutiva.

205   Banco Mundial. Disponível em: <http://datos.bancomundial.org/indicador/SP.DYN.TFRT.IN>. Acesso em: 30 de dezembro de 2010.

206   Instituto Brasileiro de Geografia e Estatística – IBGE. Disponível em: <http://www.censo2010.ibge.gov.br/primeiros_dados_divulgados/index.php>. Acesso em: 30 de dezembro de 2010.

207   Banco Mundial. Disponível em: <http://datos.bancomundial.org/indicador/SP.POP.TOTL>. Acesso em: 30 de dezembro de 2010.

208   Banco Mundial. Disponível em: <http://datos.bancomundial.org/indicador/SP.DYN.CBRT.IN>. Acesso em: 30 de dezembro de 2010.

209   Banco Mundial. Disponível em: <http://datos.bancomundial.org/indicador/SP.DYN.TFRT.IN>. Acesso em: 30 de dezembro de 2010.

quantos inocentes poderiam ser assassinados no Brasil caso fosse aprovada em nosso país uma Lei sanguinária, imoral e que fere os direitos humanos, como a aprovada em Portugal.

Nessa esteira, analisando os dados do Banco Mundial, verifica-se que a população brasileira é mais de 18 (dezoito) vezes maior que a população portuguesa; que a taxa de natalidade brasileira é 60% (sessenta por cento) maior que a portuguesa e que a taxa de fecundidade brasileira é o dobro da portuguesa.

Diante desse quadro e seguindo uma projeção, a qual leva em consideração a população brasileira e a taxa de natalidade de nosso país, poderia se chegar com a legalização do aborto no Brasil, à marca de mais de 500.000 (quinhentos mil), isto é, mais de meio milhão de inocentes assassinados por ano no Brasil pela prática de abortamento.

Triste é constatar que ainda haja a necessidade de se defender a vida de seres humanos inocentes e o que é pior que essa necessidade venha crescendo cada vez mais em todo mundo, incluindo o Brasil, onde os que defendem a legalização do aborto, não conseguiram implantar a cultura da morte, em que pese um grande esforço para tanto.

É importante que os caríssimos leitores reflitam sobre os perigos da defesa de um plebiscito sobre a legalização do aborto no Brasil, como foi defendido em 2010, por exemplo, pela então candidata à Presidência da República, Marina Silva.[210]

Com efeito, o perigo está na publicidade e no dinheiro a ser gasto em uma campanha que não deixa de ser política e tendenciosa!!!

Com efeito, lembremos do referendo sobre o desarmamento no Brasil em que três meses antes do pleito, pesquisa Datafolha revelava que nada menos que 80% (oitenta por cento)

---

210 GRELLET, Fábio. Folha Online/Poder/Eleições 2010. Marina defende plebiscito sobre aborto e cita Obama ao justificar posição em pesquisas, de 20 de agosto de 2010. Disponível em:
<http://www1.folha.uol.com.br/poder/786372-marina-defende-plebiscito-sobre-aborto-e-cita-obama-ao-justificar-posicao-em-pesquisas.shtml>. Acesso em: 8 de janeiro de 2011.

A INVIOLABILIDADE DO DIREITO À VIDA

dos entrevistados defendiam a proibição do comércio de armas de fogo e munição[211] resultado este bem diferente dos votos depositados nas urnas em todo o Brasil em que nada menos que 63,94% (sessenta e três, noventa e quatro por cento) dos votos válidos foi no sentido de que o comércio de armas de fogo e munição não deveria ser proibido no Brasil, sendo certo ainda que o "sim" (pela proibição) não saiu vitorioso em nenhum dos Estados da Federação e nem tampouco Distrito Federal.[212]

Quero dizer que os pontos cruciais do nosso posicionamento e da razão para que tenhamos comentado o referendo sobre o comércio de armas e munições, estão no marketing e na publicidade que sem qualquer dúvida houve no caso do referendo sobre a proibição do comércio de armas e munições, uma vez que de um lado havia a indústria bélica com seu poderio econômico e de outro, movimentos sociais e organizações não governamentais, como a ONG Viva Rio, desprovidas de recursos financeiros para uma campanha desigual.

Sem nenhuma dúvida, o marketing da indústria bélica conseguiu convencer a população brasileira, especialmente àqueles que infelizmente não possuem acesso à informação, de que deveriam votar contra a proibição, o que de fato ocorreu, conforme comparação entre a pesquisa Datafolha três meses antes do pleito e o resultado oficial das urnas.

Visto isso, cumpre assinalar que conforme assinalado no Capítulo V desta obra, em pesquisa Datafolha, divulgada em outubro de 2010, apenas 7% (sete por cento) dos entrevistados apoiaram a descriminalização do aborto no Brasil, sendo certo que este é o

---

211   SCHIVARTCHE, Fabio; RAMOS, Victor. BRASIL. Folha.com/Cotidiano. 80% são contra a venda de armas no Brasil, de 1° de agosto de 2005. Disponível em: <http://www1.folha.uol.com.br/folha/cotidiano/ult95u111544.shtml>. Acesso em: 30 de dezembro de 2010.

212   Folha.com/Cotidiano/Especial 2005 – Referendo sobre a venda de armas – Apuração (fonte: TSE), em 25 de outubro de 2005. Disponível em: <http://aovivo.folha.uol.com.br/folha/especial/2005/referendododesarmamento/apuracao.html>. Acesso em 31 de dezembro de 2010.

melhor resultado em favor da vida, desde 1993, quando o instituto de pesquisa começou a série histórica de perguntas sobre o tema aborto.

É justamente nessa feliz notícia que demonstro minha real preocupação com a simples hipótese de um plebiscito ou referendo no Brasil para que os cidadãos pudessem decidir sobre a legalização do aborto neste país.

Com efeito, o que se deve temer é que um eventual plebiscito ou referendo no Brasil, possibilitando aos cidadãos escolherem se decidem pela legalização ou não do aborto, abriria a possibilidade de ocorrer o mesmo que se verificou em relação à proibição do comércio de armas e munições em que a três meses do pleito, o instituto de pesquisa Datafolha indicava uma vitória da proibição com uma incrível marca de 80% (oitenta por cento) dos votos e que nas urnas os cidadãos decidiram pela não proibição com 63,94% (sessenta e três, noventa e quatro por cento) dos votos válidos, não tendo em nenhuma unidade da federação ocorrido a vitória do "sim", conforme anteriormente assinalado.

A verdade é que aqueles que defendem a legalização do aborto teriam muito mais dinheiro para fazer marketing, inclusive com o apoio de pessoas conhecidas no Brasil, o que nos leva à infeliz conclusão de ser grande a chance de uma "legalização" popular, em que pese, ainda que aprovado pelo povo, ser a mesma inconstitucional por ferir à Constituição, especialmente no que se refere à dignidade de cada pessoa humana, aí incluído inexoravelmente à do já concebido, por já ser o mesmo dotado de vida.

O que se verifica na fala e na escrita de parte dos veículos de comunicação, especialmente no ocidente é que todos os que são contrários ao aborto são retrógrados, ultrapassados, submissos e que ao contrário, progressistas e esclarecidos são os favoráveis ao aborto.

Independentemente de convicção política, filosófica ou religiosa, penso que a defesa da vida humana é uma questão ética, moral e, sobretudo, jurídico-constitucional, uma vez que não pode haver a supressão de uma vida humana sem que haja qualquer penalidade para o seu infrator, senão estará se perdendo todo senso do que é certo e do que é errado, o que é inadmissível em pleno século XXI.

A Inviolabilidade do Direito à Vida

Nesse diapasão, interessante apontar uma entrevista concedida pela saudosa Dra. Zilda Arns, fundadora da Pastoral da Saúde; entrevista essa que infelizmente não me recordo a data, nem tampouco o canal de televisão. Contudo, não poderia deixar de lembrar as palavras da Dra. Zilda, a qual ajudou a salvar tantas crianças e por elas deu sua vida, em que a mesma fez um paralelo entre a legalização do aborto e a do roubo, especialmente no que tange à falácia de que mulheres, sobretudo as mais pobres, estariam morrendo por fazerem abortos sem condições em clínicas clandestinas.

Da entrevista concedida naquela ocasião pela Dra. Zilda, permito-me resumir assim o seu raciocínio: "Imaginemos um exemplo: por estar crescendo o número de assaltantes que acabam morrendo por confrontos com a polícia, após a prática de crime, o governo passasse a permitir a prática de roubo para que os assaltantes pudessem roubar livremente sem serem incomodados pela polícia, não havendo assim, mais qualquer tipo de confronto que pudesse lhes ocasionar um mal maior. Com esse exemplo, um tanto fatidicamente descabido, torna-se descabida também a defesa de legalização de aborto, por dizer que a prática ilegal deste, vitima mulheres".

Penso que a Dra. Zilda quis dizer que não pode deixar de haver a aplicação de uma dada punição àquele que comete um determinado crime, principalmente se estiver em questão, o principal de todos os direitos, que é o direito à vida, uma vez que o que deve ser resguardada em primeiro lugar é a vítima e não o infrator, embora este deva ser tratado de forma digna, respeitando-se todos os seus direitos como pessoa humana que também é.

Aliás, nessa esteira, colhe-se da doutrina abalizada do professor Genival Veloso de França que "o fato de ser o aborto uma prática difundida, mesmo ao arrepio da lei, não justifica, pura e simplesmente, sua legalização. As leis têm sempre, além de sua ação punitiva, o caráter educativo e purificador".[213]

Nessa perspectiva, o que se deve anotar e se pode concluir por todo o exposto no presente Capítulo é que a questão da legalização

---

213   FRANÇA, Genival Veloso de. Medicina legal. 7ª Edição, Rio de Janeiro: Guanabara Koogan, 2004, p. 235.

do aborto no Brasil (em que pese ser impossível, conforme fundamentado jurídico-constitucionalmente especialmente nos Capítulos III e IV da presente obra), não pode ser banalizada ao ponto único de se defender a mesma, fundamentando-se pura e simplesmente na premissa de que mulheres que abortam não merecem também cadeia, mas apenas tratamento.

Ao contrário, legalizar o aborto no Brasil (frisa-se, caso isso fosse possível jurídico-constitucionalmente, o que não é) é permitir que definitivamente se instaure em terras brasileiras a "cultura da morte", chancelando o Estado com dinheiro público, a morte de milhares e milhares de inocentes sem qualquer punição a quem cometer tal bárbaro crime.

Portanto, o exemplo português demonstra por si só a falsidade de inúmeras premissas que antes da legalização do aborto naquele país-irmão se dizia, conforme assinalado neste Capítulo e que hoje se constata como mentirosas, o que inexoravelmente ocorre após a legalização do aborto em todo e qualquer país, uma vez ser o discurso da legalização, o mesmo em todo e qualquer Estado em que se busca a chancela e a contribuição estatal para a pena de morte de seres humanos inocentes.

Capítulo VIII

A Lei de Biossegurança e o Uso de Células--Tronco Embrionárias em Pesquisas Científicas

1. ANÁLISE GERAL DA TEMÁTICA

Preliminarmente, cumpre esclarecer de imediato que a análise da temática deste Capítulo, sem dúvida alguma inserida com grande importância no tema desta obra, não se encontra amparada em questões de natureza religiosa, mas sim, em questões científicas, bioéticas e, sobretudo, em questões jurídico-constitucionais, observando-se todas as questões interdisciplinares que perpassam a matéria.

Visto isso, com o devido respeito ao Supremo Tribunal Federal, o qual detém dentre outras, a competência conferida pela Constituição da República, no sentido de resguardá-la de toda e qualquer norma que a ela não observe e/ou contrarie, merece ser contestada a decisão tomada pela maioria dos membros da Corte, os quais, nos termos do voto do eminente relator, Ministro Carlos Ayres Brito, julgaram improcedente a Ação Direta de Inconstitucionalidade nº 3510[214], ajuizada pelo então Procurador-Geral da República, Dr. Claudio Fonteles.

Para tanto, cumpre-se destacar, desde já, as razões jurídicas para o ajuizamento da referida ação.

---

214 Tribunal Pleno. *ADI nº 3.510/DF*. Rel: Min. Carlos Britto. 29 de maio de 2008. Disponível em: <www.stf.jus.br>. Acesso em: 19 de outubro de 2010.

A ação proposta tinha por objetivo a declaração da inconstitucionalidade do Artigo 5° e seus parágrafos da Lei n° 11.105, de 24 de março de 2005 — Lei de Biossegurança pelo Supremo Tribunal Federal, o qual incumbe à guarda da Constituição da República, por sua incompatibilidade com o Artigo 1°, III, que traz a dignidade da pessoa humana como fundamento da República e com o Artigo 5°, *caput*, o qual consagra a inviolabilidade do direito à vida, ambos dispositivos do Texto Constitucional.

Visto isso, partimos para a análise do Artigo 5° e seus §§, da Lei de Biossegurança, cuja inconstitucionalidade foi arguida pelo Procurador Geral da República, não obstante, posteriormente, fosse tal arguição julgada improcedente por maioria de votos.

Assim dispõe o Artigo 5° e seus §§, da Lei de Biossegurança:

> *"Artigo 5° É permitida, para fins de pesquisa e terapia, a utilização de células-tronco embrionárias obtidas de embriões humanos produzidos por fertilização in vitro e não utilizados no respectivo procedimento, atendidas as seguintes condições:*
> *I - sejam embriões inviáveis; ou*
> *II - sejam embriões congelados há 3 (três) anos ou mais, na data da publicação desta Lei, ou que, já congelados na data da publicação desta Lei, depois de completarem 3 (três) anos, contados a partir da data de congelamento.*
> *§ 1° Em qualquer caso, é necessário o consentimento dos genitores.*
> *§ 2° Instituições de pesquisa e serviços de saúde que realizem pesquisa ou terapia com células-tronco embrionárias humanas deverão submeter seus projetos à apreciação e aprovação dos respectivos comitês de ética em pesquisa.*
> *§ 3° É vedada a comercialização do material biológico a que se refere este Artigo e sua prática implica o crime tipificado no Artigo 15 da Lei n° 9434, de 4 de fevereiro de 1997."*

Diante da redação da norma supracitada, mostra-se útil tecer algumas considerações sobre itens importantes incluídos na redação do supracitado dispositivo legal.

Assim, o que seriam células-tronco embrionárias? Já haveria nelas, vida humana a ser tutelada pelo direito?

A Inviolabilidade do Direito à Vida

O Decreto nº 5.591, de 22 de novembro de 2005, o qual regulamenta dispositivos da Lei nº 11.105, de 24 de março de 2005, que por sua vez regulamenta os incisos II, IV e V do § 1º do Artigo 225 da Constituição, e dá outras providências, estabelece no inciso XII, de seu Artigo 3º que células-tronco embrionárias são células de embrião que apresentam a capacidade de se transformar em células de qualquer tecido de um organismo.

Conforme se pode constatar por sua redação, optou o Chefe do Executivo em conceituar as células-tronco embrionárias de forma superficial sem adentrar no mérito do que de fato são.

Com efeito, o conceito de células-tronco embrionárias foge ao campo jurídico, obrigando o operador do direito a se socorrer da biomedicina.

No entanto, antes de se chegar até tal conceito, se mostra muito importante trazer à baila o que é um embrião, uma vez que este se encontra intimamente ligado à ideia de células-tronco embrionárias, conforme se constatará mais à frente diante do que são essas últimas.

Com efeito, o termo "embrião", traz consigo a designação do ser humano do início de sua vida, através da fecundação do óvulo pelo espermatozoide, até o final da oitava semana de gestação.[215]

Desse modo, é inegável que o início da vida humana só pode coincidir com o preciso instante da fecundação de um óvulo feminino por um espermatozoide masculino, momento este em que a mulher engravida, acolhendo o zigoto e lhe propiciando um ambiente próprio para o seu desenvolvimento.

Assim, um gameta masculino, com seus vinte e três cromossomos, ao se fundir com um gameta feminino, também portador de igual número de cromossomos, forma a unitária célula em que o zigoto consiste, o qual é um ser humano embrionário.

Nessa esteira em Artigo publicado no jornal "O Estado de São Paulo", citado por Laura Knapp, elucida o professor Daniel Serrão, que "(...) quanlo metade da informação feminina e metade da

---

215   MARTINS, Ives Gandra da Silva (coordenação). *Op. cit.*, p. 228.

informação masculina se juntam, criam uma informação específica, criam um genoma. Assim, instala-se uma vida humana, porque no genoma está o projeto de desenvolvimento do indivíduo. Não há nenhuma diferença entre o valor do embrião e o valor humano do embrião quando sai do útero. Ele é uma vida humana, um projeto de vida. Poucos minutos após a fecundação, constituem-se os 46 cromossomos e, ali, dá-se o início da vida, acrescentando: "Isto é verdade científica." Posteriormente, há o desenvolvimento do ser humano com a diferenciação pelas combinações genéticas e pelas influências que recebe do ambiente, pois o meio exterior à célula também exerce influência sobre a informação do DNA. (...) Quem destrói uma vida humana ofende a própria dignidade biológica do ser humano".[216]

Ainda nessa perspectiva, assinalando a questão do genoma humano, o qual é formado pelo conjunto de todas as sequências de DNA que nos caracterizam do ponto de vista biológico, sendo a sequência dos 23 (vinte e três) pares de cromossomos do núcleo de cada célula humana diploide, é interessante apontar aqui, inclusive, que a Declaração de Gijón, Espanha sobre Bioética, produto do I Congresso Mundial de Bioética, de 20 a 24 de junho de 2000, observa e recomenda que "O genoma humano é patrimônio da humanidade, e como tal não é patenteável".[217]

Visto isso, sem se prender a outros conceitos da biomedicina no tocante às questões envolvidas às células-tronco embrionárias, o que não seria em si o objeto da presente obra, traz-se à baila o que são as referidas células-tronco embrionárias e sua diferença em relação às células-tronco adultas.

Desse modo, quando se fala em células-tronco adultas está a se referir àquelas existentes em todos os órgãos do corpo humano, especialmente na medula óssea, tendo as mesmas, a prerrogativa de recompor as células mortas, tendo desse modo, "poder" regenerativo.

---

216 KNAPP, Laura. Destruir embriões é usar a pena de morte. *O Estado de São Paulo*, São Paulo, 2001, p. A12.

217 ESPANHA. *Declaração Bioética de Gijón*, 2000. Disponível em: <http://www.sibi.org/ddc/bio.htm>. Acesso em: 15 de março de 2011.

A Inviolabilidade do Direito à Vida

Já as células-tronco embrionárias são aquelas que se encontram presentes no embrião, nos primeiros cinco a sete dias de sua existência, sendo obtidas através da morte, da destruição do embrião.[218]

Em suma, as células-tronco embrionárias são obtidas mediante destruição e morte do embrião, o que não ocorre com as células-tronco adultas, que são obtidas sem causar dano àquele do qual são extraídas e a quem visam beneficiar terapeuticamente".[219]

Assim, conforme assinalado no parágrafo anterior, observando-se que as células-tronco embrionárias são obtidas às custas da destruição e morte de embriões, deve-se assinalar e frisar que tal prática foi rechaçada no já citado I Congresso Mundial de Bioética, realizado em 2000 em Gijón, Espanha, conforme se verifica através de trecho da Declaração Bioética de Gijón, a qual assevera que "o uso de células-troncos para fins terapêuticos deve ser permitida desde que a obtenção dessas células não implique em destruição de embriões".[220]

Nesse diapasão, é impossível negar que há vida no embrião, o que o torna protagonista do seu processo de hominização e detentor de dignidade, tendo o útero feminino, um papel importante, uma vez que é ele o *habitat* do embrião, além de fonte supridora de alimento do mesmo, sem poder dizer que seria o embrião algo pertencente àquela que o gera, sob pena de "coisificar" o ser humano.

Ademais, especificamente no tocante à matéria, a retirada das células-tronco de um embrião *in vitro* destrói o mesmo, o que de certo modo, faz-se lembrar do abominável aborto, uma vez que iniciando a vida humana na, e a partir da concepção, já existe, como já assinalado outrora, vida humana no produto da concepção, fazendo-se que tal prática venha a pôr fim na vida de um ser humano.

Dizer que o embrião é menos pessoa humana que aquele que já nasceu, seria o mesmo que dizer que há hierarquia entre seres humanos no ordenamento jurídico brasileiro, de acordo com

---

218   MARTINS, Ives Gandra da Silva (coordenação). *Op. cit.*, p. 230.

219   MARTINS, Ives Gandra da Silva (coordenação). *Op. cit.*, p. 230.

220   ESPANHA. Declaração Bioética de Gijón, 2000. Disponível em: <http://www.sibi.org/ddc/bio.htm>. Acesso em: 15 de março de 2011.

183

seu estágio de vida, o que violaria, sem dúvida nenhuma, a Constituição da República de 1988 e o Pacto de São José da Costa Rica, como fora analisado na presente obra.

Assim, não é legitimo, sendo na verdade inconstitucional dizer que os seres humanos têm maior ou menor valor, o que resultaria em variação do grau de proteção igualitário que todos fazem jus pelo simples fato de ser pessoa humana.

Visto isso, importa lançar outra indagação: O que seriam embriões inviáveis?

Novamente recorrendo-se ao supracitado Decreto n° 5.591/2005, encontra-se consubstanciado no inciso XIII, de seu Artigo 3° que embriões enviáveis são "aqueles com alterações genéticas comprovadas por diagnóstico pré implantacional, conforme normas específicas estabelecidas pelo Ministério da Saúde, que tiveram seu desenvolvimento interrompido por ausência espontânea de clivagem[221] após período superior a vinte e quatro horas a partir da fertilização *in vitro*, ou com alterações morfológicas que comprometam o pleno desenvolvimento do embrião".

Vejamos, pois, no supracitado dispositivo do decreto presidencial a coisificação do ser humano no seu estágio embrionário. Sim, pois o que se verifica em tal dispositivo é a expressão mais pura de uma espécie de controle de qualidade dos embriões, o que inexoravelmente coloca como embriões enviáveis àqueles que possuem algum tipo de deficiência, ainda que mínima, a exemplo da Síndrome de *Down*.

Assim, o que se busca, não deixa de ser uma seleção artificial do ser humano, o que é inadmissível frente à Constituição da República, a qual, além de reconhecer a vida humana como inviolável e a dignidade da pessoa humana como fundamento de nossa República, inseriu no inciso IV, de seu Artigo 3°, como um dos objetivos de nossa República, a promoção do bem de todos, sem preconceitos de origem, raça, sexo, cor, idade e quaisquer outras formas de discriminação.

---

221 Termo utilizado em embriologia relativo à divisão celular que ocorre nos embriões.

Quanto ao inciso II, do Artigo 5º da Lei de Biossegurança, em que pese o mesmo ser autoexplicativo, cumpre anotar que encontra-se consubstanciado no inciso XIV, do Artigo 3°, do Decreto que regulamentou a referida Lei, que embriões congelados disponíveis são aqueles congelados até o dia 28 de março de 2005, depois de completados três anos contados a partir da data do seu congelamento.

Acerca dos prazos de congelamento no direito comparado, leciona Adriana Maluf que "a legislação dos diversos países impõe prazos muito diferentes para a criopreservação. O Warnock Report, do Reino Unido, recomenda dez anos de criopreservação. Na França, esse prazo é de cinco anos, também adotado pela Espanha, que prevê, em seu teor, quando excedido esse prazo, obrigação de sua destruição. Na Dinamarca, os que sobram são destruídos logo após a fertilização, sem necessidade de criopreservação. Outros países defendem a ideia da doação de embriões para fins de pesquisa, como ocorre nos Estados Unidos e na Bélgica. Na Alemanha, não se permite gerar mais embriões do que o que se necessita implantar".[222]

Cumpre ressaltar inclusive, que na Alemanha, a Lei nº 745, de dezembro de 1990, impede a criação de embriões excedentários, punindo violações à lei, as quais são consideradas ofensas criminais passiveis até mesmo de prisão de até três anos.[223]

Feitas tais considerações iniciais relativas à análise do Artigo 5º da Lei de Biossegurança, o qual foi objeto de ação direta de inconstitucionalidade e à parte conceitual da matéria, em especial no que tange à biomedicina, passamos à análise das questões jurídicas envolvidas na matéria, que ora se propõe a analisar.

Sendo assim, nesse momento se fazem necessárias as seguintes indagações: Afinal, para o direito brasileiro, quando se inicia a vida humana? A partir de qual momento, o direito pátrio tutela a vida humana?

---

222   MALUF, Adriana Caldas do Rego Freitas Dabus. *Curso de bioética e biodireito*. São Paulo: Atlas, 2010, p. 114.

223   BARBAS, Stela Marcos de Almeida Neves. *Direito ao patrimônio genético*. Coimbra: Almedina, 1998, p. 84.

É bem verdade que a Constituição da República Federativa do Brasil, em que pese reconhecer a inviolabilidade do direito à vida em seu Artigo 5°, não assevera de forma explicita a partir de quando se reconhece a vida humana como um direito inviolável de cada ser humano,[224] conforme foi devidamente analisado anteriormente nesta obra.

Diante de tal situação de aparente insegurança jurídica, busca-se na Ciência, saber a partir de quando se inicia a vida humana.

Assim, diante dos ensinamentos da mais conceituada Ciência, a qual considera que a vida humana se inicia com a concepção, tal intelecção foi incorporada ao Direito, especialmente no que pertine aos ordenamentos jurídicos de todos os países signatários do Pacto de São José da Costa Rica, analisado no Capítulo III desta obra.

Nessa perspectiva, cumpre assinalar que também sob a ótica jurídica, amparada na mais conceituada Ciência, não há como não mencionar e adotar a tese no direito brasileiro, de que a vida se inicia a partir da concepção, uma vez que o já inúmeras vezes citado nesta obra, Pacto de São José da Costa Rica, aprovado em 22 de novembro de 1969, o qual entrou em vigor no plano internacional no dia 18 de julho de 1978, tendo sido ratificado pelo Brasil em 25 de setembro de 1992, ingressou no ordenamento jurídico pátrio não como simples Lei ordinária, mas como norma de caráter supralegal ou, seguindo entendimento de alguns ministros do Supremo Tribunal Federal, até mesmo, como norma dotada de dignidade constitucional.

Tais posicionamentos encontram-se consubstanciados em voto do Ministro Celso de Mello, o qual em sede do *Habeas Corpus* n° 87.585/TO[225], defendeu o *status* constitucional dos tratados internacionais de direitos humanos; tendo o mesmo ocorrido em voto

---

224 Diferente, por exemplo, da Constituição Política da República do Chile de 1980, a qual consagrou em seu Artigo 19 e item 1° que "a Constituição assegura a todas as pessoas: 1° - O direito a vida e a integridade física e psíquica da pessoa. A Lei protege a vida do que está para nascer [nascituro]". (tradução livre)

225 Tribunal Pleno. *HC n° 87585/TO*. Rel: Min° Marco Aurélio. 03 de dezembro de 2008. Disponível em: <www.stf.jus.br>. Acesso em: 25 de outubro de 2010.

proferido pelo Ministro Gilmar Mendes, em sede do Recurso Extraordinário n° 466.343/SP[226], o qual defendeu a tese de que as convenções internacionais acerca de direitos humanos, teriam o *status* de direito supralegal, estando, desse modo, hierarquicamente, acima das leis ordinárias, porém, abaixo da Constituição da República.

Interessante esclarecer que no âmbito dos referidos julgamentos, alguns ministros do Pretório Excelso, atribuíram aos tratados internacionais que versem sobre direitos humanos, classificação, no mínimo, superior às normas que integram a legislação comum.

Dessa forma, levando-se em consideração a prevalência dos tratados internacionais sobre direitos humanos sobre as leis ordinárias, nesta se incluindo a Lei n° 11.105, de 24 de março de 2005, objeto da Ação Direta de Inconstitucionalidade n° 3510, não se pode chegar à outra conclusão de que a vida humana, também do ponto de vista jurídico-legal brasileiro, começa a partir da concepção, isto é, a partir do encontro do espermatozoide com o óvulo, desenvolvendo-se continuamente.

2. O DIREITO ALIENÍGENA E AS PESQUISAS COM CÉLULAS-TRONCO EMBRIONÁRIAS

Assim como ocorreu e porque não dizer, ocorre no Brasil, o uso de células-tronco embrionárias em pesquisas científicas no mundo inteiro é cercado de discussões, havendo países em que tais pesquisas são juridicamente possíveis; enquanto em outros, existe a vedação explícita ou implícita por a mesma afrontar a inviolabilidade do direito à vida.

Não se terá a pretensão de trazer a posição de cada país sobre a matéria, o que exigiria até mesmo um estudo específico da legislação de cada um deles. Assim, se apresentará a visão de alguns países da Europa; além da visão dos Estados Unidos acerca da pesquisa com células-tronco embrionárias.

---

226 Tribunal Pleno. *RE n° 466343/SP*. Rel: Min° Cezar Peluso. 03 de dezembro de 2008. Disponível em: <www.stf.jus.br>. Acesso em: 25 de outubro de 2010.

A Alemanha permite a pesquisa embrionária apenas com linhagens importadas obtidas até maio de 2007 (inicialmente o marco temporal se dava em janeiro de 2002, ano de criação da norma que disciplinou tais pesquisas na Alemanha, tendo havido ampliação do prazo em mais de cinco anos, em fevereiro de 2008, após acordo entre as partes interessadas), razão pela qual pode-se concluir que neste país, embora seja proibida a criação de células--tronco embrionárias, autoriza-se, por outro lado, a pesquisa embrionária com linhagens importadas, nas estritas condições prescritas na legislação alemã que rege a matéria.

Na Áustria[227], nos termos da Lei de Medicina Reprodutiva de 1992, é proibida a criação de embriões humanos que não sejam destinados à procriação medicamente assistida, razão pela qual fica vedada a pesquisa com a utilização de embriões humanos, o que até então demonstraria respeito do legislador austríaco aos seres humanos embrionários. Porém, não é isso que ocorre, uma vez que os embriões que não forem implantados no útero após o prazo de um ano deverão ser destruídos, o que coloca fim a vidas humanas em estágio embrionário.

Nos Estados Unidos, antes do início do mandato do presidente Barack Obama, era vedado o uso de dinheiro público para o financiamento de pesquisas científicas que utilizassem células--tronco embrionárias, sendo certo que tais pesquisas científicas, quando financiadas pela esfera privada, não eram sujeitas a qualquer regulamentação pela maioria dos cinquenta Estados mais o Distrito Federal daquele país, uma vez que apenas cerca de vinte por cento dos Estados havia norma de regência da matéria.

Ocorre que, logo no início de seu mandato, o presidente Obama assinou o decreto onde passou a permitir a destinação de recursos públicos para o financiamento de pesquisas científicas com células-tronco embrionárias.

Na Grécia, o uso de seres humanos embrionários em pesquisas científicas é permitido desde que cumulativamente,

---

227 Disponível em: <http://www.ghente.org/temas/celulas-tronco/discussao_europeus.htm#>. Acesso em: 30 de junho de 2011.

A Inviolabilidade do Direito à Vida

tenha o embrião no máximo 14 (quatorze) dias de vida; haja a autorização por escrito dos doadores e seja aprovada pelo Comitê de Ética. Além disso, nesse país, serão destruídos todos os embriões que estiverem armazenados após o período de 1 (um) ano.

Na Inglaterra, a pesquisa com células-tronco embrionárias é permitida desde o ano 2000, sendo certo que para a investigação médica visando a aferição de doenças genéticas é permitida o uso de embriões humanos desde 1990, chegando, inclusive, ser permitida em tal país a criação de embriões humanos para fins exclusivos de pesquisa, havendo, para tanto, a exigência de consentimento dos doadores do material genético, o que demonstra certa incoerência em se dizer que há um respeito absoluto aos direitos humanos pela Inglaterra.

Em Portugal[228], a pesquisa com células-tronco embrionárias é proibida, por força do Decreto nº 135/VII, de 1997, publicado pelo Conselho de Ministros, o qual proíbe a "criação ou a utilização de embriões para fins de investigação", permitindo-se tão somente a investigação médica que venha a beneficiar o próprio embrião.

Na Suécia[229], de acordo com o Ato de 1991, não há vedação quanto ao uso de embriões humanos em pesquisas científicas, havendo impedimento legal apenas para a criação de embriões humanos com fins exclusivamente para pesquisas. Nesse país, o uso de embriões em pesquisa será aceito na hipótese de não haver outra alternativa para a obtenção de resultados equivalentes sem o uso dos mesmos, bem como se o projeto for essencial para o avanço científico no tocante às pesquisas com células-tronco; sendo certo que serão utilizados embriões humanos que estejam congelados há mais de cinco anos, devendo, ainda haver a autorização dos doadores para tanto.

Portanto, como se pode constatar, inexiste um consenso mundial acerca da utilização de embriões humanos em pesquisas

---

228 Disponível em: <http://www.ghente.org/temas/celulas-tronco/discussao_europeus.htm#>. Acesso em: 30 de junho de 2011.

229 Disponível em: <http://www.ghente.org/temas/celulas-tronco/discussao_europeus.htm#>. Acesso em: 30 de junho de 2011.

científicas, o que demonstra a divergência acerca da violação ou não ao direito à vida por tais pesquisas, razão pela qual se impõe a proibição das pesquisas científicas com o uso de seres humanos embrionários em nível mundial, em homenagem a um dos princípios que rege o Biodireito, qual seja, o princípio *in dubio pro vita*, segundo o qual, conforme já analisado no Capítulo I desta obra, qualquer pesquisa ou experimentação científica, ainda que tenha por objetivo salvar vidas ou curar doenças e enfermidades, que possivelmente possa colocar em risco uma outra vida ou até venha a destruir uma outra vida humana, não poderá ser permitida.

3. O RELATÓRIO E O VOTO DO RELATOR DA AÇÃO DIRETA DE INCONSTITUCIONALIDADE N° 3.510, A COISIFICAÇÃO DO SER HUMANO EMBRIONÁRIO E A CONSEQUENTE AFRONTA À CONSTITUIÇÃO

Apresentada em si a matéria que ora se analisa no presente Capítulo, passamos à análise do voto do Ministro Carlos Ayres Britto, relator da ADI n° 3.510, a qual fora julgada improcedente por maioria de votos dos ministros do Supremo Tribunal Federal, conforme assinalado anteriormente, destacando-se os pontos mais pertinentes no que tange ao direito à vida do ser humano embrionário, sendo certo que a análise crítica será feita do ponto de vista eminentemente jurídico-constitucional, o que será um trabalho árduo, haja vista o marcante brilhantismo em todos os votos do eminente Ministro.

Visto isso, convém observar de imediato que o relator em nenhum momento lembra ao longo de seu extenso voto, do Pacto de São José da Costa Rica, o qual reconhece o direito à vida desde a concepção e do qual o Brasil é signatário, sendo certo que conforme analisado no Capítulo III, em nenhum momento o mesmo contraria o Texto Constitucional.

A Inviolabilidade do Direito à Vida

Em que pese isso, colhe-se do voto do Senhor Ministro Relator, Carlos Ayres Britto que "o embrião pré-implanto é um bem a ser protegido, mas não uma pessoa no sentido biográfico a que se refere a Constituição",[230] o que desrespeita por completo o Pacto de São José da Costa Rica, o qual indiscutivelmente conceitua a partir de qual momento deve ser entendido como reconhecido pela Constituição Brasileira o inviolável direito à vida.

No relatório do relator, encontra-se um trecho da peça jurídica de autoria do advogado público Rafaelo Abritta, utilizada em sede de informações pelo Presidente da República, de onde se extrai que "com fulcro no direito à saúde e no direito de livre expressão da atividade científica, a permissão para utilização de material embrionário, em vias de descarte, para fins de pesquisa e terapia, consubstancia-se em valores amparados constitucionalmente".

Em que pese bastante "sedutora" tal intelecção, a mesma não merece prosperar, isso porque apesar de o direito à saúde e o direito de livre expressão científica serem resguardados e assegurados pelo Texto Constitucional, fato é que em ponderação de valores, utilizando-se do princípio da proporcionalidade, o qual já analisamos no Capítulo I desta obra, não se pode olvidar que antes do início de cada pesquisa ou experimentação científica deverá ser analisada a relação entre de um lado a vida humana e sua dignidade e de outro, o avanço científico.

Assim, sendo certo que o que se pleiteava na ação direta de inconstitucionalidade era a vedação do uso de células-tronco embrionárias, cujas pesquisas não surtiram nenhum efeito até o presente momento; contrariamente ao que diz respeito às pesquisas com células-tronco adultas, nas quais além de não haver a destruição de nenhuma vida humana, independentemente do estágio em que a mesma se encontre, são mais promissoras, já tendo inclusive surtido alguns bons resultados,[231] cumpre assinalar que reali-

---

230 Tribunal Pleno. *ADI n° 3510/DF*. Rel: Min. Carlos Britto. 29 de maio de 2008. Disponível em: <www.stf.jus.br>. Acesso em: 19 de outubro de 2010.

231 A exemplo: BRASIL. ClicRBS/Notícias. *Novo passo contra cegueira – Pesquisadores americanos conseguem, usando células-tronco do próprio paciente, regenerar estru-*

zando uma ponderação entre os valores envolvidos, ao meu sentir, mostra-se equivocada a supracitada defesa.

Já em seu voto, o relator, Ministro Ayres Britto, negando qualquer direito ao ser humano embrionário, assevera que, em seu entender, "pessoas físicas ou naturais" são aquelas que sobrevivem ao parto feminino e por isso seriam contempladas com o atributo do Artigo 2° do Código Civil, do qual se conclui na visão do Ministro, ser preciso vida pós-parto para o ganho de uma personalidade perante o nosso Direito.

Cumpre ressaltar ainda que para o Ministro, conforme se extrai do Parágrafo 57 de seu voto, a personalidade civil se inicia com o nascimento com vida, encerrando-se com a morte cerebral.

De fato, a interpretação isolada do Artigo 2° do Código Civil (equivocadamente, ao meu sentir), leva à conclusão de ter sido adotada entre nós a teoria natalista da personalidade civil.

No entanto, fazendo-se uma interpretação sistemática,[232] especialmente diante do que estabelecem os Artigos 542, 1779 e 1798, todos do mesmo diploma civil pátrio, como já analisado no Capítulo V, chega-se à conclusão de que na verdade ainda que de forma implícita, adota-se entre nós, a teoria concepcionista; mesmo entendimento de grandes doutrinadores civilistas pátrios.

No Parágrafo 21 de seu voto, o Ministro assevera que "é para o indivíduo assim biograficamente qualificado que as leis dispõem sobre o seu nominalizado registro em cartório (cartório de registro civil das pessoas naturais) e lhe conferem uma nacionalidade".

Inicialmente, nesse ponto, nenhum erro há na intelecção do Ministro, esposada em seu voto. Mas o fato de não ser registrado, faz de um ser humano não dotado de direito à vida??? É evidente que não!!! Afinal, se assim for concebido estará por se negar o direito de viver de milhares de brasileiros, os quais não se encontram registrados civilmente no Brasil.

---

turas da retina atingidas pela degeneração macular, de 17 de abril de 2011. Disponível em: <http://www.clicrbs.com.br/especial/rs/bem-estar/19,0,3274705,Novo-passo-contra-cegueira.html>. Acesso em: 23 de abril de 2011.

232 Interpretação da norma jurídica realizada levando-se em consideração o seu conjunto, haja vista a unicidade do sistema jurídico-normativo.

Assim, ao meu sentir, o que faz o eminente Ministro é confundir direito à vida com capacidade jurídica, o que não merece prosperar, haja vista serem coisas distintas, conforme nos elucida o professor André Guilherme Tavares de Freitas, cuja brilhante lição transcrevemos no Capítulo V desta obra, sendo certo que ainda que se adote a teoria natalista, não será constitucionalmente possível negar o reconhecimento ao direito à vida a nenhuma pessoa humana, independentemente do seu estágio de vida.

Um pouco mais a frente, no Parágrafo 22 (o que conclui no parágrafo 24) de seu voto, o Ministro assevera que

> *"a nossa Magna Carta não diz quando começa a vida humana. Não dispõe sobre nenhuma das formas de vida humana pré-natal. Quando fala da "dignidade da pessoa humana" (inciso III do Artigo 1º), é da pessoa humana naquele sentido ao mesmo tempo notarial, biográfico, moral e espiritual (o Estado é confessionalmente leigo, sem dúvida, mas há referência textual à figura de Deus no preâmbulo dela mesma, Constituição). E quando se reporta a "direitos da pessoa humana" (alínea b do inciso VII do Artigo 34), "livre exercício dos direitos (...) individuais" (inciso III do Artigo 85) e até dos "direitos e garantias individuais" como cláusula pétrea (inciso IV do § 4º do Artigo 60), está falando de direitos e garantias do indivíduo-pessoa. Gente. Alguém. (...)."*

Sinceramente, vejo esse trecho do voto do Ministro Ayres Britto com muita preocupação quanto a todo e qualquer tema relacionado ao direito à vida que venha futuramente o Supremo Tribunal Federal se pronunciar a respeito.

Com efeito, o Ministro assinala que a Constituição não diz quando começa a vida humana, não dispondo sobre nenhuma das formas de vida humana pré-natal. Isso é verdade? Sim, isso é verdade! Porém, e o Pacto de São José da Costa Rica? Acaso o mesmo não se encontra em pleno vigor no direito brasileiro? Para responder cada uma dessas questões remeto os caríssimos leitores ao Capítulo III, no qual tratamos melhor a questão e também ao nosso entendimento também consubstanciado no presente capítulo e ao longo de toda esta obra.

Por outro lado, o Ministro afirma com grande autoridade que quando a Constituição fala em dignidade da pessoa humana e se reporta a outros inúmeros direitos da pessoa humana, está por se falar de direitos a alguém, a uma pessoa, ou nos termos do Ministro, a "gente"!

Ao meu sentir, trata-se de uma incoerência do Ministro, uma vez que se for entendido que a Constituição, dentre outras coisas não diz quando começa a vida, como pode-se dizer que ela se refere a "gente" e não ao ser humano embrionário???

Aqui, inexoravelmente o que se vê é o Ministro rebaixando o ser humano embrionário à condição de coisa, negando-lhe direitos que não cabem nem mesmo ao legislador lhes conceder, mas tão somente, lhes reconhecer como fez a nossa Constituição.

Penso que de tal incoerência se extrai que é constitucional ou não, aquilo que os Ministros do Supremo Tribunal Federal, passíveis de erro como todo ser humano, dizem que é!

É bem verdade que até mesmo para que haja segurança jurídica, deve haver um tribunal que venha resguardar a supremacia da Constituição. Contudo, penso ser cada vez mais urgente em nosso país, a aprovação de uma emenda constitucional que elimine a vitaliciedade dos membros do Supremo Tribunal Federal, inclusive, outorgando-lhes mandatos fixos (longos, mas não vitalícios como atualmente, até mesmo visando assegurar que não seja comprometida a imparcialidade dos juízes), o que conta com o apoio, inclusive, do ex-presidente do Conselho Federal da Ordem dos Advogados do Brasil, Doutor Cezar Britto.[233]

Convém esclarecer que há propostas nesse sentido, tramitando no Congresso Nacional, como a Proposta de Emenda à Constituição nº 342, de 2009[234], dentre outras, as quais possibilitarão ao

---

233 BRASIL. Estado de São Paulo online/Política. *Presidente da OAB apoia mandato para ministros do STF*, de 6 de janeiro de 2009. Disponível em: <http://www.estadao.com.br/noticias/nacional,presidente-da-oab-apoia-mandato-para-ministros-do-stf,303262,0.htm>. Acesso em: 23 de abril de 2011.

234 Altera dispositivos constitucionais referentes à composição do Supremo Tribunal Federal.

Supremo Tribunal Federal a periódica oxigenação de seus membros, não mais dependendo que estes completem setenta anos no cargo ou que venham a falecer ou pedir exoneração.

Cumpre assinalar que a interpretação da Constituição, atualmente deve ser feita por todos os órgãos estatais, por todos os grupos e não apenas por juízes e tribunais, ainda que a palavra "final" sobre a matéria seja de competência de um Poder estatal, no caso, o Judiciário.

Visto isso, voltando-se à análise de seu voto, cumpre assinalar que no Parágrafo 23 do mesmo, o Ministro assinala que o termo "criança" insculpido no Texto Constitucional, em seu Artigo 227 e seus §§ 1º, 3º (inciso VII), 4º e 7º o "faz na invariável significação de indivíduo ou criatura humana que já conseguiu ultrapassar a fronteira da vida tão somente intrauterina"; mesma situação da Lei nº 8.069, de 13 de julho de 1990 – Estatuto da Criança e do Adolescente (E.C.A.), a qual estabelece que é tida como criança quem não completou 12 anos de idade, a contar do primeiro dia de vida extrauterina.

A intelecção do Ministro, ao meu sentir, novamente não convence, uma vez que o que se verifica nos supracitados dispositivos constitucionais, bem como do E.C.A. são normas relativas à criança o que não dá margem para se afirmar não serem assegurados direitos ao ser humano em seu estágio embrionário. Outra questão a ser rebatida é o fato de o Ministro afirmar (ou pelo menos dar a entender) que vida humana seria a extraútero, uma vez que tais dispositivos desconsideram o tempo que o ser humano viveu no estágio de embrião e de feto.

Ora, é assim, e não poderia ser de outra forma, pois com certeza, qual pessoa humana poderia afirmar com certeza a data em que foi concebida? É evidente que comemoramos o nosso aniversário na data em que se inicia nossa vida extraútero, não porque desprezamos os nove, oito, sete, seis e até mesmo cinco meses de nossa vida intraútero, mas sim, por não sabermos ao certo a data que se iniciou a nossa vida na, e a partir da concepção.

No Parágrafo 27 de seu voto, o Ministro apresenta o Artigo 9º da Lei de Transplantes, a qual dispõe que "é vedado à gestante dispor de tecidos, órgãos ou partes de seu corpo vivo, exceto quando se tratar de doação de tecido para ser utilizado em transplante de medula óssea e o ato não oferecer risco à saúde do feto"; e ainda os Artigos 123 a 128, do Código Penal, para afirmar que "a dupla referência legal ao vocábulo "gestante" (evidencia que) o bem jurídico a tutelar contra o aborto é um organismo ou entidade pré-natal, quer em estado embrionário, quer em estado fetal, mas sempre no interior do corpo feminino. Não em placa de Petri, cilindro metálico ou qualquer outro recipiente mecânico de embriões que não precisarem de intercurso sexual para eclodir".

O que deve ser destacado é que independentemente da tutela que o direito penal dê ao ser humano embrionário, ele não deixa de ser vida humana, ainda que não esteja no interior do corpo feminino, uma vez que conforme inúmeras vezes frisado nesta obra, à luz dos ensinamentos do grande geneticista francês Jérôme Lejeune, como também da professora Maria Helena Diniz, a vida humana se inicia com a concepção.

Afinal, se porventura, ainda que de forma inconstitucional se revogasse o Artigo 121 do Código Penal Brasileiro e passasse a ser permitido matar até o pronunciamento do Supremo Tribunal Federal, deixaria de haver vida humana, independentemente de ser a mesma reconhecida como inviolável pelo legislador pátrio?

É evidente que não! O que faz da vida humana inviolável não é o fato de ser a mesma reconhecida pelo legislador, uma vez que se frise, o legislador não tem a autoridade para conceder o direito à vida ao ser humano, até porque desde a concepção o mesmo já possui tal direito, razão pela qual, cabe seja ao poder constituinte originário ou ao derivado, tão somente reconhecê-lo, o que parece que vem sendo esquecido ou ao menos desprestigiado pelos poderes constituídos em nosso país.

Em ato contínuo, no Parágrafo 28 de seu voto, o eminente Ministro, desconsiderando não só o entendimento científico, mas a própria lógica da natureza, assinala que a vedação do aborto pelo direito brasileiro não significa o reconhecimento legal de que em toda gravidez humana já esteja pressuposta a presença de pelo menos duas pessoas: a da mulher grávida e a do ser em gestação, uma vez que tal interpretação ensejaria afirmar que são inconstitucionais as hipóteses em que o aborto não é punido.

De fato, é por estar firme no ensinamento de renomados cientistas da área de biologia genética, no sentido de que em toda gravidez humana já está pressuposta a presença de pelo menos duas vidas humanas distintas é que defendemos no capítulo V, a revogação do Artigo 128 do Código Penal pela Constituição da República Federativa do Brasil.

Já no Parágrafo 29 de seu voto, o Ministro assina que o embrião e o feto nada mais têm que a potencialidade de se tornar um dia uma pessoa humana; asseverando de forma expressa que "o embrião é o embrião, o feto é o feto e a pessoa humana é a pessoa humana", indo mais além para (com todo respeito) fazer uma absurda comparação de um ser humano com "a planta e a semente", "a chuva e a nuvem", "a borboleta e a crisálida", "a crisálida e a lagarta", asseverando que "ninguém afirma que a semente já seja planta, a nuvem, a chuva, a lagarta a crisálida, a crisálida, a borboleta".

Com o devido respeito, o que faço não por formalismo, mas de forma natural e gratuita, é totalmente desproporcional à luz da Constituição da República comparar seres humanos embrionários ou no estágio de feto humano com a semente em relação à planta, por exemplo. Afinal, a planta e a semente gozam de dignidade humana, a qual é fundamento de nossa República? Ou agora irá se dizer que o ser humano deve ser colocado em patamar abaixo das plantas e sementes?

Sem sombra de dúvida, se forem respondidas de forma afirmativa tais indagações estará por se "rasgar" a Carta Magna, a qual tem o princípio da dignidade da pessoa humana como *locus* hermenêutico da nova interpretação constitucional.

Nos Parágrafos 30 e 31 de seu voto, o Ministro Carlos Ayres Britto, finalmente e para nossa grata surpresa ensaia a princípio, um possível reconhecimento de que o embrião, independentemente de já estar implantado no útero materno ou não, é um ser humano, o que mais à frente se desmorona, uma vez que embora inicialmente tenha asseverado que "o início da vida humana só pode coincidir com o preciso instante da fecundação de um óvulo feminino por um espermatozoide masculino"; afirma, no entanto, posteriormente que o "insubstituível início de vida é uma realidade distinta daquela constitutiva da pessoa física ou natural (...) porque assim é que preceitua o Ordenamento Jurídico Brasileiro".

No meu sentir, tal entendimento é equivocado, uma vez que o Pacto de São José da Costa Rica permanece em pleno vigor no ordenamento jurídico brasileiro, haja vista não afrontar em momento nenhum a nossa Constituição (muito pelo contrário, pois ajuda a traduzir a partir de quando deve ser reconhecida a inviolabilidade do direito à vida, insculpido no Artigo 5º, *caput*, da Lei Maior, qual seja, a partir do momento da concepção, nos termos do Artigo 4º, item 1, do supracitado Pacto de São José da Costa Rica), sendo certo que tal tratado internacional, para grande parte da doutrina, é considerado cláusula pétrea a teor do § 2º, do Artigo 5º da Lei Maior, o qual não distingue entre direitos fundamentais decorrentes da obra do Poder Constituinte, isto é, a Constituição e dos tratados internacionais, conforme se constata pela sua redação a qual dispõe que "os direitos e garantias expressos nesta Constituição não excluem outros decorrentes do regime e dos princípios por ela adotados, ou dos tratados internacionais em que a República Federativa do Brasil seja parte".

No Parágrafo 34 de seu voto, o Ministro assinala que no § 1º do Artigo 5º da Lei de Biossegurança há a obrigatoriedade da expressa autorização do casal genitor para que o embrião seja utilizado (leia-se na verdade, sacrificado) em pesquisas científicas.

De fato, tal intelecção não é errônea. Porém, do que serve tal dispositivo legal para proteger uma vida humana em seu estágio embrionário? Com efeito, tal norma vem em inúmeros casos retirar dos genitores e porque não dizer, das clínicas de reprodução artificial, a responsabilidade por inúmeras vidas humanas, trazendo um elemento jurídico para que não tenham um sério problema ético com tal vida. Afinal, o que poderiam fazer com aquele ser humano embrionário, caso não tivessem mais o interesse de dar prosseguimento em sua vida? Aliás, a criopreservação (congelamento) dos embriões (em que pese à afronta à dignidade da pessoa humana) tem os seus custos, razão pela qual por muitas vezes, se reforça o desejo de muitos de se verem livres do ser humano embrionário.

Melhor seria então que os genitores renunciassem ao poder familiar, permitindo que outros casais adotassem seu filho, ser humano, no estágio embrionário, o que possibilitaria ao mesmo, seu pleno desenvolvimento e não o seu congelamento a bel prazer ou pior ainda, a sua destruição.

No Parágrafo 35, afirma o relator que "não se trata sequer de interromper uma producente trajetória extrauterina do material constituído e acondicionado em tubo de ensaio, simplesmente porque esse modo de irromper em laboratório e permanecer confinado *in vitro* é, para o embrião, insuscetível de progressão reprodutiva".

Ora, o que poderá impedir o desenvolvimento contínuo do ser humano embrionário não é a sua impossibilidade "natural" de desenvolvimento, mas sim, o seu desumano e inconstitucional congelamento, o qual impede o mesmo de passar ao estágio de vida embrionário agora já no útero da gestante e posteriormente ao estágio de vida como feto até finalmente "ganhar" vida extraútero, o que não redunda em conferir a cada estágio de vida, valores diferentes, uma vez que desde a concepção, a pessoa humana já é dotada de inexorável dignidade.

Afirma o Ministro no Parágrafo 37 de seu voto que "o que autoriza a Lei é um procedimento externa-corporis: pinçar de embrião ou embriões humanos, obtidos artificialmente e acondicionados *in vitro*, células que, presumivelmente dotadas de potência máxima para se diferenciar em outras células e até produzir cópias idênticas a si mesmas (fenômeno da "autorreplicação"), poderiam experimentar com o tempo o risco de "u´a" mutação redutora dessa capacidade ímpar". (mantivemos o termo "u´a", assinalado no voto, embora acreditemos o correto ser "uma").

Em uma leitura desatenta, nenhuma afronta à vida humana parece haver, pois afinal apenas estaria se "pinçando células de um embrião".

Porém, não é isso que ocorre!!!

Com efeito, conforme já assinalado anteriormente no presente capítulo, mas que aqui, merece ser frisado, as células-tronco embrionárias são aquelas que se encontram presentes no embrião, nos primeiros cinco a sete dias de sua existência, **sendo obtidas através da morte, da destruição do embrião.**[235] (grifei)

Prosseguindo na análise do voto do relator da ADI 3510, Ministro Ayres Britto, importa esclarecer que assevera o mesmo que todo casal tem como direito constitucionalmente assegurado, o do planejamento familiar com paternidade responsável, a teor do § 7º [236] do Artigo 226, da Lei Maior (o que é verdade), extraindo-se daí (na visão do Ministro relator) que o casal não é obrigado ao aproveitamento reprodutivo de todos os óvulos eventualmente fecundados (embriões), até porque "não existe esse dever do casal, seja porque não foi imposto por nenhuma Lei Brasileira "(ninguém será obrigado a fazer ou deixar de fazer alguma coisa senão em virtude de lei", reza o inciso II do Artigo 5º da Constituição Federal), seja porque é incompatível com o próprio instituto do 'planejamento familiar' na citada perspectiva da 'paternidade responsável' (...)".

De fato, infelizmente, conforme será analisado no próximo capítulo, não há ainda lei que imponha a formação de apenas um embrião, o que oportunizaria o fim de embriões excedentários, inviabilizando assim, a pesquisa com células-tronco embrionárias obtidas de seres humanos brasileiros.

Convém assinalar que o projeto de Lei nº 1.184/2003, em seu Artigo 13, limita em no máximo dois, ao dispor que "na execução da técnica de reprodução assistida, poderão ser produzidos e transferidos até 2 (dois) embriões, respeitada a vontade da mulher receptora, a cada ciclo reprodutivo", havendo atualmente

---

235   MARTINS, Ives Gandra da Silva (coordenação). *Op. cit.*, p. 230.

236   Art. 226. (...) § 7º - Fundado nos princípios da dignidade da pessoa humana e da paternidade responsável, o planejamento familiar é livre decisão do casal, competindo ao Estado propiciar recursos educacionais e científicos para o exercício desse direito, vedada qualquer forma coercitiva por parte de instituições oficiais ou privadas.

por previsão da Resolução CFM nº 1957/2010 (posterior à análise da ADI nº 3510) a limitação em até quatro embriões a serem transferidos, isso no caso de mulheres com 40 anos ou mais, conforme também será analisado no próximo capítulo desta obra.

Independentemente de ser verdadeira, a premissa de que inexiste norma que imponha aos casais o aproveitamento reprodutivo de todos os embriões, isso não leva a conclusão (a menos que ao meu sentir, equivocada) de que por isso é constitucionalmente assegurada a destruição de tais embriões.

O que deve ser frisado é que o que se está a discutir não é a pretensão de que as mulheres sejam obrigadas a se submeterem a uma "compulsiva nidação de grande número de embriões", conforme transparece pela leitura especialmente dos Parágrafos 45 e 46, do voto do Ministro relator; ao contrário, a discussão paira sobre o fato da destruição de seres humanos no estágio embrionário (o que inexoravelmente ocorre em pesquisas com células-tronco embrionárias), o que infelizmente passa ao largo do esposado também em tais parágrafos do mesmo voto.

Mais à frente correlacionando a morte encefálica com o ser humano embrionário fora do útero materno e asseverando no Parágrafo 55 de seu voto que somente "a pessoa que preserva suas funções neurais permanece viva para o Direito" e no Parágrafo 56 (o que ressoa nos parágrafos seguintes) que ao embrião referido na Lei de Biossegurança "faltam-lhe todas as possibilidades de ganhar as primeiras terminações nervosas que são anúncio biológico de um cérebro humano em gestação. Numa palavra, não há cérebro. Nem concluído nem em formação. Pessoa humana, por consequência, não existe nem mesmo como potencialidade. (...)", o Ministro mais uma vez despreza o Pacto de São José da Costa Rica, o qual expressamente declarou que a vida humana começa na concepção, conferindo definitivamente ao embrião *in vitro*, a condição de coisa.

Posteriormente, nos Parágrafos 59 e 60, o eminente relator voltando seu olhar para graves e sérios problemas de saúde de inúmeras pessoas; refazendo um paralelo entre o embrião *in vitro* e a morte encefálica no Parágrafo 61 e invocando no Parágrafo 62 e seguintes, o direito à saúde e da livre expressão científica, artística, intelectual e de comunicação como direitos constitucionalmente assegurados, o que de fato são, rechaçou definitivamente a afirmativa (ao meu sentir correta) de ser a Lei de Biossegurança incompatível com a Constituição.

No Parágrafo 66 de seu voto, o eminente relator assevera e frisa o compromisso da Constituição para com a Ciência; esclarecendo no Parágrafo 68 que a "Era do conhecimento" (...) longe de traduzir desprezo ou desrespeito aos congelados embriões *in vitro*, significa apreço e reverência a criaturas humanas que sofrem e se desesperam nas ânsias de um infortúnio que muitas vezes lhes parece maior que a ciência dos homens e a própria vontade de Deus. (...)".

Por fim, no derradeiro parágrafo de seu voto, chama muita atenção a conclusão do Ministro Ayres Britto, o qual embora tenha julgado totalmente improcedente a ação direta de inconstitucionalidade, pediu "todas as vênias deste mundo aos que pensam diferentemente, seja por convicção jurídica, ética, ou filosófica, seja por Artigo de fé. (...)".

O que se conclui pela minuciosa leitura do relatório e do voto do Ministro Carlos Britto é que o mesmo, seguro na sua convicção de que só há uma pessoa humana após o seu nascimento com vida; de que o embrião *in vitro* não tem cérebro, o que no seu entender não se trata de pessoa humana, por em seu entender, não existir nem mesmo como potencialidade; e ainda por entender que as pesquisas com células-tronco embrionárias podem trazer benefícios para a humanidade, não haveria que se falar em afronta da Lei de Biossegurança à Constituição; e que o contrário, isto é, a procedência da ação, redundaria em violação aos direitos à saúde e à livre expressão da atividade científica constitucionalmente assegurados.

Pois bem, em que pese a carga humanitária esposada no relatório e no voto do Ministro Ayres Britto, ao menos pela pessoa já nascida até a sua morte encefálica, cumpre assinalar que também com o olhar pós-positivista sobre o Direito Brasileiro, penso que a

Lei de Biossegurança afronta sim a Lei Maior, forte no pensamento científico que assegura que depois da concepção existe um novo ser humano, pensamento este consubstanciado no Artigo 4º, item 1, do Pacto de São José da Costa Rica, o qual frisa-se, por oportuno, encontra-se em plena vigência no ordenamento jurídico pátrio.

Além disso, cumpre asseverar que até o presente momento todos os que alardearam curas miraculosas através de pesquisas com células-tronco embrionárias ainda não apresentaram qualquer resposta ou cura para inúmeras pessoas que colocaram nessas, a esperança de suas curas, o que ficou patente por ocasião do julgamento da ADI nº 3510, com a veiculação de imagens pelos meios de comunicação de inúmeras pessoas no Plenário e mesmo do lado de fora do prédio do Supremo Tribunal Federal, sentadas em cadeiras de rodas, por parentes de pessoas doentes com fotos em suas mãos etc.

Por outro lado, não há que se falar que estaria se impedindo o avanço científico com a proibição de pesquisas com células--tronco embrionárias.

Com efeito, há as pesquisas com células-tronco adultas, as quais são obtidas sem nenhuma destruição de uma pessoa humana (como ocorre em relação às pesquisas com células-tronco embrionárias) uma vez que estão presentes no cordão umbilical, no líquido amniótico, na medula óssea etc., tendo as mesmas a prerrogativa de recompor as células mortas, ou seja, tendo as mesmas o "poder" regenerativo e sendo mais promissoras que as com células-tronco embrionárias, conforme já mencionado na presente obra, inclusive com a notícia, dentre tantas outras, de que pesquisadores americanos conseguiram, usando células-tronco do próprio paciente, regenerar estruturas da retina atingidas pela degeneração macular.

Portanto, caso tivesse julgado procedente a ADI nº 3510, proibindo-se, por conseguinte, as pesquisas com células-tronco embrionárias estaria o Supremo Tribunal Federal a um só tempo, utilizando-se do processo de ponderação harmonizante de valores[237], conciliando e pondo fim à todo e qualquer conflito de interesses, uma vez que com manutenção da possibilidade das pesquisas com células-tronco adultas, nas quais não há qualquer discussão ética ou jurídico-constitucional pelo já exposto anteriormente, inexistiria, desse modo, nenhum prejuízo seja para a Ciência, a quem estaria assegurada o seu direito constitucional de expressão (até porque com a proibição das pesquisas com células-tronco embrionárias, estaria, na verdade, impedindo tão somente uma linha de pesquisa, a qual utiliza embriões humanos), sendo-lhe plenamente assegurado o seu avanço; seja para os inúmeros pacientes que veem na Ciência e no seu avanço, a esperança de poderem andar, falar, escutar etc.; nem tampouco haveria prejuízo para os embriões *in vitro*, os quais manteriam o reconhecimento também por parte de nossa Corte Constitucional, da inviolabilidade do seu direito à vida, não sendo desse modo, destruídos.

---

237 Através desse processo, busca-se a um só tempo, conciliar os princípios em tensão mediante concessões recíprocas dos valores em conflito. Contrariamente, mostra-se a ponderação excludente, processo utilizado por nossa Corte Constitucional (na ADI n° 3510), o qual consiste em escolher um ou mais direitos vencedores (no caso da ADI n° 3510, conclui-se terem sido especialmente os direitos de expressão científica e à saúde), com sacrifício de outro ou outros direitos em conflito (no caso da ADI n° 3510, inexoravelmente, o direito à vida do embrião *in vitro*), mediante a aplicação do principio da proporcionalidade, o qual, na ADI n° 3510, ao meu sentir, mostrou-se mal manuseado, uma vez que a Lei de Biossegurança, ao meu sentir não passou pelo crivo do subprincípio da adequação, o qual impõe ao intérprete aferir a adequação entre o fim visado e o meio empregado; pelo crivo do subprincípio da necessidade, o qual impõe ao intérprete aferir se a norma é realmente necessária, ou seja, se não existe outro meio que permita que se chegue ao mesmo resultado com menor ônus a um direito individual (o que se mostra patente, por haver a pesquisa com células-tronco adultas); não tendo também passado pelo crivo do subprincípio da proporcionalidade em sentido estrito, o qual impõe ao intérprete constatar de que o que se perde com a medida é de menor importância do que aquilo que se ganha, o que se mostra violado também pelo legislador na Lei de Biossegurança, uma vez que a vida do embrião, ainda que *in vitro*, não pode ser colocada em patamar de menor importância que qualquer outra vida humana, independentemente de seu estágio.

4. ANÁLISE FINAL DO TEMA – CONCLUSÃO

Por todo o exposto, se conclui que prevalece também as normas desse tratado internacional sobre direitos humanos (Pacto de São José da Costa Rica), em especial no tocante ao seu Artigo 4º, item 1, o qual expressamente declarou que a vida humana começa na concepção, regularmente subscrito e ratificado pelo governo brasileiro, sobre a Lei nº 10.406, de 10 de janeiro de 2002 (Código Civil) caso seja dada a este último, interpretação que não reconheça ao nascituro, ou seja, ao ser humano no útero materno, todos os direitos, desde a concepção; o que se estende ao ser humano no seu estágio embrionário, à luz do princípio constitucional da dignidade da pessoa humana.

Com efeito, conforme assinalado no Capítulo III, o Artigo 4º, item 1, da Convenção Americana sobre Direitos Humanos ou como mais conhecido no âmbito jurídico brasileiro, Pacto de São José da Costa Rica, estabelece de forma inequívoca que: "Toda a pessoa tem direito que se respeite sua vida. Esse direito deve ser protegido pela Lei e, em geral, desde a concepção".

Deve-se alertar para o fato de que não se pode relativizar o disposto no referido Artigo 4º, item 1, do Pacto, tendo em vista o termo "em geral", conforme se observa em sua redação anteriormente transcrita, pois tal expressão não afasta a ideia de, para os efeitos legais de todos os países onde se deu a promulgação da Convenção Americana sobre Direitos Humanos, dentre estes, frise-se, incluído o Brasil, a vida humana começa na, e a partir da concepção ou fecundação, seja iniciada no útero materno, seja *in vitro*.

Além disso, nesse diapasão merece transcrição a lição do professor Ives Gandra da Silva Martins, o qual, interpretando a expressão "em geral", insculpida no Artigo 4º, item 1, do Pacto de São José da Costa Rica, assevera que

> *"Alguns pretendem ler, na referida disposição e nos vocábulos "em geral", uma relativização do dispositivo.*
> *Tal leitura, sobre ser pobre e literal não corresponde ao sentido do dispositivo de direito internacional.*

Assim é que o referido Artigo está dividido em 3 partes, a saber:

1) toda a pessoa humana <u>tem</u> (presente do indicativo) direito a que se respeite a sua vida;

2) a Lei <u>protegerá</u> (futuro) o direito a partir do momento da concepção, podendo fazê-lo de forma expressa (é o mais comum e o geral das vezes), mas, poderá omitir-se a expressa menção;

3) a vida do ser humano (nascido ou nascituro) <u>não pode ser</u> (presente do indicativo) <u>eliminada arbitrariamente</u>.

Há, pois, dois comandos normativos de caráter essencial; (o respeito ao direito à vida (do nascituro e do nascido) seja privado de sua vida <u>arbitrariamente</u>. E há um comando, de natureza formal, de que a Lei deverá explicitar o princípio da garantia desde a concepção, que é o que ocorre <u>em geral</u>.

Em nenhum momento, o dispositivo permite a leitura de que a Lei poderá retirar o direito à vida após a concepção, pois de outra forma, o ser humano (nascituro) estaria sendo privado de sua vida <u>arbitrariamente</u>.

Por essa razão, o comando normativo está no presente no que concerne ao respeito ao direito à vida e à vedação a sua retirada arbitrária (de nascituro e do nascido), aconselhando-se, no futuro indicativo, que a Lei explicite, em nível de legislação interna, o sentido do pacto de São José, o que de resto já ocorre em geral, com os países signatários".[238] (grifado no original).

Assim, deve-se assinalar que independentemente da particular convicção que cada pessoa tenha acerca de sua moralidade, não se pode negar que mesmo o ser humano "concebido em laboratório" deve ser visto como tal, pois, frisa-se, ele é, da mesma forma que o ser humano concebido em relação normal entre um homem e uma mulher e desenvolvido no corpo desta última, uma vez que o ser humano passa a existir a partir da concepção, isto é, no instante em que um espermatozoide masculino fecunda um óvulo feminino, sendo a partir desse momento, um ser humano embrionário.

Nesse sentido, inclusive, se manifesta a doutrinadora pátria, Maria Helena Diniz, a qual de forma brilhante assevera que

---

238   MARTINS, Ives Gandra da Silva (coordenação). *Op. cit.*, pp. 28-29.

A Inviolabilidade do Direito à Vida

"o aparecimento de um novo ser humano, ocorre com a fusão de gametas feminino e masculino, dando origem ao zigoto, com um código genético distinto do óvulo e do espermatozoide. A fetologia e as modernas técnicas de medicina comprovam que a vida inicia--se no ato da concepção, ou seja, da fecundação do óvulo pelo espermatozoide, dentro ou fora do útero".[239]

Dessa forma, cumpre assinalar que é inegável cientifica-mente que do ponto de vista biológico, o embrião já é ser humano; daí dever ser chamado de ser humano embrionário, razão que lhe confere o direito de ser tutelado, lhe sendo reconhecido o direito de não ser/ficar congelado, bem como de não ser submetido à pesquisas que o destruirão, mas sim, como se dá em relação à toda pessoa humana, o direito de viver e se desenvolver.

Cumpre esclarecer ainda que muito embora por completo a analisarei especificamente no próximo capítulo, importa salientar desde já no presente capítulo que, atualmente, as técnicas de reprodução assistida *in vitro*, têm como diploma normativo que as regulamentam no Brasil (em que pese ao meu sentir extrapolar os limites de uma mero "norteamento" aos profissionais da área médica, uma vez que na verdade, tende a legislar), a Resolução do Conselho Federal de Medicina nº 1.957 publicada no Diário Oficial da União do dia 6 de janeiro de 2011, Seção I, página 79, a qual um dos objetivos segundo os seus "consideranda" é a "neces-sidade de harmonizar o uso dessas técnicas com os princípios da ética médica".

Ainda nessa perspectiva, é interessante apontar na referida Resolução, especialmente o seu item I, inciso 5, o qual proíbe "a fecundação de oócitos[240] humanos, com qualquer outra finalidade que não seja a procriação humana" e o número 6, do mesmo item, o qual estabelece que "o número máximo de oócitos e embriões a serem transferidos para a receptora não pode ser superior a

---

239   DINIZ, Maria Helena. *O estado atual do biodireito.* 4ª Edição, São Paulo: Saraiva, 2007, p. 25.

240   Designação conferida ao gameta feminino depois da primeira divisão meiótica e antes da fertilização.

quatro" estabelecendo o mesmo ainda que "em relação ao número de embriões a serem transferidos, são feitas as seguintes determinações: a) mulheres com até 35 anos: até dois embriões; b) mulheres entre 36 e 39 anos: até três embriões; c) mulheres com 40 anos ou mais: até quatro embriões" com o intuito possivelmente de não aumentar os riscos já existentes de multiparidade, muito embora nada diga nesse sentido, diferentemente da Resolução CFM nº 1358, de 1992, a qual expressamente assim assinalava no inciso 6 de seu item I.

Desse modo, à luz de tais normas, se poderia concluir de forma inequívoca que, das técnicas de reprodução assistida devem resultar, num plano ideal, apenas os oócitos ou embriões indispensáveis para que a mulher submetida a tais técnicas, seja fecundada, o que infelizmente não é o que ocorre, conforme será analisado no capítulo seguinte, o que acaba por ocasionar o congelamento de seres humanos embrionários por longos anos até que sejam descartados como se fossem lixos, até mesmo haja vista a pesquisa com células-tronco embrionárias.

Com efeito, permitir que ocorra a fecundação de óvulos humanos com qualquer fim distinto da procriação humana, seria um passo para a legitimação da coisificação da espécie humana em um curto espaço de tempo.

Desse modo, na atual fase da coisificação do ser humano, comumente visto em diversos países, o qual em que pese o devido respeito à decisão emanada do Supremo Tribunal Federal, teve a chancela de seu ingresso neste país, pelo voto da maioria de seus membros no julgamento pela improcedência da já referida nesta obra, Ação Direta de Inconstitucionalidade nº 3.510/DF, deve-se conceber o zigoto ou óvulo feminino já fecundado não como simples embrião, o que parece lamentavelmente reduzi-lo a um nada jurídico, mas sim, como um ser humano embrionário, ou, melhor dizendo, como uma pessoa humana, no estágio de embrião, a qual faz jus inegavelmente ao seu inviolável direito à vida.

Acerca da matéria, merecem lembrança as palavras do notável, e já saudoso filósofo, Norberto Bobbio, o qual nos deixou como legado sua célebre frase, a qual sintetiza de forma magistral o anteriormente exposto, de que "o direito do concebido apenas poderia ser satisfeito permitindo-se seu nascimento".[241]

É lamentável que atualmente tanto muitos legisladores quanto muitos magistrados estejam perdendo a capacidade de assimilar quer na elaboração de normas, no tocante aos primeiros; quer em seus julgamentos, no tocante a esses últimos, não podem os mesmos deixar de observar os princípios de direito natural, como o da tutela do concebido, cuja positivação é até mesmo dispensável, uma vez que este, encontra-se indubitavelmente inserido na esfera do direito da pessoa humana.

Aliás, já no direito romano, como anteriormente alertado, se verifica o pensamento romano de que a vida se inicia na, e a partir da concepção.

Com efeito, há mais de dois mil anos, o embrião já gozava de ampla proteção dos juristas romanos, os quais se baseavam em princípios em sua proteção aos já concebidos.[242]

Portanto, a legitimação de pesquisa com o uso de células-tronco embrionárias, as quais não apresentam qualquer resultado concreto, em que pese assim já ter sido chancelado pelo Supremo Tribunal Federal pelo voto da maioria de seus membros, é o mesmo que a aprovação da morte de um ser humano já em desenvolvimento; resultado lamentável que não se verifica nas pesquisas com células-tronco adultas, as quais, conforme já assinalado anteriormente, são obtidas sem causar dano àquele do qual são extraídas, conjugando assim o progresso científico com o respeito à dignidade da pessoa humana e por conseguinte, à Constituição da República e aos tratados e convenções internacionais sobre direitos humanos em que a República Federativa do Brasil seja parte.

---

241 MARTINS, Ives Gandra da Silva (coordenação). *Op. cit.*, p. 230.

242 MARTINS, Ives Gandra da Silva (coordenação). *Op. cit.*, p. 172.

Capítulo IX

A Reprodução Assistida e o Ordenamento Jurídico Brasileiro

1. INTRODUÇÃO

No dia 6 de janeiro de 2011 foi publicada no Diário Oficial da União – Seção 1, página 79, a Resolução do Conselho Federal de Medicina (CFM) n° 1.957, de 15 de dezembro de 2010, a qual visa adotar normas éticas para a utilização das técnicas de reprodução assistida, revogando a sua então Resolução n° 1358, de 1992, que anteriormente tratava da matéria.

Inicialmente, registro a minha pessoal insatisfação com uma resolução aprovada pela maior autoridade da Medicina no Brasil sem que antes houvesse um debate público, inclusive com a divulgação pelos meios de comunicação.

No entanto, cumpre registrar que na Lei n° 3.268, de 30 de setembro de 1957, a qual dispõe sobre os Conselhos de Medicina, e dá outras providências, inexiste autorização legal para que o Conselho Federal de Medicina editasse a norma relativa à reprodução assistida, uma vez que a mesma extrapola suas atribuições, conforme se constata pelo teor das alíneas do Artigo 5° [243] da citada norma de regência dos Conselhos de Medicina.

---

243 Artigo 5° São atribuições do Conselho Federal: a) organizar o seu regimento interno; b) aprovar os regimentos internos organizados pelos Conselhos Regionais; c) eleger o presidente e a secretaria geral do Conselho; d) votar e alterar o Código de Deontologia Médica, ouvidos os Conselhos Regionais; e) promover quaisquer diligências ou verificações, relativas ao funcionamento dos Conselhos de Medicina, nos Estados ou Territórios e Distrito Federal, e adotar, quando necessárias, providên-

A Inviolabilidade do Direito à Vida

Visto isso, deve-se dizer que é bem verdade que deve o Direito amoldar-se às novas exigências que a sociedade o impõe, uma vez que aquele está a serviço de todos e não o inverso. Contudo, deve ser frisado que a Resolução do Conselho Federal de Medicina não tem força de lei, estando na verdade apenas dando diretrizes aos médicos (muito embora, conforme assinalado acima, à luz da sua principal norma de regência, esteja ultrapassando suas prerrogativas legais), especialmente aos especialistas em reprodução assistida.

É interessante apontar que não há que se falar que há uma autorização implícita quanto ao direito às técnicas de reprodução assistida, concedida pelo Artigo 9º da Lei nº 9.263, de 12 de janeiro de 1996, a qual dispõe que "para o exercício do direito ao planejamento familiar, serão oferecidos todos os métodos e técnicas de concepção e contracepção cientificamente aceitos e que não coloquem em risco a vida e a saúde das pessoas, garantida a liberdade de opção".

Com efeito, o próprio dispositivo em comento rechaça tais técnicas, uma vez que faz uma ressalva de não colocar em risco a vida e a saúde "das pessoas" e não apenas, por exemplo, à vida da mulher que se submeter a tais técnicas.

Assim, sendo certo que as técnicas de reprodução assistida coloca em risco a vida do ser humano embrionário, caso este não seja implantado no útero materno, haja vista que nesse caso, conforme será analisado mais à frente ou será criopreservado (congelado) ou será utilizado em pesquisas científicas, nas hipóteses permitidas pela chamada Lei de Biossegurança.

---

cias convenientes a bem da sua eficiência e regularidade, inclusive a designação de diretoria provisória; f) propor ao Governo Federal a emenda ou alteração do Regulamento desta lei; g) expedir as instruções necessárias ao bom funcionamento dos Conselhos Regionais; h) tomar conhecimento de quaisquer dúvidas suscitadas pelos Conselhos Regionais e dirimí-las; i) em grau de recurso por provocação dos Conselhos Regionais, ou de qualquer interessado, deliberar sôbre admissão de membros aos Conselhos Regionais e sobre penalidades impostas aos mesmos pelos referidos Conselhos. j) fixar e alterar o valor da anuidade única, cobrada aos inscritos nos Conselhos Regionais de Medicina; e (Incluído pela Lei nº 11.000, de 2004) l) normatizar a concessão de diárias, jetons e auxílio de representação, fixando o valor máximo para todos os Conselhos Regionais. (Incluído pela Lei nº 11.000, de 2004)

Nessa perspectiva, não se pode admitir que ocorram afrontas à pessoa humana e aos direitos humanos, o que redunda em dizer que a mudança no Direito mesmo pelo legislador e não apenas por determinados conselhos de classe, será viável tão somente quando não venha suprimir tal plano por ser o mesmo intocável, haja vista que o próprio conceito de soberania sempre estará relativizado quando estiver confrontando com direitos humanos.

A propósito, acerca da soberania, particularmente penso e defendo a posição de que não se pode mais relativizar os direitos humanos sob a ótica de que cada Estado possui sua soberania (uma vez que esta não é ilimitada), pois isso seria de um lado, negar o próprio Estado Democrático de Direito e de outro, a plena legitimação e permissão de certa forma e ainda que em menor dimensão, da perpetuação da barbárie, do genocídio e do total desrespeito por cada pessoa humana, aqui, incluindo também o ser humano embrionário e o nascituro, os quais como pessoas humanas que são, detém inexoravelmente igual dignidade.

Pois bem, o avanço do conhecimento científico nos últimos séculos, vem permitindo com que a humanidade passe a ter melhores condições de vida, ao serem descobertas a cura para inúmeras doenças, além de tratamentos que minimizam o sofrimento de várias moléstias.

No presente capítulo, inicialmente será analisada a referida Resolução nº 1957, de 2010, do ponto de vista ético-jurídico, especialmente à luz da Constituição da República Federativa do Brasil, analisando ainda o projeto de Lei nº 1184, de 2003[244], o qual se encontra em tramitação no Congresso Nacional, desde o dia 3 de junho de 2003.

Posteriormente à análise do projeto de Lei nº 1184, de 2003 e da Resolução CFM nº 1.957, de 2010, enfocando, ainda alguns dispositivos da Resolução – RDC (Resolução da Diretoria Colegiada) nº 23, de 27 de maio de 2011, da ANVISA (com início de produção de efeitos para os estabelecimentos já existentes em 30

---

244   Dispõe sobre a Reprodução Assistida.

A INVIOLABILIDADE DO DIREITO À VIDA

de maio de 2011 (data de sua publicação), em 27 de setembro de 2011 por força dos seus Artigos 62[245] e parágrafo único e 65, utilizando-se ainda que por analogia, a regra prevista no § 1°,[246] do Artigo 8° da Lei Complementar n° 95, de 26 de fevereiro de 1998) a qual dispõe sobre o regulamento técnico para o funcionamento dos Bancos de Células e Tecidos Germinativos e dá outras providências (cujo inteiro teor seguirá anexo desta obra), concluirei com a minha posição pessoal acerca das técnicas de reprodução assistida, sempre baseando-me em critérios cientificamente jurídicos.

É importante esclarecer que até 8 de julho de 2011 encontravam-se em tramitação no Congresso Nacional, além do que especificamente será analisado no presente capítulo, outros projetos de lei: 90, de 1999[247], 2855, de 1997[248], 4664, de 2001[249], 6296, de

---

245   Artigo 62 - Os estabelecimentos abrangidos por esta Resolução terão o prazo de 120 (cento e vinte) dias contados a partir da data de sua publicação para promover as novas adequações necessárias ao Regulamento Técnico por ela aprovado.
Parágrafo único. A partir da publicação desta Resolução, os novos estabelecimentos e aqueles que pretendem reiniciar suas atividades devem atender na integra as exigências nela contidas, previamente ao seu funcionamento.

246   Artigo 8° - (...) § 1° A contagem do prazo para entrada em vigor das leis que estabeleçam período de vacância far-se-á com a inclusão da data da publicação e do último dia do prazo, entrando em vigor no dia subsequente à sua consumação integral. (Parágrafo incluído pela Lei Complementar n° 107, de 26.4.2001).

247   Dispõe sobre Reprodução Assistida.

248   Dispõe sobre a utilização de técnicas de reprodução humana assistida e dá outras providências.

249   Dispõe sobre a proibição ao descarte de embriões humanos fertilizados "*in vitro*", determina a responsabilidade sobre os mesmos e dá outras providências.

2002[250], 120, de 2003[251], 2061, de 2003[252], 4889, de 2005[253], 5624, de 2005[254], 3067, de 2008[255] e 7.701, de 2010[256], todos tratando direta ou indiretamente da temática da reprodução assistida.

Na verdade, os nove projetos de Lei citados no parágrafo anterior, foram apensados ao 1.184, de 2003, razão pela qual julgo necessário a análise tão somente deste.

Cumpre salientar que haja vista tratar-se de um projeto de lei, o qual poderá sofrer alterações e até eventualmente não ingressar no ordenamento jurídico em caso de não aprovação de acordo com o disposto na Constituição da República[257], analisarei os dispositivos que se apresentam mais pertinentes no tocante à proteção da vida humana, dando prioridade à Resolução do Conselho Federal de Medicina, bem como a alguns dispositivos da supracitada Resolução da ANVISA, uma vez que é a primeira que é tida como norma a reger até então a reprodução assistida no Brasil, sendo a segunda de grande importância em alguns aspectos, tais como: funcionamento de Banco de Células e Tecidos Germinativos (BCTG), critérios técnicos e operacionais para a seleção de doadores, pacientes etc.

---

250 Proíbe a fertilização de óvulos humanos com material genético proveniente de células de doador do gênero feminino.

251 Dispõe sobre a investigação de paternidade de pessoas nascidas de técnicas de reprodução assistida.

252 Disciplina o uso de técnicas de Reprodução Humana Assistida como um dos componentes auxiliares no processo de procriação, em serviços de saúde, estabelece penalidades e dá outras providências.

253 Estabelece normas e critérios para o funcionamento de Clínicas de Reprodução Humana.

254 Cria Programa de Reprodução Assistida no Sistema Único de Saúde e dá outras providências.

255 Altera a Lei n° 11.105, de 24 de março de 2005.

256 Dispõe sobre a utilização *post mortem* de sêmen do marido ou companheiro.

257 Os Artigos 65 e 66 da Constituição da República apresentam o procedimento para aprovação de Lei ordinária.

2.   A REPRODUÇÃO HUMANA ASSISTIDA E AS NORMAS QUE REGEM A MATÉRIA

É bem verdade que a presente obra visa analisar a questão da reprodução humana e sua estreita relação com a vida humana e sua inviolabilidade, não tendo por escopo uma análise profunda das questões patrimoniais que estão inexoravelmente inseridas na matéria.

Contudo, preliminarmente, mostra-se importante tecer alguns comentários acerca de alguns aspectos que circundam a matéria que ora se analisa.

Cumpre assinalar que muito embora o uso das técnicas de reprodução assistida afronte a dignidade do ser humano embrionário, não se pode fechar os olhos, sobretudo do ponto de vista teórico para a relação consumerista que se encontra presente na matéria, uma vez que em inúmeros casos, se tem de um lado uma clínica especializada em reprodução assistida feroz por aumentar seus lucros e de outro lado, um casal desesperado na busca da realização de um sonho: serem pais.

Ocorre que, se de um lado deve haver a proteção jurídica do mais fraco (nesse caso, os pais), visando assim que o mesmo não seja explorado em sua dor por clínicas, centros ou serviços que aplicam as técnicas de reprodução assistida ávidas por mais lucros; por outro lado, corre-se o sério risco de se estar permitindo um verdadeiro controle de qualidade de seres humanos, permitindo-se inclusive a responsabilização civil de clínicas e médicos, na hipótese de uma criança nascer acometida de alguma anomalia genética, o que se mostra preocupante num cenário de cada vez maior desrespeito pelo ser humano que ainda não nasceu, mas que já possui vida, como o ser humano embrionário e o nascituro.

Feitas essas considerações, a pergunta a ser feita e a ser respondida é a seguinte: a obrigação do médico seria uma obrigação de meio ou uma obrigação de resultado?

Sobre o aspecto obrigacional na seara médica, leciona Miguel Kfouri Neto que:

"Há obrigação de meios - segundo Demogue, o formulador da teoria - quando a própria prestação nada mais exige do devedor de que pura e simplesmente o emprego de determinado meio sem olhar o resultado. É o caso do médico, que se obriga a envidar seus melhores esforços e usar de todos os meios indispensáveis à obtenção de cura do doente, mas sem jamais assegurar o resultado, ou seja, a própria cura.

Na obrigação de resultado, 'o devedor se obriga a alcançar determinado fim sem o qual não terá cumprido sua obrigação. Ou consegue o resultado avençado ou terá que arcar com as consequências. (...) Em outras palavras, na obrigação de meios a finalidade é a própria atividade do devedor e na obrigação de resultado, o resultado dessa atividade (...).

Portanto, na obrigação de meio o credor (o paciente) deve provar que o devedor (o médico) não teve o grau de diligência dele exigível; ao contrário, na obrigação de resultado, essa prova incumbe ao médico, visto recair sobre ele uma presunção de culpa, que poderá ser elidida, mediante demonstração da existência de causa diversa".[258]

Especificamente no tocante à responsabilidade dos médicos na hipótese de utilização por paciente, de uma das técnicas de reprodução assistida, leciona João Álvaro Dias que "pode, com toda segurança, afirmar-se que a orientação conformadora do regime jurídico das técnicas de procriação medicamente assistida vai no sentido de considerar que o médico está apenas vinculado por uma obrigação de meios".[259]

Sendo certo que a questão a partir desse momento demandaria uma análise profunda acerca da não menos fascinante temática da responsabilidade civil, o que fugiria do que se objetiva nesta obra, se destaca que se pode extrair das lições doutrinárias aqui colacionadas que a menos que o médico se comprometa com um determinado resultado, será de meios a sua obrigação, sendo certo que na seara da responsabilidade civil, tal profissional responderá a priori de forma subjetiva, ou seja, haverá a necessidade da parte autora comprovar a culpa do médico para que então este possa ser respon-

---

258   NETO, Miguel Kfouri. *Responsabilidade Civil do Médico.* 4ª Edição, São Paulo: Revista dos Tribunais, 2001, p. 169.

259   DIAS, João Álvaro. *Procriação assistida e responsabilidade médica.* Coimbra: Coimbra Editora, 1996, p. 256.

sabilizado civilmente; respondendo as clínicas, centros ou serviços que aplicam as técnicas de reprodução assistida de forma objetiva, isto é, independentemente de comprovação de culpa, isso porque o legislador infraconstitucional estabeleceu no Artigo 14[260], do Código de Defesa do Consumidor (o que posteriormente foi acompanhado pelo vigente Código Civil, o qual prevê espécie de responsabilidade objetiva para todos os que exerçam atividade considerada de risco – Artigo 927, parágrafo único), hipótese de responsabilidade civil objetiva, o que demonstra a real preocupação legislativa com a igualdade material, haja vista a vulnerabilidade do consumidor (no caso em análise, do casal que se utiliza de uma das técnicas de reprodução assistida) em face do fornecedor de serviços (em se tratando de responsabilidade civil objetiva, em nosso caso, as clínicas, centros ou serviços que aplicam técnicas de reprodução assistida).

Visto isso, antes de se passar à análise do projeto de Lei nº 1184, de 2003, e de fazer uma correlação do mesmo com a Resolução CFM nº 1.957, de 2010, tecendo ainda comentários acerca da Resolução-RDC ANVISA nº 23, de 2011, se faz necessária realizar também uma distinção entre inseminação artificial homóloga e inseminação artificial heteróloga.

Com efeito, na inseminação artificial homóloga, busca-se uma concepção humana transferindo-se através de sondas, para as vias genitais de uma mulher, o sêmen de seu esposo ou companheiro, ou seja, nesta, o material genético utilizado é do próprio casal; enquanto na inseminação artificial heteróloga, embora o procedimento médico seja o mesmo da inseminação artificial homóloga, há uma grande diferença quanto ao material genético, uma vez que na inseminação artificial heteróloga o material genético (sêmen ou óvulo) a ser utilizado é de terceiro.

Acerca da matéria, convém registrar que há ainda a fertilização *in vitro* homóloga e a fertilização *in vitro* heteróloga. Pela primeira,

---

260 Artigo 14 - O fornecedor de serviços responde, independentemente da existência de culpa, pela reparação dos danos causados aos consumidores por defeitos relativos à prestação dos serviços, bem como por informações insuficientes ou inadequadas sobre sua fruição e riscos.

busca-se uma concepção humana mediante o encontro *in vitro* dos gametas (espermatozoide e óvulo) do casal; enquanto pela segunda, busca-se uma concepção humana mediante o encontro *in vitro* de gametas retirados de ao menos um doador diverso do caso.

É importante esclarecer, que uma vez aprovado, de grande valia se mostrará o projeto de Lei nº 489, de 2007 (Estatuto do Nascituro) também no campo da fertilização *in vitro*, uma vez que nos termos do parágrafo único do Artigo 2º de tal proposição legislativa, passará de forma expressamente legal se incluir no Brasil, no conceito de nascituro, os seres humanos concebidos "*in vitro*", os produzidos através de clonagem ou por outro meio científico e eticamente aceito.

Visto isso, cumpre-me assinalar que embora tenha por objetivo uma análise mais apurada da Resolução do CFM e do projeto de Lei nº 1.184, de 2003, não poderia deixar de registrar também aqui a preocupação acadêmica quanto ao reflexo das técnicas de inseminação artificial homóloga e heteróloga no direito civil pátrio, especialmente no que tange aos incisos III e IV, de seu Artigo 1.597 e aos seus Artigos 1.784 e 1.798.

Nesse diapasão, dispõe o Artigo 1.597 e seus incisos III, IV e V que "presumem-se concebidos na constância do casamento os filhos: III - havidos por fecundação artificial homóloga, mesmo que falecido o marido; IV- havidos, a qualquer tempo, quando se tratar de embriões excedentários, decorrentes de concepção artificial homóloga; V - havidos por inseminação artificial heteróloga, desde que tenha prévia autorização do marido".

Já o Artigo 1.784, do diploma civil pátrio, dispõe que "aberta a sucessão, a herança transmite-se, desde logo, aos herdeiros legítimos e testamentários".

Por fim, conforme já assinalado na presente obra, o Artigo 1.798, do Código Civil estabelece que "legitimam-se a suceder as pessoas nascidas ou já concebidas no momento da abertura da sucessão".

Mas afinal, o que se pretende com tais Artigos?

A questão traz inúmeras consequências principalmente no campo sucessório na hipótese da fecundação artificial ocorrer após o falecimento do marido, uma vez que em razão do princípio de *saisine*[261] e especialmente do que dispõe o Artigo 1.798, do Código Civil, uma vez que aquele que foi concebido após a morte de seu pai não terá direito sucessório, em que pese poder ver reconhecida a paternidade judicialmente.

É importante salientar, ainda, que embora o legislador não tenha exigido prévia autorização do marido nas hipóteses dos incisos III e IV, do Artigo 1.597, do Código Civil, no caso de uso do embrião depois de sua morte, mostra-se o mesmo equivocado, até pelo fato de nada dispor a respeito de exigir que a mulher mantenha a condição de viuvez, pois ao deixar tal condição, a presunção de paternidade deixará o pré-morto, pairando então sobre o novo cônjuge ou companheiro da mulher.

Cumpre assinalar ainda que acerca dos supracitados incisos III, IV e V, do Artigo 1.597, do diploma civil pátrio, aprovou-se na III Jornada de Direito Civil, o Enunciado n° 257, o qual prevê que "as expressões 'fecundação artificial', 'concepção artificial' e 'inseminação artificial', constantes, respectivamente, dos incisos III, IV e V do Artigo 1597 do Código Civil, devem ser interpretadas restritivamente, não abrangendo a utilização de óvulos doados e a gestação de substituição".[262]

Visto isso, se passa então à análise dos pontos que se apresentam como mais interessantes no projeto de Lei n° 1184/2003, no que tange à inviolabilidade do direito à vida, fazendo sempre que se fizer necessário, um paralelo entre o mesmo e a Resolução CFM n° 1.957, de 2010.

O Capítulo I do projeto de Lei n° 1.184, de 2003, o qual é intitulado – Dos Princípios Gerais – assim dispõe:

"Artigo 1° - Esta Lei regulamenta o uso de técnicas de Reprodução Assistida (RA) para a implantação artificial de gametas

---

261 Por esse princípio, considera-se transmitido o patrimônio do *de cujus* aos seus herdeiros no exato momento da morte do autor da herança.

262 BRASIL. Conselho da Justiça Federal. III Jornada de Direito Civil, realizada em dezembro de 2004. Disponível em: <http://daleth.cjf.jus.br/revista/enunciados/IIIJornada.pdf>. Acesso em: 12 de abril de 2011.

ou embriões humanos, fertilizados *in vitro*, no organismo de mulheres receptoras.

Parágrafo único. Para os efeitos desta Lei, atribui-se a denominação de: I – embriões humanos: ao resultado da união *in vitro* de gametas, previamente à sua implantação no organismo receptor, qualquer que seja o estágio de seu desenvolvimento; II – beneficiárias: às mulheres ou os casais que tenham solicitado o emprego da Reprodução Assistida; III – consentimento livre e esclarecido: ao ato pelo qual os beneficiários são esclarecidos sobre a Reprodução Assistida e manifestam, em documento, consentimento para a sua realização, conforme disposto no Capítulo II desta Lei.

Artigo 2º - A utilização das técnicas de Reprodução Assistida será permitida, na forma autorizada nesta Lei e em seus regulamentos, nos casos em que se verifique infertilidade e para a prevenção de doenças genéticas ligadas ao sexo, e desde que: I – exista indicação médica para o emprego da Reprodução Assistida, consideradas as demais possibilidades terapêuticas disponíveis, segundo o disposto em regulamento; II – a receptora da técnica seja mulher civilmente capaz, nos termos da lei, que tenha solicitado o tratamento de maneira livre, consciente e informada, em documento de consentimento livre e esclarecido, a ser elaborado conforme o disposto no Capítulo II desta Lei; III - a receptora da técnica seja apta, física e psicologicamente, após avaliação que leve em conta sua idade e outros critérios estabelecidos em regulamento; IV – o doador seja considerado apto física e mentalmente, por meio de exames clínicos e complementares, que se façam necessários.

Parágrafo único. Caso não se diagnostique causa definida para a situação de infertilidade, observar-se-á, antes da utilização da Reprodução Assistida, prazo mínimo de espera, que será estabelecido em regulamento e levará em conta a idade da mulher receptora.

Artigo 3º É proibida a gestação de substituição."

Na esteira de seu Artigo 1º, é importante assinalar que no inciso I, do Artigo 20, do supracitado projeto de Lei nº 1184, de 2003, há dispositivo que tipifica como crime, "intervir sobre gametas ou embriões *in vitro* com finalidade diferente das permitidas nesta

A INVIOLABILIDADE DO DIREITO À VIDA

Lei", punindo o infrator com detenção, de 6 (seis) meses a 2 (dois) anos, e multa.

Visto isso, se passa à análise dos três primeiros Artigos do supracitado projeto de lei, correlacionando-os sempre que necessário e pertinente à Resolução CFM n° 1.957, de 2010, bem como à Resolução-RDC ANVISA n° 23, de 2011.

Em primeiro lugar, convém salientar que existem inúmeras técnicas de reprodução assistida, destacando-se (por sua maior frequência), dentre outras, além da fertilização *in vitro,*[263] a inseminação artificial, o que faz pairar dúvidas se busca ou não o legislador abarcar as outras técnicas, uma vez que se por um lado diz que a Lei regulamentará o uso de técnicas de Reprodução Assistida (RA) (no plural); por outro lado, diz tão somente da fertilização *in vitro*.

Com efeito, a inseminação artificial também conhecida como fecundação *in vivo*[264] é como o próprio nome sugere, um método de procriação artificial, de pouca complexidade, o qual consiste na coleta do espermatozoide do homem e posterior transferência e depósito no colo do útero feminino, através de um cateter, sem a necessidade de anestesia[265], não havendo, como se nota, nenhuma relação sexual para que possa ocorrer a gravidez.

Já a fertilização *in vitro* é a técnica onde ocorre a indução artificial do ciclo menstrual da mulher, havendo a reprodução também artificial do ambiente das tubas de Falópio (antigamente designadas como trompas de Falópio), em um tubo de ensaio (daí o uso corriqueiro pelo grande público, do termo "bebê de proveta" para designar crianças nascidas através de tal técnica), facilitando, desse modo, a fecundação do óvulo através de técnicas laboratoriais.

---

263 Trata-se da técnica de reprodução assistida mais utilizada, a qual consiste na fertilização e desenvolvimento inicial de embriões em laboratório, isto é, fora do corpo humano, sendo posteriormente transferidos os mesmos para o útero da beneficiária, conforme se analisará mais à frente.

264 É assim também conhecida pela ausência de manipulação externa do material genético ou do embrião.

265 CAMARGO, Juliana Frozel de. *Reprodução humana: ética e direito*. Edicamp: Campinas, 2004, p. 21.

Ainda acerca da diferença entre inseminação artificial e fertilização *in vitro*, é importante assinalar que esta encontra--se assinalada logo no princípio da justificativa do projeto de Lei n° 90, de 1999, de autoria do então senador Lúcio Alcântara, de onde se extrai que "Reprodução Assistida (RA) é a tecnologia que importa na implantação artificial de espermatozoides ou embriões humanos no aparelho reprodutor de mulheres receptoras com a finalidade de facilitar a procriação. Basicamente, as técnicas de RA pertencem a duas modalidades: aquelas em que se introduz no aparelho reprodutor da mulher o esperma, genericamente denominadas Inseminação Artificial (IA), e a Fertilização *In Vitro* (FIV), na qual o óvulo e o esperma são juntados em um tubo de proveta e posteriormente se introduzem alguns embriões no aparelho reprodutor da futura mãe".

No entanto, a doutrina pátria (citando-se por todos, a lição de José Gonçalves Franco Junior) conceitua reprodução assistida como o "conjunto de métodos que tentam solucionar os problemas de infertilidade conjugal, interferindo no processo natural de reprodução, principalmente pelo manuseio de gametas e embriões".[266]

Visto isso, cumpre assinalar que a Resolução-RDC n° 23, de 2011, define, para efeitos de tal regulamento, (o que não impede que sejam assim conceituados para outros fins), respectivamente nos incisos VII, VIII e XIII de seu Artigo 4°, "Fertilização *In Vitro* convencional – FIV [como sendo a] técnica de reprodução humana assistida em que a fertilização do oócito pelo espermatozoide ocorre, de maneira espontânea, em laboratório"; "FIV com injeção intracitoplasmática do espermatozoide – ICSI, [como] a técnica de reprodução humana assistida onde a fertilização é obtida por meio da injeção de um único espermatozoide no citoplasma do oócito, utilizando-se da técnica de micromanipulação"; e "reprodução humana assistida [como a inclusão de] técnicas utilizadas para a obtenção de uma gravidez sem relação sexual".

---

266   FRANCO JUNIOR, J. G. Reprodução Assistida. In: CANELLA, Paulo VITI-ELLO, Nelson *Tratado de Reprodução Humana*. Rio de Janeiro: Cultura Médica, 1996, pp. 416-417.

A Inviolabilidade do DIREITO À VIDA

É interessante apontar que, reforçando assim, a dúvida que paira sobre a redação do dispositivo em comento, deve-se ressaltar que a Lei portuguesa nº 32/2006, de 16 de julho que regula a procriação medicamente assistida, assim estabelece em seus Artigos 1º e 2º:

> *"Artigo 1º – Objeto – A presente Lei regula a utilização de técnicas de procriação medicamente assistida.*
> *Artigo 2º – Âmbito – A presente Lei aplica-se às seguintes técnicas de procriação medicamente assistida: a) Inseminação artificial; b) Fertilização in vitro; c) Injeção intracitoplasmática de espermatozoides; d) Transferência de embriões, gametas ou zigotos; e) Diagnóstico genético pré-implantação; f) Outras técnicas laboratoriais de manipulação gamética ou embrionária equivalentes ou subsidiárias."*

Dessa forma, como se nota pela diferença de redações entre a Lei Portuguesa e o Projeto de Lei Brasileiro, confuso já se mostra este último, não podendo-se buscar pura e simplesmente interpretações extensivas, como se estivessem inseridas toda e qualquer técnica, haja vista se estar na seara do direito à vida.

Enquanto isso, a Resolução CFM nº 1.957, de 2010, não traz qualquer distinção entre as técnicas, conforme se verifica pela dicção dos incisos 1 a 4, do item I – Princípios Gerais do Anexo Único da supracitada resolução, nos seguintes termos:

> *"1 - As técnicas de reprodução assistida (RA) têm o papel de auxiliar na resolução dos problemas de reprodução humana, facilitando o processo de procriação quando outras terapêuticas tenham se revelado ineficazes ou consideradas inapropriadas.*
> *2 - As técnicas de RA podem ser utilizadas desde que exista probabilidade efetiva de sucesso e não se incorra em risco grave de saúde para a paciente ou o possível descendente.*
> *3 - O consentimento informado será obrigatório a todos os pacientes submetidos às técnicas de reprodução assistida, inclusive aos doadores. Os aspectos médicos envolvendo as circunstâncias da aplicação de uma técnica de RA serão detalhadamente expostos,*

assim como os resultados obtidos naquela unidade de tratamento com a técnica proposta. As informações devem também atingir dados de caráter biológico, jurídico, ético e econômico. O documento de consentimento informado será expresso em formulário especial e estará completo com a concordância, por escrito, das pessoas submetidas às técnicas de reprodução assistida.

4 - *As técnicas de RA não devem ser aplicadas com a intenção de selecionar o sexo (sexagem) ou qualquer outra característica biológica do futuro filho, exceto quando se trate de evitar doenças ligadas ao sexo do filho que venha a nascer."*

Assim, ao se utilizar do termo "técnicas de Reprodução Assistida (RA)", não restringindo-se posteriormente à fertilização *in vitro* apenas, pode-se concluir que está englobada por esta norma, toda e qualquer técnica e não apenas a fertilização *in vitro* como deixa dúvida o projeto de lei.

Questão que não pode passar despercebida é a que vem prevista no inciso II, do parágrafo único, do Artigo 1º, do projeto de Lei que ora se analisa, uma vez que o mesmo ao usar o termo "ou" após "às mulheres" acaba por permitir as assim chamadas pela mídia como "produções independentes", o que não se pode aceitar sob pena de se negar a uma criança ao menos a legítima expectativa de ter um pai, o que redundaria inegavelmente na violação de sua dignidade, na hipótese de aceitação também jurídica de práticas como esta.

Voltando-se para a Resolução CFM nº 1957, de 2010, deve-se assinalar que ao menos no seu inciso 2, do item I, andou bem o Conselho Federal de Medicina ao vedar a utilização de técnicas de Reprodução Assistida em toda e qualquer situação, o que seria um total absurdo até porque vastamente se aumentaria a chance de futuras destruições de embriões.

Nesse diapasão, elucida o professor Luciano Dalvi, nos seguintes termos: "é proibido, a medicina realizar procedimentos de reprodução assistida, que não tenham reais chances de sucesso. Nesse caso, o sucesso não é apenas o nascimento do filho, mas também o crescimento de um processo, em que apenas sejam feitos embriões que sejam utilizados. Não resta dúvida que fere a ética e a legislação que a clínica de reprodução assistida faça inúmeras experiências com vida humana, sem que seja aproveitada, e ainda pior, congelada, como se fossemos coisa (sorvete etc) e não uma pessoa. (...) Pelo princípio da proporcionalidade não é admitida essa forma de reprodução assistida, por estar desarmônica com o direito à vida, o direito de existir e por ser uma técnica desumana e cruel que congela seres humanos que não forem aproveitados, como se estivéssemos numa sociedade de princípios nazistas".

Em relação ao inciso 3, do item I da Resolução CFM, parece ter sido procurada pelo Conselho uma maior reflexão dos pacientes submetidos às técnicas de reprodução assistida, inclusive aos doadores. Porém, não obstante a possível intenção do CFM, por si só o exigido nesse inciso não garante que o consentimento seja sem vício, haja vista que por vezes na perspectiva de se conseguir engravidar a qualquer custo, inúmeros casais acabam assumindo um "risco", sobretudo emocional, que nem sempre conseguem suportar nos casos de fracasso na tentativa.

De igual modo, maior reflexão deveria ser exigida por parte dos doadores, os quais ao doarem gametas, acabam por contribuir para o nascimento de uma criança, a qual nunca (ou pelo menos, dificilmente), conseguirá ver um dia e vice-versa.

Assim, penso que deveria ser exigido um tempo de reflexão para os doadores, e principalmente para os casais, devendo ambos passar por psicólogos, os quais inclusive poderiam colaborar para que o casal pudesse atingir o objetivo da paternidade/maternidade, até porque em inúmeros casos, a infertilidade está relacionada a questões de ordem psicológica e emocional, muitas vezes pela própria ansiedade.

Acerca do consentimento dos pacientes, leciona Christine Mendes que "é indispensável não apenas o mero consentimento, mas a concreta ciência dos envolvidos sobre suas responsabilidades futuras, quando do nascimento da criança".[267]

---

267 MENDES, Christine Keller de Lima. *Mães substitutas e a determinação da maternidade: implicações da reprodução medicamente assistida na fertilização* in vitro *heteróloga.* Disponível em: <http://www.boletimjuridico.com.be/doutrina/texto.asp?id=1310>. Acesso em: 25 de maio de 2011.

Nessa esteira, cumpre ressaltar que o Artigo 19, do projeto de Lei n° 1.184, de 2003, prevê constituir crime em seu inciso II, praticar a reprodução assistida sem obter o consentimento livre e esclarecido dos beneficiários dos beneficiários e dos doadores na forma determinada no mesmo projeto de Lei ou em desacordo com os termos constantes do documento de consentimento por eles assinado, penalizando o infrator com reclusão, de 1 (um) a 4 (quatro) anos, e multa.

Ainda acerca da exigência do Termo de Consentimento Livre e Esclarecido, deve-se atentar para um equívoco cometido na elaboração da Resolução-RDC n° 23, de 2011 da ANVISA, uma vez que tal termo deverá ser assinado tanto pelos pacientes submetidos às técnicas de reprodução assistida, quanto pelos doadores, razão pela qual mostra-se equivocado o uso do termo "ou" ao invés do termo "e", em seu Artigo 17, *caput*, em que pese poder se chegar à conclusão da exigência de ambos assinarem tal documento, fazendo-se uma interpretação integral da norma.

Com efeito, dispõe o supracitado Artigo 17, *caput*, da Resolução-RDC n° 23, de 2011 da ANVISA que "o Termo de Consentimento Livre e Esclarecido deve ser obtido antes da coleta da amostra, por escrito, e assinado pelo médico e pelos pacientes **ou** doador". (grifei)

Contudo, o parágrafo único do mesmo Artigo, dispõe que "os procedimentos só poderão ser executados pelo BCTG após a assinatura do consentimento pelo doador **e** pelos pacientes". (grifei)

No mesmo sentido, refutando a alternatividade quanto à exigência de assinatura do Termo de Consentimento Livre e Esclarecido, trazida pelo Artigo 17, *caput* da mesma norma, assim estabelecem os Artigos 19, inciso III e Artigo 23, inciso II:

> *"Artigo 19 - É candidato à doação de células e tecidos germinativos e embriões o indivíduo que satisfaça pelo menos as seguintes condições: [...] III – concordar em assinar o Termo de Consentimento Livre e Esclarecido;*
>
> *Artigo 23 - Pacientes que realizam procedimentos com células e tecidos germinativos para uso próprio devem satisfazer as seguintes*

condições: [...] II – assinatura do Termo de Consentimento Livre e Esclarecido pelo paciente ou seus responsáveis legais".

Quanto à forma de elaboração e o conteúdo do Termo de Consentimento Livre e Esclarecido, dispõe a Resolução-RDC nº 23, de 2011 da ANVISA em seu Artigo 18, incisos e parágrafo único:

"Artigo 18 - O Termo de Consentimento Livre e Esclarecido deve ser redigido em linguagem clara e compreensível e deve conter, quando couber: I - autorização para a realização dos procedimentos de reprodução humana assistida; II - autorização para transferência de embriões; III - autorização para criopreservação das amostras e embriões; IV - autorização para doação de oócitos, para doação de sêmen e para doação de embriões com fins terapêuticos; V - autorização para descartar as amostras que não atenderem aos critérios para armazenamento ou uso posterior pelo BCTG; VI - autorização para a coleta de sangue para a realização dos testes obrigatórios pela legislação e outros descritos pelo BCTG; VII - autorização da paciente receptora, no caso de recebimento de oócitos doados a fresco, contendo informações claras sobre o risco de contrair doenças infecciosas; VIII - manifestação da vontade de doar ou não o material para projetos de pesquisa que tenham sido previamente aprovados por Comitê de Ética em Pesquisa (CEP) e pela Comissão Nacional de Ética em Pesquisa (CONEP).
Parágrafo único. Na hipótese do inciso III deste Artigo, os pacientes devem ser informados da redução da viabilidade das amostras e embriões descongelados, bem como da possibilidade de contaminação cruzada entre as unidades congeladas, com risco de contrair doenças infecciosas."

Deve-se apontar que além deste Termo de Consentimento Livre e Esclarecido geral a ser obtido antes da coleta da amostra, por escrito, e assinado pelo médico e pelos pacientes e doador, há um especifico, o qual encontra-se previsto no parágrafo único do Artigo 8º da mesma Resolução-RDC ANVISA nº 23, de 2011, o qual será assinado por todos os pacientes com amostras/embriões criopreservados, em cujo documento constará a previsão inclusive do destino dos embriões criopreservados.

Conforme preliminar análise do *caput* do Artigo 8º da citada Resolução da ANVISA, pode-se extrair do mesmo que tal Termo de Consentimento Livre e Esclarecido específico somente será assinado na hipótese do BCTG encerrar suas atividades. Tanto é assim, que para a assinatura de tal Termo, impôs a mesma Resolução que o responsável legal pelo serviço convoque os pacientes para a assinatura do mesmo.

No entanto, não se pode deixar de esclarecer que se outorga aos pacientes o direito de decidir sobre a vida do ser humano embrionário, uma vez que poderão decidir (ao meu sentir, violando o Texto Constitucional, sobretudo os seus Artigos 1º, inciso III e 5º *caput*), inclusive, pela destruição do embrião, haja vista a não existência de nenhuma ressalva em tal norma, o que equivoca ou propositalmente poderia possibilitar tal errônea e inconstitucional interpretação.

Desse modo, demonstra-se novamente o desrespeito por parte do Poder Público pelo ser humano embrionário, uma vez que se estivesse tal norma tratando de seres humanos já nascidos, sem sombra de dúvidas, não se mostraria a mesma tão omissa e silente, como se pode constatar pelo seu teor.

Já quanto ao inciso 4 do item 1, da Resolução do CFM, terrível é especialmente a ressalva no supracitado dispositivo; ressalva esta que se torna disposição expressa no Artigo 15, do Projeto de Lei nº 1184, de 2003, uma vez que este visa estabelecer que "a pré--seleção sexual será permitida nas situações clínicas que apresentarem risco genético de doenças relacionadas ao sexo, conforme se dispuser em regulamento".

Com efeito, a ressalva (no caso da Resolução do CFM) e a disposição expressa (na hipótese do projeto de Lei nº 1184/2003) ainda que à primeira vista, tragam consigo uma carga de humanitarismo, na verdade abre precedente para que se possam selecionar pessoas, o que é inadmissível não apenas do ponto de vista jurídico-constitucional, mas também, moral, uma vez que isso redunda em coisificar o ser humano embrionário, o que inexoravelmente viola a sua condição de pessoa humana dotada de dignidade igual à de qualquer outro ser da espécie humana, fazendo-me infelizmente lembrar da política nazista de Hitler, a qual também visava a seleção de pessoas.

A INVIOLABILIDADE DO DIREITO À VIDA

Penso, acredito e defendo que não se pode e não se deve admitir a aplicação de técnicas de reprodução assistida com a intenção de selecionar o sexo (sexagem) ou qualquer outra característica biológica do futuro filho mesmo quando se tratar de evitar doenças ligadas ao sexo do filho que venha a nascer, pois tal manipulação coloca o ser embrionário como um produto, o qual passaria por um controle de qualidade.

Quanto à realização da pré-seleção sexual de gametas ou embriões fora das hipóteses expressamente previstas no supracitado Artigo 15 do Projeto de Lei nº 1184, de 2003, cumpre esclarecer que no mesmo projeto de lei, especificamente no inciso VIII, de seu Artigo 19, há a cominação de pena de reclusão, de um a três anos, e multa para o infrator.

Acerca da seleção e descarte de embriões com problemas genéticos no processo de FIV - Fertilização *In Vitro*, afirma o Dr. Arnaldo Schizzi Cambiaghi, médico especialista em infertilidade "(que) essa técnica deve ser avaliada sob a luz dos princípios éticos e legais, pois a seleção e o descarte de embriões que tem condições de vida, mesmo com problemas genéticos, gera controvérsias que podem ser penalizados. Deve ser lembrado ainda que (há) chances de erro, que podem chegar a 10%".[268]

Interessante apontar, ainda, que alguns países já estão aceitando a sexagem visando o "balanço familiar", o qual consistiria na possibilidade de casais que já tenham muitos filhos do mesmo sexo poder usar a reprodução assistida para terem filho de outro sexo.

Com efeito, "a Associação Belga de Bioética, por exemplo, em 1996 publicou normas éticas para seleção de sexo no planejamento familiar: considera um ato eticamente aceitável quando realizado em uma família que já possua filhos de um mesmo sexo, buscando filho de gênero diferente; estabeleceu que não pode ser realizada no primeiro filho do casal e nem quando houver equilíbrio entre a frequência de sexos na família".[269]

---

268   BRASIL. Uol/Síndrome de down/Planejando/Guia do bebê. Disponível em: <http://guiadobebe.uol.com.br/planej/sindrome_de_down.htm>. Acesso em: 10 de janeiro de 2011.

269   CLOTET, Joaquim, FEIJÓ, Anamaria Gonçalves dos Santos, OLIVEIRA,

No tocante ao Artigo 3° do projeto de Lei n° 1.184/2003 há a clara proibição da gestação de substituição; proibição esta que não se verificava na Resolução CFM n° 1.358/92 e não se verifica na atual Resolução do CFM, a qual nos incisos 1 e 2 do seu item VII, capítulo sobre a gestação de substituição (doação temporária do útero), assegura tal situação, nos seguintes termos:

> *"As clínicas, centros ou serviços de reprodução humana podem usar técnicas de RA para criarem a situação identificada como gestação de substituição, desde que exista um problema médico que impeça ou contraindique a gestação na doadora genética.*
> *1 - As doadoras temporárias do útero devem pertencer à família da doadora genética, num parentesco até o segundo grau, sendo os demais casos sujeitos à autorização do Conselho Regional de Medicina.*
> *2 - A doação temporária do útero não poderá ter caráter lucrativo ou comercial."*

A gestação de substituição é a chamada barriga de aluguel (muito embora o item 2 estabeleça de forma inequívoca a vedação de caráter lucrativo ou comercial), a qual tornou-se popular no Brasil sobretudo após novela da Rede Globo de Televisão de mesmo nome, exibida entre 1990 e 1991 no Brasil e exibida em inúmeros países do mundo.

Na trama,[270] Ana, interpretada por Cássia Kiss, que passa por diversas tentativas fracassadas de engravidar de seu marido Zeca, interpretado por Victor Fasano, decide oferecer à balconista Clara, vivida por Cláudia Abreu um acordo de "barriga de aluguel", vindo esta por ter poucos recursos financeiros, a aceitar a proposta e a se submeter à fertilização *in vitro*.

É importante salientar que a novela, de grande sucesso na época, inclusive apresentou uma disputa judicial entre Ana e Clara

---

Marília Gerhardt (Coordenadores). *Bioética: uma visão panorâmica.* Porto Alegre: EDIPUCRS, 2005, p. 166.

270   BRASIL. G1 Pop & Arte/Notícias. *Novela 'Barriga de aluguel' abordou tema da fertilização.* Disponível em: <http://g1.globo.com/Noticias/PopArte/0,,MUL106957-7084,00-NOVELA+BARRIGA+DE+ALUGUEL+ABORDOU+TEMA+DA+FERTI LIZACAO.html>. Acesso em: 09 de janeiro de 2011.

acerca da maternidade do bebê após o nascimento deste, o que levou ao público a indagar a si próprio se em casos como esses, a sentença final deveria dar a guarda da criança à mulher que gera o embrião ou àquela que o desenvolve em sua barriga, sendo certo que a novela terminou, não respondendo tal questão, haja vista a grande complexidade que gira em torno da matéria.

Talvez aqui nesse ponto os caríssimos leitores possam estar se perguntando sobre o motivo de se citar uma novela dentro de um contexto científico.

Pois bem! A ideia de trazer uma novela para ilustrar o presente capítulo se deve, além das questões jurídicas, éticas e morais, especialmente às imbricações sentimentais que traz a chamada "barriga de aluguel", o que foi bem delineado na trama global.

Com efeito, muito embora tenha uma posição pessoal de que mãe não é apenas a que gera, mas também e principalmente a que cria, não há como negar que ao longo de nove meses de gestação a criança gerada passa a ter inexoravelmente laços de afeto com aquela que a gerou e vice-versa; havendo grande possibilidade de embates judiciais pela criança, ainda que haja um contrato (o que penso ser de todo desprezível, haja vista que não estamos falando de um bem comum a ser adquirido nas prateleiras das grandes lojas, mas sim, de uma criança, de uma vida humana) dispondo acerca da maternidade, uma vez que a questão ultrapassa o campo racional, atingindo ao certo o coração dos envolvidos.

Além da questão sentimental a qual considero ponto nevrál-gico da matéria, tem-se na "barriga de aluguel" uma completa aber-ração jurídica, uma vez que em casos como esse em que a mulher possua algum problema sério no útero, devido alguma doença ou má-formação, por exemplo, utiliza-se do útero de uma terceira mulher, para que esta então receba o embrião do casal. Ora, em casos como esse, não se pode negar que aquela que por nove meses levou em seu ventre uma criança não possa se sentir mãe da mesma. E aqui então, surge uma grande querela que apesar de transcender o campo do direito, tem aqui um grande impacto, pois como negar uma situação de fato em que uma criança passa a ter duas mães?

Sim, pois embora exista um "acordo de barriga de aluguel", tem-se de um lado uma mulher que possa ter doado seus óvulos para serem fecundados com o espermatozoide de seu esposo, e de outro uma mulher que carregou por nove meses a criança em seu ventre, a qual sofreu todos os percalços de uma gravidez, como por exemplo, inchaço, enjoos etc.

Fato é que o ordenamento jurídico veda que formalmente se tenha duas mães ou dois pais, tanto é assim que em casos de adoção, o Estatuto da Criança e do Adolescente (E.C.A.), Lei nº 8069, de 13 de julho de 1990, veda[271] a adoção por ascendentes ou irmãos do adotando, visando, assim, impedir que ao mesmo tempo se tenha uma situação em que o adotado seja neto e filho da adotante ou filho e irmão do adotante, por exemplo.

Dessa forma, muito embora se esteja na seara da adoção, pode-se concluir até mesmo por analogia ser vedado que se outorgue a maternidade jurídica a duas mulheres, embora a maternidade sentimental sempre será de ambas, uma vez que sendo o ser humano dotado de sentimentos de carinho e afeto, não se pode negar que aquela que gerou a criança e a deu a luz, não se sentirá como mãe, até porque deplorável seria se entender diferente, no sentido de que tratar-se-ia de um simples contrato, pois isso seria ferir de morte a dignidade da pessoa humana, a qual como assinalado anteriormente nesta obra deve ser o lócus de interpretação constitucional, pois estaria se reduzindo o ser humano à condição de coisa, o que não se pode admitir não apenas sob a ótica jurídico-constitucional brasileiro, mas também do ponto de vista ético-moral.

Cumpre esclarecer que fazendo um paralelo entre o que busca o E.C.A e a Resolução do CFM em análise, verifica-se estar em total descompasso esta com a legislação em vigor e com o próprio infeliz Projeto de Lei nº 1.184, de 2003, o qual visa tratar da matéria, uma vez que a resolução, conforme já visto, estabelece que as doadoras temporárias do útero devem pertencer à família da doadora genética, num parentesco até o segundo grau, isto é, deve a doadora

---

271   Artigo 42 - (...) § 1º Não podem adotar os ascendentes e os irmãos do adotando.

temporária do útero ser mãe (parentesco de primeiro grau) ou irmã (parentesco de segundo grau) da doadora genética.

Inexoravelmente ao meu sentir, a chamada "gestação por substituição", afronta a dignidade humana de todas as pessoas envolvidas, sobretudo, o nascido deste modo, causando-lhes um profundo abalo psíquico e moral.

Cumpre ressaltar que, conforme assinalado, havendo a proibição expressa à gestação de substituição no projeto de Lei n° 1.184, de 2003, este prevê no inciso III de seu Artigo 19, a pena prevista para quem "participar do procedimento de gestação de substituição, na condição de beneficiário, intermediário ou executor da técnica", a qual é de reclusão, de um a três anos, e multa, podendo ser considerada uma pena branda em se tratando de crime relacionado à vida humana, sendo certo que a depender da condição do apenado poderá a pena privativa de liberdade ser, inclusive, substituída por pena restritiva de direito, na forma do Artigo 44[272], do Código Penal, observando-se ainda, o parágrafo único do mesmo Artigo 19 do projeto de Lei em análise o qual

---

272 Artigo 44 - As penas restritivas de direitos são autônomas e substituem as privativas de liberdade, quando: I – aplicada pena privativa de liberdade não superior a quatro anos e o crime não for cometido com violência ou grave ameaça à pessoa ou, qualquer que seja a pena aplicada, se o crime for culposo; II – o réu não for reincidente em crime doloso; III – a culpabilidade, os antecedentes, a conduta social e a personalidade do condenado, bem como os motivos e as circunstâncias indicarem que essa substituição seja suficiente. [...]
§ 2° Na condenação igual ou inferior a um ano, a substituição pode ser feita por multa ou por uma pena restritiva de direitos; se superior a um ano, a pena privativa de liberdade pode ser substituída por uma pena restritiva de direitos e multa ou por duas restritivas de direitos.
§ 3° Se o condenado for reincidente, o juiz poderá aplicar a substituição, desde que, em face de condenação anterior, a medida seja socialmente recomendável e a reincidência não se tenha operado em virtude da prática do mesmo crime.
§ 4° A pena restritiva de direitos converte-se em privativa de liberdade quando ocorrer o descumprimento injustificado da restrição imposta. No cálculo da pena privativa de liberdade a executar será deduzido o tempo cumprido da pena restritiva de direitos, respeitado o saldo mínimo de trinta dias de detenção ou reclusão.
§ 5° Sobrevindo condenação a pena privativa de liberdade, por outro crime, o juiz da execução penal decidirá sobre a conversão, podendo deixar de aplicá-la se for possível ao condenado cumprir a pena substitutiva anterior.

dispõe que "ao aplicar as medidas previstas neste Artigo, o juiz considerará a natureza e a gravidade do delito e a periculosidade do agente".

Ainda acerca da "gestação por substituição", também chamada de "maternidade por substituição" é interessante transcrever os incisos 1 a 3, do Artigo 8° da Lei Portuguesa n° 32/2006, de 26 de julho, os quais assim estabelecem:

"Artigo 8° - Maternidade de substituição.

1 — São nulos os negócios jurídicos, gratuitos ou onerosos, de maternidade de substituição.

2 — Entende-se por "maternidade de substituição" qualquer situação em que a mulher se disponha a suportar uma gravidez por conta de outrem e a entregar a criança após o parto, renunciando aos poderes e deveres próprios da maternidade.

3 — A mulher que suportar uma gravidez de substituição de outrem é havida, para todos os efeitos legais, como mãe da criança que vier a nascer."

Ainda no direito alienígena, encontram-se legislações acerca da gestação por substituição.

Nessa perspectiva, cumpre observar que a Lei Alemã considera nulo todo e qualquer contrato relacionado à procriação ou gestação em terceiros.

A Lei Espanhola, além de considerar nulos os contratos relativos à gestação por substituição, também considera mãe, a mulher que der à luz à criança recém-nascida.

Na França será considerada mãe a mulher que deu à luz à criança recém-nascida, sendo certo que o Artigo 16 do Código Civil Francês preceitua que "toda convenção sobre procriação ou gestação em terceiros é nula".

Já a Lei Inglesa sobre gestação de substituição considera mãe, a mulher que deu à luz ao recém-nascido, sendo certo que inexiste expressa proibição em tal ordenamento jurídico de que sejam celebrados "contratos" de gestação por substituição.

A Inviolabilidade do Direito à Vida

Quanto à legislação Norte Americana é importante se ater a um fato histórico quanto ao próprio modelo de repartição constitucional de competência legislativa deste país.

Com efeito, a formação do pacto federativo nos Estados Unidos se deu mediante o fato histórico das antigas colônias, Estados-membros de uma Confederação abrirem mão de sua soberania, unindo-se em um Estado Federal, o que ocasionou, diferentemente do Brasil (uma vez que no caso brasileiro, se passou de um Estado Unitário para um Estado Federal, caracterizado em apertada síntese pela descentralização do poder através das unidades da federação), por parte dos Estados-membros, antes soberanos, em manterem para si, determinados poderes, o que explica o que será esclarecido em seguida, acerca da legislação dos Estados estadunidenses sobre a gestação por substituição.

Sobre a legislação dos Estados Unidos acerca da matéria, leciona Adriana Maluf que:

> *"A maioria dos estados americanos entende ser a mãe a mulher que deu à luz; em apenas alguns casos vem considerando válido o contrato de gestação atribuindo à mãe biológica a maternidade, como nos Estados de Arkansas e Nevada.*
> *Entende-se ainda em sua maioria como sendo nulo e não executável esse tipo de contrato, como nos Estados do Arizona, Indiana e North Dakota, Kentucky, Louisiana, Nebraska, Utah e Washington; criminalizando ainda quando da presença do elemento pecuniário na questão, como no Estado de Michigan. O Estado da Califórnia, numa interpretação extensiva do Uniform Parentage Act, alargou as possibilidades de parentalidade para ali incluir o contrato de gestação."[273]*

Assim, pode-se concluir que as leis Alemã, Espanhola, Norte Americana (relativa a alguns Estados-Membros), Francesa, Inglesa e Portuguesa, dentre outras, corroboram a tese que ora se defende nesta obra, quanto à inviabilidade jurídica da popular "barriga de aluguel".

---

273   MALUF, Adriana Caldas do Rego Freitas Dabus. *Curso de bioética e biodireito.* São Paulo: Atlas, 2010, pp. 172-173.

Importa salientar que Zeno Veloso, acerca da legislação alienígena sobre gestação por substituição, assevera que "tem prevalecido na legislação comparada o princípio de que mãe é aquela que dá à luz à criança. Advindo daí que a maternidade é legalmente estabelecida pelo parto e não pela transmissão de patrimônio genético".[274]

Por fim, se entende como questão importante a ser salientada, que muito embora o inciso 2 do Capítulo VII da Resolução do CFM vede expressamente que a doação temporária do útero possa ter caráter lucrativo ou comercial, até porque seria então uma incoerência a utilização do termo "doação", não é o que se constata ao se fazer uma simples pesquisa sem muitas delongas na rede mundial de computadores, onde se verifica inúmeras mulheres oferecendo-se para "doação" por até R$ 200.000,00 (duzentos mil reais).

Importa salientar ainda que apesar de ser ilegal, à luz do Artigo 15, da Lei nº 9.434, de 4 de fevereiro de 1997[275], tal prática repugnante é bastante comum no Brasil, tendo sido noticiado inclusive por veículo de comunicação paulistano que "Barriga de aluguel é encontrada na região por até R$ 200 mil"[276], conforme de fato se constata através de simples pesquisa na rede mundial de computadores.

Do ponto de vista da criança, sem qualquer dúvida, há que se anotar que a prática da gestação por substituição acarretará à mesma, conflitos psicológicos com a figura da tia-mãe ou da mãe-avó, por exemplos, bem diferentes dos casos em que tais figuras ocorrem simplesmente por afeto e não por ter a criança sido gerada em sua tia ou em sua avó.

---

274 VELOSO, Zeno. *Direito brasileiro da filiação e paternidade*. São Paulo: Malheiros, 1997, p. 155.

275 Art. 15. Comprar ou vender tecidos, órgãos ou partes do corpo humano:
Pena - reclusão, de três a oito anos, e multa, de 200 a 360 dias-multa.
Parágrafo único. Incorre na mesma pena quem promove, intermedeia, facilita ou aufere qualquer vantagem com a transação.

276 BRASIL. Diário do Grande ABC/SETECIDADES. *Barriga de aluguel é encontrada na região por até R$ 200 mil*, de 26 de julho de 2009, Disponível em: <http://www.dgabc.com.br/News/5757024/barriga-de-aluguel-e-encontrada-na-regiao-por-ate-r$-200-mil.aspx>. Acesso em: 17 de janeiro de 2011.

A INVIOLABILIDADE DO DIREITO À VIDA

Em relação ao Capítulo II – Do consentimento livre esclarecido – do projeto de Lei nº 1.184, de 2003, não irei transcrevê-lo, haja vista que ficaria repetitivo, uma vez que já o analisamos anteriormente.

Assim, remeto os leitores às considerações feitas ao inciso 3 do item I da Resolução do CFM, tendo em vista não haver alterações significativas no texto do projeto de lei, ressalvado o inciso VI, do Artigo 4º do projeto supra, o qual exige esclarecimento aos beneficiários acerca dos procedimentos por eles autorizados, inclusive quanto ao número de embriões a serem criados, observando-se o limite de 2 (dois) embriões, conforme será analisado mais a frente.

Aqui, cumpre ressaltar que o Artigo 19, do projeto de Lei em análise, prevê constituir crime em seu inciso VII, implantar mais de 2 (dois) embriões na mulher receptora, penalizando o transgressor da norma, com pena de reclusão, de 1 (um) a 4 (quatro) anos, e multa.

Nesse diapasão, julgo que o dispositivo em análise não conseguirá atingir um fim maior, o qual na espécie seria possibilitar a formação de apenas um embrião, o que oportunizaria o fim de embriões excedentários, os quais com total desrespeito são congelados, como se fossem sorvete ou um produto perecível, o que deve ser reprimido com veemência não apenas amparado em concepções morais e/ou religiosas, sobretudo, em concepções ético-jurídicas.

Desse modo, em que pese o projeto de Lei estabelecer um limite de "produção" (criação como defendo) e transferência de até dois embriões, respeitada a vontade da mulher receptora, a cada ciclo reprodutivo, tal dispositivo não é o ideal, uma vez que ainda sem qualquer dúvida possibilita embriões excedentários, os quais conforme já assinalado, acabam por ser congelados.

Nesse sentido, colhe-se na doutrina especializada que "até recentemente não se dispunha de tecnologia adequada para o congelamento de óvulos, o que levava a que todos fossem inseminados. Assim, em pelo menos 30% dos ciclos obtinham-se embriões excedentes, os quais poderiam ser congelados, utilizados para pesquisa, doados ou destruídos. Do ponto de vista ético, a destruição é indefensável (...). A opção de doação para pesquisa fere a dignidade do embrião, como já ficou explicitado no Código de Nuremberg, apesar dessa prática ser aceita em alguns países".[277]

Na verdade, o ideal quanto ao respeito pelo ser humano embrionário somente será alcançado quando se respeitar o mesmo como ser humano e não como um mero material genético, o qual, na visão de muitos, pode sem qualquer comprometimento ético, moral ou jurídico ser congelado ou até mesmo destruído em pesquisas científicas.

De toda forma, cumpre assinalar que a "produção" de embriões além da quantidade permitida é, nos termos do inciso IX, do Artigo 19, do mesmo projeto de Lei nº 1.184, de 2003, punível com pena de reclusão, de um a três anos, e multa.

Visto isso, passo à conclusão da análise dos princípios gerais dispostos na Resolução, assim estabelecendo os incisos 5 a 7 do seu item 1:

> "5 - *É proibida a fecundação de oócitos[278] humanos com qualquer outra finalidade que não a procriação humana.*
> 6 - *O número máximo de oócitos e embriões a serem transferidos para a receptora não pode ser superior a quatro. Em relação ao número de embriões a serem transferidos, são feitas as seguintes determinações: a) mulheres com até 35 anos: até dois embriões); b) mulheres entre 36 e 39 anos: até três embriões; c) mulheres com 40 anos ou mais: até quatro embriões.*
> 7 - *Em caso de gravidez múltipla, decorrente do uso de técnicas de RA, é proibida a utilização de procedimentos que visem à redução embrionária.*"

Como se nota, bastante delicadas se mostram as redações dos incisos 5, 6 e 7 do item I, da resolução que ora se analisa.

Com efeito, tem-se a expressa vedação da fecundação de oócitos humanos para finalidade diversa da procriação humana e ainda a garantia (pelo menos do ponto de vista normativo) de que não haverá

---

277 CLOTET, Joaquim, FEIJÓ, Anamaria Gonçalves dos Santos, OLIVEIRA, Marília Gerhardt (Coordenadores). *Op. cit.*, pp. 158-159.

278 Designação conferida ao gameta feminino depois da primeira divisão meiótica e antes da fertilização (nota nossa).

o abortamento de nenhum embrião, haja vista ser proibida a utilização de procedimentos nesse sentido, conforme preceitua o inciso 7 do item 1, da Resolução CFM nº 1957, de 2010, acima transcrita.

É bem verdade que tais garantias possuem importância para a defesa da vida humana e de sua indelével dignidade, muito embora estejam longe de chegar a atingirem tal *status*.

Cumpre registrar que acerca da redução embrionária, dispõe o projeto de Lei nº 1.184, de 2003, nos incisos IV e V, de seu Artigo 20, respectivamente, ser crime punível com pena de reclusão de 3 (três) a 10 (dez) anos de reclusão, "praticar o médico redução embrionária, sem consentimento, após a implantação no organismo da receptora, salvo nos casos em que houver risco de vida para mulher"; caindo a pena para de 1 (um) a 4 (quatro) anos de reclusão na hipótese de haver o consentimento.

Por outro lado, preocupante é o item 6 da Resolução, uma vez que em certas circunstâncias o mesmo poderá ocasionar a destruição futura de milhares e milhares de embriões humanos, ferindo assim o direito à vida e a dignidade destes seres humanos inocentes.

Não se pode esquecer que após a fertilização não temos um amontoado de células, mas sim, e verdadeiramente o que temos é uma vida humana, o que é comprovadamente constatado pela Biologia, conforme inclusive foi apresentado no capítulo inicial desta obra.

Por encontrar-se em profunda sintonia com o inciso 6, do item I, mostra-se importante a análise conjunta do item V da Resolução nº 1957, de 2010, o qual é intitulado "Criopreservação de gametas e embriões" e que assim dispõe:

1 - As clínicas, centros ou serviços podem criopreservar espermatozoides, óvulos e embriões.

2 - Do número total de embriões produzidos em laboratório, os excedentes, viáveis, serão criopreservados.

3 - No momento da criopreservação, os cônjuges ou companheiros devem expressar sua vontade, por escrito, quanto ao

destino que será dado aos pré-embriões criopreservados em caso de divórcio, doenças graves ou falecimento de um deles ou de ambos, e quando desejam doá-los.

Já na Resolução-RDC ANVISA nº 23, de 2011, dentre outros dispositivos, colhe-se de seu Artigo 49 e §§, norma que flagrantemente fere a dignidade do ser humano embrionário, seja pela condição a qual o mesmo é submetido, seja pela diminuição das chances de prosseguir com vida, conforme se constata pelo seu teor normativo:

> *"Artigo 49 - A criopreservação das amostras deve ocorrer o mais precocemente possível, com descrição do procedimento em instruções escritas e validado pelo BCTG.*
>
> *§1º O BCTG deve ter reservatórios ou containers específicos para o armazenamento de sêmen, tecidos germinativos, oócitos, quando couber, e embriões.*
>
> *§2º O BCTG deve manter registros da avaliação da viabilidade de cada amostra descongelada para uso.*
>
> *§3º As amostras criopreservadas devem ser depositadas em um local fixo e pré-determinado que permita a sua localização com facilidade, rapidez e segurança.*
>
> *§4º Caso o BCTG realize atividades com doadores deverá haver congeladores ou reservatórios específicos e exclusivos para amostras processadas e ainda não liberadas (em quarentena) e para amostras liberadas."*

Ainda na mesma norma da ANVISA, colhe-se a obrigatoriedade dos embriões criopreservados serem acondicionados em reservatórios identificados e com material refrigerante adequado para a preservação das características e funções biológicas do embrião; sendo expressamente proibida a sua irradiação, conforme dispõem os §§ 2º e 3º, de seu Artigo 55.

À vista de tais dispositivos normativos, cumpre salientar que conforme já assinalado anteriormente, em que pese haver discussões acerca da criopreservação (congelamento) de gametas (espermatozoide e óvulos) por parte da doutrina entender que haveria apenas nesse caso expectativa de vida; quanto aos embriões não há que se falar em nenhuma hipótese em expectativa de vida, mas sim, em vida plena, não do ponto de vista moral ou religioso e nem tampouco à luz eminentemente do Direito, mas sim, do ponto de vista biológico, conforme as lições de especialistas, as quais foram apresentadas anteriormente.

Desse modo, o congelamento de embriões, inexoravelmente fere a sua dignidade como pessoa humana que já é.

Nesse sentido, defendendo a existência de vida humana no embrião, seja *in vivo*, seja *in vitro*, leciona Adriana Maluf que "com a definição do embrião *in vivo* como pessoa, por uma adequação lógica, o embrião *in vitro* seria também pessoa – devido à sua carga genética. Realmente [...] entendemos que se trata sim de uma pessoa tanto quanto o é o embrião obtido pela fertilização convencional [...]".[279]

Ainda nessa esteira, assinala a médica, doutora em Patologia, Mariangela Badalotti que "o congelamento é extremamente discutível sob a ótica da ética, pois fere a dignidade do embrião. É objetável que os embriões possam ser deliberadamente colocados em uma situação onde seu desenvolvimento natural é suspenso, e suas vidas e futuro colocados em perigos. Muitos embriões não sobrevivem ao processo de congelamento e descongelamento – o índice de sobrevivência pós-descongelamento é da ordem de 70-80%".[280]

Sob essa perspectiva, mostra-se de grande importância um pequeno paralelo com a Lei nº 11.105, de 24 de março de 2005 – Lei de Biossegurança, em que pese a sua análise no capítulo anterior da presente obra, à luz da Constituição (onde foram apresentados argumentos a favor da inconstitucionalidade da Lei nº 11.105, de 2005, em que pese o Supremo Tribunal Federal ter decidido contrariamente), merecendo aqui, novamente, no entanto, serem frisados alguns apontamentos, especificamente no que tange a criopreservação (congelamento) de embriões.

---

279 MALUF, Adriana Caldas do Rego Freitas Dabus. *Curso de bioética e biodireito.* São Paulo: Atlas, 2010, p. 116.

280 CLOTET, Joaquim, FEIJÓ, Anamaria Gonçalves dos Santos, OLIVEIRA, Marília Gerhardt (Coordenadores). *Op. cit.*, p. 160.

Com efeito, assim dispõe o Artigo 5° da supracitada Lei de Biossegurança:

> *"Artigo 5° - É permitida, para fins de pesquisa e terapia, a utilização de células-tronco embrionárias obtidas de embriões humanos produzidos por fertilização in vitro e não utilizados no respectivo procedimento, atendidas as seguintes condições: I – sejam embriões inviáveis; ou II – sejam embriões congelados há 3 (três) anos ou mais, na data da publicação desta Lei, ou que, já congelados na data da publicação desta Lei, depois de completarem 3 (três) anos, contados a partir da data de congelamento.*
> *§ 1° Em qualquer caso, é necessário o consentimento dos genitores.*
> *§ 2° Instituições de pesquisa e serviços de saúde que realizem pesquisa ou terapia com células-tronco embrionárias humanas deverão submeter seus projetos à apreciação e aprovação dos respectivos comitês de ética em pesquisa.*
> *§ 3° É vedada a comercialização do material biológico a que se refere este Artigo e sua prática implica o crime tipificado no Artigo 15 da Lei n° 9.434, de 4 de fevereiro de 1997."*

Questão que merece destaque especial é que o inciso II, da Lei de Biossegurança, permite o uso de células-tronco embrionárias obtidas de embriões humanos produzidos por fertilização *in vitro* e não utilizados no respectivo procedimento, dentre outras hipóteses, na de estarem os embriões congelados há 3 (três) anos ou mais, na data de sua publicação, ou que, já congelados na data de sua publicação, depois de completarem 3 (três) anos, contados a partir da data de congelamento.

Assim, por dicção legal, não podem ser utilizados em pesquisas desse tipo, células-tronco embrionárias obtidas de embriões humanos criados por fertilização *in vitro* que foram congelados após a publicação da Lei de Biossegurança.

Dessa forma, faz-se necessária com urgência uma norma que proíba a criação de mais de um embrião por casal, salvo na hipótese de serem todos os embriões criados implantados no útero feminino; que proíba a criopreservação de seres humanos embrionários; autorizando a doação de seres humanos embrionários congelados até o início da vigência da Lei então promulgada, para efeitos exclusivamente procriativos; e que proíba o descarte ou utilização de embriões em pesquisas científicas; haja vista que somente norma que assegure tais situações, possibilitará a preservação e o respeito ao direito à vida e à dignidade que também detém o ser humano embrionário.

Quanto à proibição da criopreservação de seres humanos embrionários, importa destacar que o Projeto de Lei n° 489, de 2007, o qual dispõe sobre o Estatuto do Nascituro, uma vez aprovado, nos termos de seu Artigo 25, punirá com pena de detenção de 1 (um) a 3 (três) anos e multa, quem congelar, manipular ou utilizar nascituro como material de experimentação.

Além disso, visando resguardar da forma mais possível o ser humano embrionário, se faz necessária uma norma que permita a doação dos embriões excedentários a fim de que lhes seja assegurado o seu direito à vida.

É bem verdade que isso apenas serviria para minimizar o prejuízo que se impõe a uma pessoa humana, a qual se vê manipulada por outros seres humanos. No entanto, de acordo com a situação fática que vem se impondo aos seres humanos embrionários pelo Poder Público, é a única alternativa neste momento que pelo menos assegura aos mesmos, o direito de viver.

Visto isso, como se constata pelo teor do Artigo 5° e seus incisos da Lei de Biossegurança, as células-tronco embrionárias são obtidas de embriões humanos produzidos por fertilização *in vitro* e não utilizados no respectivo procedimento e que sejam considerados inviáveis ou estejam congelados há mais de três anos.

Interessante e aqui chamo a atenção dos leitores, que o parágrafo primeiro do Artigo 5° da Lei de Biossegurança acusa a própria Lei ao estabelecer a exigência de consentimento dos genitores em qualquer caso.

Ora, caríssimos leitores, acompanhem este raciocínio: se está a Lei a falar em genitores é porque reconhece a maternidade e a paternidade aos beneficiários da reprodução assistida.

Por conseguinte, se há pais é porque há filho.

Desse modo, não se pode concluir de outra forma senão a de ter o legislador reconhecido vida no ser humano embrionário, muito embora tenha decretado a sua morte após ficar congelado (o que por analogia poderia ser considerada uma prisão perpétua).

Chegando-se a tal conclusão, indaga-se: se existe uma vida humana, como suprimi-la em nome da Ciência ou do que quer que seja???

Assim, na verdade, o que se busca através da Lei de Biossegurança é uma forma "jurídica" para se livrar de milhares e milhares de embriões que se encontravam e muitos ainda se encontram congelados em clínicas espalhadas por todo o Brasil e que tem um alto custo.

Com efeito, Olga Jubert Gouveia Krell, em obra editada em 2006, assinalava que no Brasil já naquela época havia cerca de vinte mil embriões criopreservados.[281]

Ocorre que ao se gerar mais de um embrião, o qual seria utilizado, as clínicas de reprodução assistida até mesmo visando reduzir custos e o sofrimento da mulher em cada implante de embrião, geram outros tantos excedentes, os quais, em caso de gravidez na primeira tentativa, por exemplo, acabam sendo congelados, o que conforme já assina a Lei, é um absurdo e uma afronta ao direito à vida do embrião e à sua dignidade.

Nesse sentido, o grande jurista humanista brasileiro, Luciano Dalvi assinala que "o que verificamos é que as técnicas de fertilização (com exceção da inseminação artificial) ainda estão em fase de adaptação, de experiência, pois necessitam de muitos embriões para que um seja utilizado, quando o certo era apenas fazer o embrião que seria utilizado, ou mais ainda, deixar que a natureza resolva o problema. Quando se faz a opção por essa técnica e gera vários embriões, ocorre um problema ético gravíssimo: o congelamento de pessoas".[282]

---

281 KRELL, Olga Jubert Gouveia.*Reprodução humana assistida e filiação civil: princípios éticos e jurídicos*. Curitiba: Juruá, 2006, p. 127.

282 DALVI, Luciano. *Op. cit.*, p. 195.

A Inviolabilidade do Direito à Vida

Como já acenei anteriormente, por defender a vida em todos os seus estágios e por considerar que há vida humana a ser defendida e preservada desde a concepção e, portanto, por crer à luz da ciência que a vida humana se inicia na e a partir da concepção, me posiciono particularmente contrário a qualquer técnica científica que venha a atentar contra a dignidade da pessoa humana, o que se verifica especialmente na seara das técnicas de reprodução assistida, as quais tendem a criar embriões excedentários, os quais posteriormente acabam sendo congelados como se fossem um sorvete ou um pedaço de carne, o que os coisifica.

A afirmativa de que o congelamento de embriões os coisifica, como se estivessem os embriões em uma prateleira de um mercado, pode ser constatada materialmente e não apenas do ponto de vista teórico, à luz de matéria jornalística publicada no jornal *O Globo*[283], o qual noticiou que através do congelamento de embriões, "criaram-se", no interior de São Paulo, gêmeos com seis anos de diferença, sendo certo ainda que a mãe dos gêmeos na época da publicação do jornal tinha sete embriões congelados e não descartou ter no futuro, outro filho gêmeo.

Ora, a formação de embriões excedentários atenta contra a dignidade do ser humano nesse estágio de vida, uma vez que o seu futuro ou será ficar congelado até que lhe reconheçam um direito que é seu (o direito à vida com dignidade) ou ser destruído em nefastas pesquisas com células-tronco embrionárias.

Nessa perspectiva, particularmente defendo que deva ser assegurada aos embriões tidos como excedentários, a mesma tutela conferida aos embriões implantados em útero, especialmente o direito que antecede todos os demais, qual seja, a vida humana, uma vez que inexiste qualquer diferença entre ambos; uma vez que são vidas humanas, dotadas de igual dignidade.

No tocante ao projeto de Lei nº 1.184, de 2003, a matéria relativa a gametas e embriões é tratada em seu Capítulo V, o qual assim visa estabelecer:

---

283   BRASIL. Jornal *O Globo*, de 26 de maio de 2005.

"Artigo 13 - Na execução da técnica de Reprodução Assistida, poderão ser produzidos e transferidos até 2 (dois) embriões, respeitada a vontade da mulher receptora, a cada ciclo reprodutivo.

§ 1° Serão obrigatoriamente transferidos a fresco todos os embriões obtidos, obedecido ao critério definido no caput deste Artigo.

§ 2° Os embriões originados in vitro, anteriormente à sua implantação no organismo da receptora, não são dotados de personalidade civil.

§ 3° Os beneficiários são juridicamente responsáveis pela tutela do embrião e seu ulterior desenvolvimento no organismo receptor.

§ 4° São facultadas a pesquisa e experimentação com embriões transferidos e espontaneamente abortados, desde que haja autorização expressa dos beneficiários.

§ 5° O tempo máximo de desenvolvimento de embriões in vitro será definido em regulamento.

Artigo 14 - Os serviços de saúde são autorizados a preservar gametas humanos, doados ou depositados apenas para armazenamento, pelos métodos e prazos definidos em regulamento.

§ 1° Os gametas depositados apenas para armazenamento serão entregues somente à pessoa depositante, não podendo ser destruídos sem sua autorização.

§ 2° É obrigatório o descarte de gametas:

I - quando solicitado pelo depositante; II - quando houver previsão no documento de consentimento livre e esclarecido; III - nos casos de falecimento do depositante, salvo se houver manifestação de sua vontade, expressa em documento de consentimento livre e esclarecido ou em testamento, permitindo a utilização póstuma de seus gametas.

Artigo 15 - A pré-seleção sexual será permitida nas situações clínicas que apresentarem risco genético de doenças relacionadas ao sexo, conforme se dispuser em regulamento".

Em suma, a redação dos Artigos 13 a 15 do projeto de lei, transcritos, mostra (com raríssimas exceções) um perfil nebuloso, desumano, imoral e sem dúvida, inconstitucional, por parte do legislador, o qual em alguns dispositivos simplesmente reduz o ser humano embrionário à coisa ou a um mero produto.

No tocante ao Artigo 13, *caput*, o mesmo mostra-se favorável pelo menos à minimização do dano a seres humanos embrionários, uma vez que diminuiria o número de embriões excedentários.

A Inviolabilidade do Direito à Vida

Já em relação ao § 1°, do Artigo 13, por um lado, poderia se dizer que acena o legislador (em que pese em raros momentos no projeto de Lei n° 1.184, de 2003 mostrar-se preocupado com a vida humana do ser humano embrionário) para a teoria concepcionista, a qual já foi devidamente analisada no Capítulo V dessa obra, uma vez que ao estabelecer que serão obrigatoriamente transferidos a fresco todos os embriões obtidos, indica (pelo menos à luz deste dispositivo) que o embrião *in vitro* é vida desde a fecundação, em seu estágio humano embrionário, sendo, por isso, vedado qualquer destino ao mesmo que não seja a implantação no útero feminino para que possa também nascer.

Porém, por outro lado, no tocante ao mesmo § 1°, do Artigo 13 do Projeto de Lei Brasileiro, fazendo-se uma interpretação sistemática, mesmo sendo proposta a obrigação de se transferir os embriões obtidos a fresco e não congelados, em nada se apresentaria como sinal de respeito à vida humana, uma vez que ainda sim, tal conduta, permite a manipulação da vida humana como se um produto fosse.

É importante salientar que na redação do Artigo 13 outrora aqui transcrito (o que inclusive vem repetido especialmente no inciso XI, do Artigo 19 do mesmo projeto de lei), mostra-se flagrante o rebaixamento dado pelo legislador ao embrião humano, colocando-o na condição de coisa, haja vista ter se utilizado do termo "produzido" e não o termo "criado", mínimo que poderia se esperar, até porque o legislador infraconstitucional não tem legitimidade para afrontar o que o constituinte originário reconheceu como inviolável, isto é, a condição de dignidade que detém cada ser humano.

Intimamente ligado ao Artigo 13, encontram-se os incisos X, XI e XII, todos do Artigo 19, do mesmo projeto de lei, os quais preveem pena de reclusão de 1 (um) a 3 (três) anos, e multa, para as condutas, respectivamente, de "armazenar ou ceder embriões, ressalvados os casos em que a implantação seja contraindicada"; de "deixar o médico implantar na mulher receptora os embriões produzidos, exceto no caso de contraindicação médica"; de "descartar embrião antes da implantação no organismo receptor".

Das três condutas criminosas, para as quais, diga-se de passagem, foram previstas penas ínfimas pelo legislador no projeto de Lei que ora se analisa, mostra-se mais gravosa, a conduta tipificada no inciso XII, uma vez que visa impor, conforme assinalado no parágrafo anterior, pena de reclusão de apenas 1 (um) a 3 (três) anos, e multa para quem por termo à vida do ser humano embrionário, o que se mostra absurdo, haja vista a própria distinção feita pelo legislador quanto aos estágios de vida humana.

Isso porque, enquanto prevê pena de reclusão que pode chegar a até 30 (trinta) anos para quem matar sob determinadas condições (homicídio qualificado) um ser humano já nascido; e prevê pena de no máximo 10 (dez) anos no caso de provocar aborto, sem o consentimento da gestante, podendo tal pena chegar até 30 (trinta) anos de reclusão, quando da conduta resultar a morte da mulher, na hipótese de provocar aborto, sem o consentimento da gestante; prevê (ao menos em projeto de lei, o que não se sabe se ocorrerá a sua aprovação ou não) pena de, frise-se, reclusão, de 1 (um) a 3 (três) anos, e multa, para quem suprimir a vida de um ser humano em seu estágio embrionário.

Quanto ao uso do termo "produzir" e não "criar", bem diferente do projeto de Lei brasileiro, mostra-se a Lei Portuguesa já comentada neste capítulo, conforme se constata pela redação dos seus Artigos 9°, 1 e 24, 1:

> "Artigo 9° - Investigação com recurso a embriões.
> 1 – É proibida a criação de embriões através da PMA[284] com o objetivo deliberado da sua utilização na investigação científica. (...)
> Artigo 24 - Princípio geral.
> 1 – Na fertilização in vitro apenas deve haver lugar à criação dos embriões em número considerado necessário para o êxito do processo, de acordo com a boa prática clínica e os princípios do consentimento informado". (...)
> Assim, como se constata, a Lei portuguesa nesse aspecto, em que pese não ser um exemplo de norma em defesa da inviolabilidade da vida

---

284 Sigla adotada pela Lei Portuguesa, a qual significa Procriação Medicamente Assistida.

humana, prefere ao fazer referência aos embriões usar o verbo "criar" e não o verbo "produzir", conforme se verifica no projeto de Lei Brasileiro. Além disso, como se constata, a Lei Portuguesa no supracitado dispositivo legal, limita a criação de embriões ao número estritamente necessário para o êxito da técnica, o que de certa forma, resulta na criopreservação de menos embriões, o que ainda assim não pode ser aceito.

Já o § 2°, do Artigo 13 do mesmo projeto de lei, causa grande e séria preocupação, uma vez que afronta o Texto Constitucional, tendo em vista que tal dispositivo de forma inequívoca visa tirar todo e qualquer direito do ser humano embrionário, o qual para efeitos jurídicos pode inclusive ser equiparado ao nascituro.

Nessa esteira, equiparando o embrião in vitro ao nascituro e defendendo direitos aos seres humanos embrionários, afirma João Álvaro Dias que "daí que, à falta de uma tutela específica e a fim de evitar que 'quem quer que seja possa fazer não importa o quê', se imponha a assimilação do embrião in vitro ao nascituro. A realidade do concebido e não nascido, dentro ou fora do útero materno, é a mesma, os fins idênticos e a intervenção do direito é justificada pela sua condição humana, qualquer que seja o grau de evolução da ciência."[285]

Por outro lado, Silmara Juny de Abreu Chinellato, muito embora entenda ser inviável a equiparação entre o embrião *in vitro* e o nascituro, por entender que é por meio da nidação do ovo no útero feminino que se inicia a gestação, "momento em que é garantida, em tese, a viabilidade do desenvolvimento e sobrevida do ovo, que se transformará" [286], defende sob a ótica biológica que a vida humana se inicia com a concepção.

Com efeito, ao propor que os embriões criados *in vitro*, antes de sua implantação no organismo da receptora não sejam dotados de personalidade civil, comete um grave erro o legislador, tornando especialmente tal dispositivo inconstitucional em caso

---

285   DIAS, João Álvaro. *Procriação assistida e responsabilidade médica.* Coimbra: Coimbra Editora, 1996, p. 217.

286   ALMEIDA, Silmara Juny de Abreu Chinellato de. *Tutela civil do nascituro.* São Paulo: Saraiva, 2000, p. 161.

de aprovação pelo Congresso Nacional e sanção presidencial, uma vez que à luz do Pacto de São José da Costa Rica, do qual o Brasil é o signatário, a vida humana começa com a concepção, conforme analisei em capítulo próprio na presente obra.

Nessa esteira, distinguindo o início da vida humana do marco civil do nascimento (o que inclusive, já foi devidamente analisado no Capítulo V), defende também o início da vida humana com a concepção, o professor André Guilherme Tavares de Freitas, o qual, brilhantemente, a esse respeito assinala que "a "concepção" deve ser vista como momento do início da Vida, e prevalecer sobre o marco civilista do nascimento, pois negar a qualidade de pessoa ao nascituro é tratá-lo como um mero objeto, é desrespeitar a característica essencial do Ser Humano, que é a de ser um fim em si mesmo, aspecto este que compõe o núcleo da Dignidade da Pessoa Humana".[287]

Cumpre assinalar que alguns autores, mesmo não reconhecendo ao embrião *in vitro* a qualidade de pessoa natural entendem ser incontestável a sua natureza humana, razão pela qual "essa constatação é, por si só, suficiente para que se lhe reconheça a necessidade de proteção jurídica". [288]

Voltando novamente os olhos para o Pacto de São José da Costa Rica e sendo tal um tratado internacional de direitos humanos, pode-se ter o mesmo, sem qualquer impedimento jurídico-constitucional como instrumento para se aferir a partir de quando a vida humana é inviolável, razão pela qual se mostra inconstitucional o dispositivo do Projeto de Lei que ora analiso.

Além disso, não se pode esquecer que o próprio Artigo 2° do Código Civil, apesar de que poderia ter ido além, estabelece de forma unívoca que a Lei porá a salvo os direitos do nascituro, o que inclusive já foi objeto de melhor análise anteriormente.

---

287 FREITAS, André Guilherme Tavares de. *Op. cit.*, p. 9.

288 MEIRELLES, Jussara Maria Leal de. Os embriões humanos mantidos em laboratório e a proteção da pessoa: o novo Código Civil brasileiro e o Texto Constitucional. In: BARBOZA, Heloisa Helena; MEIRELLES, Jussara Maria Leal de; BARRETO, Vicente de Paulo (Orgs.). Novos temas de biodireito e bioética. Rio de Janeiro: Renovar, 2003, p. 91.

Cumpre ressaltar que não há que se falar que em caso do projeto de Lei nº 1184, de 2003 transformar-se em Lei passaria a não mais vigorar para os seres humanos embrionários o direito assegurado no Artigo 2º do Código Civil, uma vez que este por estar em consonância com o Pacto de São José da Costa Rica e com a Constituição da República prevalecerá sobre eventual lei, a qual, friso, seria inconstitucional por violar materialmente a Carta Magna.

Em relação ao § 3º, do Artigo 13, do Projeto de Lei supra penso não ser acertada mais uma vez a posição do legislador, uma vez que ao colocar tão somente os beneficiários como juridicamente responsáveis pela tutela do embrião e seu ulterior desenvolvimento no organismo receptor, retira a responsabilidade das clínicas de reprodução assistida, as quais por terem o conhecimento técnico acerca do assunto deveriam ser as primeiras a serem responsabilizadas.

No tocante ao § 4º, do Artigo 13 do Projeto de Lei, o mesmo se apresenta superado pelo disposto no Artigo 5º e seus §§, da Lei de Biossegurança, conforme elucidado anteriormente.

Finalmente, no que tange ao § 5º, do Artigo 13 do multicitado projeto de lei, não há o que se comentar, uma vez que o próprio legislador preferiu deixar a matéria para ser analisada em regulamento, portanto, após eventual aprovação do projeto de Lei pelo Congresso Nacional e sanção presidencial.

No tocante ao Artigo 14 e seus §§, do Projeto de Lei, em que pese às duras críticas que merece o dispositivo em análise, uma vez que não estabelece de forma clara que tipos de serviço de saúde seriam autorizados a preservar gametas humanos, haja vista que o termo usado no Projeto de Lei por ser ambíguo possibilita inúmeras interpretações, o que é inaceitável, por tratar-se de material genético, penso merecer maior atenção, a ressalva prevista no inciso III, do seu § 2º, o qual possibilita a utilização de gametas de pessoa falecida, na hipótese deste ter autorizado de forma expressa através de documento de consentimento livre e esclarecido ou em testamento.

Cumpre ressaltar que o capítulo VIII, da Resolução CFM nº 1957, de 2010, intitulado "Reprodução Assistida *post mortem*", dispõe de maneira clara e inequívoca que "não constitui ilícito ético a reprodução assistida *post mortem* desde que haja autorização prévia específica do(a) falecido(a) para o uso do material biológico criopreservado, de acordo com a legislação vigente".

Na mesma esteira de tal dispositivo, prevê o Projeto de Lei nº 1184, de 2003, constituir crime, punível com pena de multa e reclusão de 1 (um) a 3 (três) anos, "utilizar gametas de doadores ou depositantes sabidamente falecidos, salvo na hipótese em que tenha sido autorizada, em documento de consentimento livre e esclarecido, ou em testamento, a utilização póstuma de seus gametas".

Interessante apontar que deploravelmente a Resolução do CFM que ora se analisa, vai além do Projeto de Lei nº 1184, de 2003, uma vez que enquanto este se restringe à figura masculina, aquela estende também a possibilidade à figura feminina, possibilitando, inclusive, o uso das técnicas de reprodução assistida por duas pessoas do mesmo sexo, o que será analisado mais à frente no presente capítulo.

Acerca da hipótese em análise, penso haver um possível confronto entre interesses, especialmente nas hipóteses de pessoas submetidas a tratamentos químicos ou radioterápicos, que acabam deixando depositados em clínicas de reprodução, os seus gametas, visando o uso após o término do tratamento, caso se tornem estéreis devido às drogas; sendo certo afirmar que o Projeto de Lei nº 3977, de 2012, em tramitação na Câmara dos Deputados, dispõe sobre o acesso às técnicas de preservação de gametas e Reprodução Assistida aos pacientes em idade reprodutiva submetidos a tratamento de câncer.

Pois bem, na hipótese de morte do depositante (no caso do projeto de Lei nº 1184, de 2003), mostra-se inviável o uso de seus gametas *post mortem*, em que pese às questões envolvidas, especialmente naqueles casos em que uma esposa que vê o seu grande amor falecer sem lhe dar um filho e que deseja ser mãe mesmo sem a presença física de seu esposo, as quais inegavelmente são louváveis e respeitáveis, especialmente dos pontos de vista amoroso e emocional, razão pela qual expressamente assevero que como sempre ao longo da presente obra, analiso a questão do ponto de vista eminentemente jurídico-constitucional, em que pese a existência de questões que transcendem a alma humana.

Contudo, tal permissão viola inexoravelmente a dignidade da pessoa humana daquele que chegaria a este mundo sem o direito de ter um pai. E não se pode aqui dizer ou comparar com hipóteses de pai que falece no decorrer da gravidez ou de mãe que falece durante o parto, pois tais hipóteses são possíveis de ocorrer, uma vez que vivemos sempre em risco; porém, na hipótese do uso de gametas de uma pessoa já falecida estaria por se vedar sem qualquer risco (haja vista que aqui não há chance alguma de se nascer com pai) a uma criança que venha a ter o convívio de seu pai.

No tocante à Resolução do CFM, pode-se utilizar o mesmo raciocínio relativo ao Projeto de Lei, acrescentando-se apenas que no caso feminino, poderia a hipótese do uso de gametas femininos de mulher falecida, caracterizar-se até mesmo, ainda que por analogia, como hipótese de gestação de substituição (doação temporária do útero), uma vez que os gametas da falecida seriam implantados no útero de outra mulher, após serem fecundados com o espermatozoide de um homem, o que redundaria, ainda que por analogia na popular hipótese de "barriga de aluguel".

Aqui, é muito importante assinalar que em que pese haver também imbricações de natureza sucessória, conforme analisado em hipótese semelhante a esta, não se está rejeitando a proposta do dispositivo em análise por razões de ordem patrimonial, até porque o próprio legislador poderia encontrar uma saída jurídica para resolver tal conflito; mas sim, por questões éticas e, sobretudo, jurídico-constitucionais.

Visto isso, passo a análise da Resolução CFM nº 1957, de 2010, especificamente do seu Capítulo II, o qual é intitulado – Pacientes das técnicas de RA, dispondo nos seguintes termos o seu inciso 1: "Todas as pessoas capazes, que tenham solicitado o procedimento e cuja indicação não se afaste dos limites desta resolução, podem ser receptoras das técnicas de RA desde que os participantes estejam de inteiro acordo e devidamente esclarecidos sobre o mesmo, de acordo com a legislação vigente".

Antes de qualquer comentário, quero deixar claro que respeito todas as pessoas independentemente de sua orientação sexual.

Contudo, o fato de manter um profundo (e não forçado) respeito por todas as pessoas, não me impede de colocar-me em posição contrária ao previsto no dispositivo em análise, não retratando o meu entendimento nenhum posicionamento ultrapassado ou discriminatório, como pode parecer para os que pensando diferente, se julgam "avançados" em seus pensamentos.

Do ponto de vista jurídico, deve-se observar de imediato que por não se tratar de lei, a Resolução do Conselho Federal de Medicina foi além do que possivelmente lhe caberia, que seria dar diretrizes a serem seguidas pelos médicos no tocante à matéria. Digo que foi além, pois "concedeu um direito" que não é assegurado pelo ordenamento jurídico brasileiro, tanto que não há previsão, por exemplo, de adoção por casais homossexuais, em que pese em contrário, alguns precedentes do Judiciário, incluindo aí o Egrégio Superior Tribunal de Justiça, haja vista até mesmo por não haver uma proibição legal explicita nesse sentido.

Particularmente entendo haver tanto no Texto Constitucional, quanto na legislação infraconstitucional, normas que impeçam tanto a adoção por duas pessoas do mesmo sexo, quanto à utilização de métodos de reprodução assistida em situações como essas.

Com efeito, dispõe o Artigo 227, da Constituição da República que "é dever da família, da sociedade e do Estado assegurar à criança, ao adolescente e ao jovem, com absoluta prioridade, o direito à vida, à saúde, à alimentação, à educação, ao lazer, à profissionalização, à cultura, à dignidade, ao respeito, à liberdade e à convivência familiar e comunitária, além de colocá-los a salvo de toda forma de negligência, discriminação, exploração, violência, crueldade e opressão".

Nessa esteira, estabelece o Artigo 18, da Lei nº 8.069, de 13 de julho de 1990, que "é dever de todos velar pela dignidade da criança e do adolescente, pondo-os a salvo de qualquer tratamento desumano, violento, aterrorizante, vexatório ou constrangedor".

Assim, se verifica através de interpretação sistemática que o nosso ordenamento jurídico em que pese não vedar explicitamente a adoção e/ou uso de técnicas de reprodução assistida por duas pessoas do mesmo sexo, proíbe tais hipóteses, uma vez que isto redundaria em situações passíveis de causar à criança, constrangimento e embaraços, especialmente nos primeiros anos de vida escolar, uma vez que haveria a presença dúbia de pai ou mãe e a ausência paterna ou materna, a depender do caso concreto.

É interessante apontar que a este respeito, a Lei Portuguesa nº 32/2006, já analisada neste Capítulo em outras oportunidades, estabeleceu de forma clara que apenas pessoas de sexos opostos podem utilizar as técnicas de reprodução assistida, buscando assim o legislador português, neste dispositivo, o respeito à dignidade da criança em poder ter pai e mãe, conforme se verifica pelo Artigo 6º da supracitada norma:

> "Artigo 6º - Beneficiários.
> 1 — Só as pessoas casadas que não se encontrem separadas judicialmente de pessoas e bens ou separadas de fato ou as que, sendo de sexo diferente, vivam em condições análogas às dos cônjuges há pelo menos dois anos podem recorrer a técnicas de PMA.
> 2 — As técnicas só podem ser utilizadas em benefício de quem tenha, pelo menos, 18 anos de idade e não se encontre interdito ou inabilitado por anomalia psíquica."

Cumpre salientar que não se pode comparar a situação em análise àquelas em que mães ou pais criam seus filhos sozinhos, por diversas razões, tais como morte ou separação, uma vez que aqui, apesar da dor da ausência, não haveria por parte da criança qualquer embaraço para eventualmente ter que explicar aos amigos de classe a razão pela qual o seu pai ou sua mãe não participa de sua vida escolar.

Visto isso, passo agora a analisar a temática referente aos serviços de saúde e profissionais, no que pertine ao projeto de Lei nº 1.184, de 2003; à Resolução – RDC da ANVISA nº 23, de 27 de maio de 2011, bem como à Resolução CFM nº 1.957, de 2010, dando, no entanto, maior ênfase a essa última.

Assim dispõem os incisos do item III, da Resolução CFM n° 1957, de 2010, o qual é intitulado – "Referente às clínicas, centros ou serviços que aplicam técnicas de RA":

> *"As clínicas, centros ou serviços que aplicam técnicas de RA são responsáveis pelo controle de doenças infectocontagiosas, coleta, manuseio, conservação, distribuição, transferência e descarte de material biológico humano para a paciente de técnicas de RA, devendo apresentar como requisitos mínimos:*
>
> *1 - um diretor técnico responsável por todos os procedimentos médicos e laboratoriais executados, que será, obrigatoriamente, um médico registrado no Conselho Regional de Medicina de sua jurisdição.*
>
> *2 - um registro permanente (obtido por meio de informações observadas ou relatadas por fonte competente) das gestações, nascimentos e malformações de fetos ou recém-nascidos, provenientes das diferentes técnicas de RA aplicadas na unidade em apreço, bem como dos procedimentos laboratoriais na manipulação de gametas e embriões.*
>
> *3 - um registro permanente das provas diagnósticas a que é submetido o material biológico humano que será transferido aos pacientes das técnicas de RA, com a finalidade precípua de evitar a transmissão de doenças."*

Nada mais natural e exigível, mostra-se o disposto no item acima transcrito, uma vez que seria demasiadamente irresponsável por parte da mais alta hierarquia da Medicina no Brasil, deixar as clínicas, centros ou serviços que aplicam técnicas de reprodução assistida sem qualquer responsabilização, uma vez serem elas as que mais lucram com o desespero de muitos casais que não conseguem realizar o sonho de serem pais, em que pese a ressalva anteriormente analisada.

Contudo, apesar de haver o Código de Ética Médica, penso ter falhado o Conselho Federal de Medicina ao não especificar já na resolução que trata da matéria (e por isso, especial em relação ao próprio Código de Ética Médica), a penalidade para outras condutas passíveis de serem perpetradas por clínicas, centros ou serviços

A INVIOLABILIDADE DO DIREITO À VIDA

que aplicam técnicas de reprodução assistida, especialmente no que se refere a raros dispositivos que demonstram um pouco de respeito pela vida humana, como por exemplo, o que veda o uso de técnicas de reprodução assistida na hipótese de inexistir efetiva probabilidade de sucesso ou quando haja grave risco de saúde para a paciente ou para a criança (inciso 2, do item I, da Resolução CFM nº 1.957, de 2010).

De forma distinta do que dispõe o supracitado inciso 1, do item III, da Resolução CFM nº 1.957, de 2010, a qual, conforme assinalado, confere obrigatoriamente a um médico registrado no Conselho Regional de Medicina da jurisdição das clínicas, centros ou serviços que aplicam técnicas de reprodução assistida, a responsabilidade como diretor técnico, por todos os procedimentos médicos e laboratoriais executados nas mesmas; a Resolução-RDC número 23, de 2011, estabelece em seu Artigo 13 que "a responsabilidade técnica pelo BCTG deve ficar a cargo de profissional de nível superior com treinamento em reprodução humana assistida, legalmente habilitado e com registro no respectivo conselho de classe".

Na mesma esteira, em seu Artigo 14, a Resolução-RDC nº 23, de 2011 dispõe que "o BCTG deve contar, na área técnica, com recursos humanos com formação de nível superior, observada a regulamentação profissional respectiva, e treinamento comprovado para atuar na área de embriologia humana, processamento e controle da qualidade de procedimentos realizados em BCTG".

Assim, enquanto o inciso 1, do item III, da Resolução CFM nº 1.957, de 2010 confere maior responsabilidade, como também maior autoridade, tão somente ao profissional médico (o que não poderia ser diferente em casos como os que ora se analisa); a Resolução-RDC ANVISA nº 23, de 2011, em seu Artigo 13, estende a responsabilidade técnica pelo BCTG a um profissional de nível superior, exigindo do mesmo tão somente, que este tenha treinamento em reprodução humana assistida, o que torna ainda mais preocupante a situação, uma vez que se está diante de vidas humanas.

Acerca do controle de qualidade, a Resolução da ANVISA em análise mostra grande preocupação com tal matéria, uma vez que impõe ao BCTG como atribuições deste, dentre outras, a efetuação e garantia da qualidade do processo de seleção do paciente e/ou doador de células e tecidos germinativos; exigindo o envio anual de relatório com os dados quantitativos de produção do BCTG por meio do Sistema Nacional de Produção de Embriões (SisEmbrio) informando o número de ciclos realizados com pelo menos um oócito captado; o número de oócitos produzidos; o número de oócitos inseminados; o número de oócitos com 2 pró-núcleos (2PN) formados; o número de embriões clivados; o número de embriões transferidos a fresco; o número de embriões transferidos após descongelamento; e o número de embriões desprezados por ausência de clivagem em período superior a 48h (quarenta e oito horas), tudo na forma dos incisos I e VIII, de seu Artigo 9°.

É importante salientar que é possível extrair a preocupação da ANVISA com o controle de qualidade, observando-se dentre outros dispositivos, a norma dos Artigos 20 e 60, *caput*, ambos da supracitada Resolução-RDC ANVISA n° 23, de 2011, os quais estabelecem respectivamente que "os doadores de sêmen, oócitos e embriões devem ser selecionados com base em sua idade e condição clínica"; devendo "o BCTG [...] manter um sistema de gestão da qualidade, o qual deve estar documentado, ser de conhecimento do pessoal administrativo e técnico [incluindo dentre outros aspectos, a proteção das informações confidenciais, na forma do inciso II, do Artigo 60, da norma da ANVISA em análise]".

Visto isso, voltando-se a atenção ao Projeto de Lei n° 1184, de 2003, merece atenção o seu Artigo 5°, o qual, embora não seja taxativo, pois oportuniza o estabelecimento de outras responsabilidades futuras em regulamento, elenca uma série de procedimentos cuja responsabilidade ficaria a cargo dos serviços de saúde: "I - pela elaboração, em cada caso, de laudo com a indicação da necessidade e oportunidade para o emprego da técnica de Reprodução Assistida; II - pelo recebimento de doações e pelas fases de coleta, manuseio, controle de doenças infectocontagiosas, conservação, distribuição e transferência do material biológico humano utilizado na Reprodução Assistida, vedando-se a transferência de sêmen doado a fresco; III

A Inviolabilidade do Direito à Vida

– pelo registro de todas as informações relativas aos doadores e aos casos em que foi utilizada a Reprodução Assistida pelo prazo de 50 (cinquenta anos); IV – pela obtenção do consentimento livre e esclarecido dos beneficiários de Reprodução Assistida, doadores e respectivos cônjuges ou companheiros em união estável na forma definida no Capítulo II desta Lei (capítulo que visa disciplinar o consentimento livre e esclarecido); V – pelos procedimentos médicos e laboratoriais executados; VI – pela obtenção do Certificado de Qualidade em Biossegurança junto ao órgão competente; VII – pela obtenção de licença de funcionamento a ser expedida pelo órgão competente da administração, definido em regulamento".

Já a Resolução-RDC ANVISA nº 23, de 2011, esta já publicada no seu Capítulo VII, o qual trata dos registros e arquivos, dispõe em seu Artigo 58 que "o BCTG deve manter disponível, por todo o período de armazenamento das amostras, e por um período mínimo de 20 (vinte) anos após a sua utilização terapêutica, arquivos de documentos e registros relativos a: I – dados dos pacientes e do doador com identificação numérica ou alfanumérica da amostra coletada; II – dados com a característica do doador; III – dados da triagem clínica; IV – dados da coleta das células ou tecidos germinativos; V – dados de acondicionamento e transporte; VI – processamento, criopreservação e armazenamento; VII – resultados das triagens sorológica e microbiológica e de viabilidade; VIII – data e motivo do descarte das amostras, quando couber; IX – Termos de Consentimento Livre e Esclarecido; X – relatório médico da realização ou não do procedimento de reprodução humana assistida, com identificação da receptora; e XI – resultado da gestação".

Dentre os procedimentos acima mencionados no projeto de Lei nº 1.184, de 2003, seja na Resolução-RDC ANVISA nº 23, de 2011, merece especial destaque no tocante ao primeiro, o que prevê a responsabilidade dos serviços de saúde pelo registro de todas as informações relativas aos doadores e aos casos em que foi utilizada a Reprodução Assistida pelo prazo de 50 (cinquenta) anos; enquanto no que se refere ao segundo, merece especial destaque, até mesmo por estar intimamente relacionado com o primeiro, a exigência de que o registro dos arquivos permaneça armazenado por no mínimo 20 (vinte) anos.

O prazo de cinquenta anos estabelecido pelo legislador no projeto de Lei supramencionado ou ainda pior, o prazo de vinte anos estabelecido no Artigo 58 da Resolução-RDC ANVISA nº 23, de 2011, se mostram, incoerentes e irrazoáveis, especialmente por um motivo em relação à Resolução e por dois motivos em relação à proposição legislativa:

> $1°$ - verifica-se que a população brasileira está cada vez vivendo mais, de modo que é plenamente possível que mesmo após passados cinquenta anos da data em que foi utilizada uma das técnicas de reprodução assistida (de acordo com o projeto de lei) ou vinte anos (de acordo com a Resolução da ANVISA), ainda estejam vivos, genitores e filhos;

> $2°$ - o $\S$ $1°$, do Artigo $9°$ do mesmo projeto de Lei n° 1.184, de 2003, prevê que "a pessoa nascida por processo de Reprodução Assistida terá acesso, a qualquer tempo, diretamente ou por meio de representante legal, e desde que manifeste sua vontade livre, consciente e esclarecida, a todas as informações sobre o processo que o gerou, inclusive à identidade civil do doador, obrigando-se o serviço de saúde responsável a fornecer as informações solicitadas, mantidos os segredos profissional e de justiça".

Ora, se a pessoa nascida terá acesso, a qualquer tempo até mesmo à informação relativa à identidade civil do doador, como pode o mesmo legislador, no mesmo Projeto de Lei estabelecer que os serviços de saúde são responsáveis pelo registro de todas as informações relativas aos doadores somente pelo prazo de cinquenta anos???

Acerca do supracitado prazo de 20 (vinte) anos, contido na Resolução-RDC ANVISA nº 23, de 2011, cumpre assinalar que na forma de seu Artigo 8°, *caput*, ainda no caso do BCTG encerrar suas atividades, ficará o responsável legal com a responsabilidade pelo destino das células, tecidos germinativos e embriões criopreservados, bem como pela garantia que a documentação dos pacientes e do doador seja mantida por um período de no mínimo 20 (vinte) anos.

É inegável que toda pessoa humana tem o direito de saber quem é o seu pai biológico, até mesmo nas hipóteses de adoção ou de reprodução assistida, como ora se analisa, uma vez que qualquer pensamento em sentido contrário acabaria por ferir o direito constitucional à informação e principalmente a dignidade humana da pessoa nascida através de alguma das técnicas de reprodução assistida.

Cumpre ressaltar que o direito de cada pessoa humana que foi adotada ou que nasceu através de alguma técnica de reprodução assistida, encontra amparo no seu direito à verdade real, sendo certo que pode ser fundamentado à luz de diversos dispositivos constitucionais que refletem a inspiração da Constituição da República Federativa do Brasil de 1988 no princípio da dignidade da pessoa humana.

Com efeito, pode-se citar como fundamento constitucional do direito real de saber quem é o seu pai biológico, os Artigos 1º, inciso III, 5º, 226, (que trata da família), e 227, o qual dispõe em seu *caput*, que é dever da família, da sociedade e do Estado, dar assistência e proporcionar dignidade humana às crianças, aos adolescentes e aos jovens.

Sendo assim, pode-se notar claramente a incoerência e a desatenção do legislador na elaboração de um projeto de Lei que está intrinsecamente ligado ao direito à vida e a todas as suas imbricações.

Cumpre observar ainda que o inciso V, do Artigo 19, do Projeto de Lei, tipifica como crimes, as condutas de "deixar de manter as informações exigidas na forma especificada, não as fornecer nas situações previstas ou divulgá-las a outrem nos casos não autorizados, consoantes as determinações [da] Lei", punindo o infrator com pena de detenção, de 1 (um) a 3 (três) anos, e multa.

Já o Artigo 6º e seus parágrafos do projeto de lei, trazem os requisitos mínimos a serem cumpridos pelos serviços de saúde que realizam reprodução assistida para que possam obter a licença de funcionamento.

Neste Artigo 6º, mostra-se mais pertinente para tecer alguns comentários, os seus incisos I, III e IV, os quais exigem respectivamente que tais serviços de saúde devam "funcionar sob a direção de um profissional médico, devidamente capacitado para realizar a Reprodução Assistida, que se responsabilizará por todos os procedimentos médicos e laboratoriais executados"; "dispor de registro de todos os casos em que tenha sido empregada a Reprodução Assistida, ocorra ou não gravidez pelo prazo de 50 (cinquenta) anos" e que devam também "dispor de registro dos doadores e das provas diagnósticas realizadas, pelo prazo de 50 (cinquenta) anos após o emprego do material biológico".

Cumpre esclarecer que intimamente ligado ao disposto no inciso I, do Artigo 6° do Projeto de Lei, está o inciso I, de seu Artigo 19, no qual verifica-se a penalização com detenção de um a três anos de detenção, e multa para quem "praticar a Reprodução Assistida, sem estar habilitado para a atividade".

Ainda nessa esteira, dispõem respectivamente os §§ 2° e 3° do mesmo Artigo 6° do Projeto de Lei supra que "o registro citado no inciso III deste Artigo deverá conter a identificação dos beneficiários e doadores, as técnicas utilizadas, a pré-seleção sexual, quando imprescindível, na forma do Artigo 15 desta Lei, a ocorrência ou não da gravidez, o desenvolvimento das gestações, os nascimentos, as malformações de fetos ou recém-nascidos e outros dados definidos em regulamento" e que "em relação aos doadores, o registro citado no inciso IV deste Artigo deverá conter a identidade civil, os dados clínicos de caráter geral, foto acompanhada das características fenotípicas e uma amostra de material celular".

Como se vê, repete o legislador nos incisos III e IV, do Artigo 6° de seu Projeto de Lei, o mesmo erro cometido anteriormente ao limitar o registro dos casos em que tenha sido utilizada alguma das técnicas de reprodução assistida e dos doadores ao prazo de 50 (cinquenta) anos, quando no mesmo projeto visa estabelecer que a pessoa nascida com o uso de alguma técnica de reprodução assistida possa a qualquer tempo obter informações sobre a identidade civil do doador.

No tocante aos §§ 2° e 3°, o legislador reforça a visão que possui acerca da vida humana e de sua dignidade, uma vez que enquanto no primeiro abre precedente até mesmo para se fazer um controle de qualidade (como se o ser humano fosse um produto), o que inclusive aumentaria a competitividade das clínicas de reprodução assistida, uma vez que o projeto não proíbe a comparação de técnicas e dados entre clínicas e serviços de saúde; no segundo, exige que no registro do doador haja foto deste, acompanhada das características fenotípicas (conjunto das características de um indivíduo, determinado por fatores hereditários e ambientais),[289] o que mais uma vez, ao meu sentir, coisifica o ser humano, haja vista que o que se verificaria (o que na prática lamentavelmente ocorre) seriam os possíveis beneficiários das técnicas de reprodução assistida analisando um álbum de fotos visando encontrar um doador que possua o maior número possível de características que desejam que "seu filho" tenha.

Cumpre ressaltar e alertar que as características fenotípicas de um ser humano são diferentes das suas características genotípicas.

A esse respeito, interessante esclarecer que "dois conceitos importantes para o desenvolvimento da genética, no começo do século XX, foram os de **fenótipo** e **genótipo**, criados pelo pesquisador dinamarquês Wilhelm L. Johannsen (1857–1912).

O termo "fenótipo" (do grego *pheno*, evidente, brilhante, e *typos*, característico) é empregado para designar as características apresentadas por um indivíduo, sejam elas morfológicas, fisiológicas e comportamentais. Também fazem parte do fenótipo características microscópicas e de natureza bioquímica, que necessitam de testes especiais para a sua identificação. Entre as características fenotípicas visíveis, podemos citar (...) a cor dos olhos de uma pessoa, a textura do cabelo (...) etc. Por sua vez, "o termo 'genótipo' (do grego *genos*, originar, provir, e *typos*, característica) refere-se à **constituição genética do indivíduo**, ou seja, aos genes que ele possui".[290] (...). (grifado no original)

Ultrapassada a análise referente aos serviços de saúde e profissionais que aplicam técnicas de reprodução assistida, passo à

---

289   HOUAISS, Antônio e VILLAR, Mauro de Salles. *Minidicionário Houaiss da Língua Portuguesa*. Rio de Janeiro: Objetiva, 2001, p. 200.

290   BRASIL. Só Biologia. *Os conceitos de fenótipo e genótipo*. Disponível em: <http://www.sobiologia.com.br/conteudos/Genetica/leismendel4.php>. Acesso em: 19 de janeiro de 2011.

análise do Capítulo IV – Das Doações – do Projeto de Lei n° 1.184, de 2003 e do item IV – Doação de gametas e embriões – da Resolução CFM n° 1.957, de 2010, iniciando-se com a análise desta última.

Assim, dispõem os incisos do item IV, da Resolução CFM n° 1957, de 2010:

1 - A doação nunca terá caráter lucrativo ou comercial.

2 - Os doadores não devem conhecer a identidade dos receptores e vice-versa.

3 - Obrigatoriamente será mantido o sigilo sobre a identidade dos doadores de gametas e embriões, bem como dos receptores. Em situações especiais, as informações sobre doadores, por motivação médica, podem ser fornecidas exclusivamente para médicos, resguardando-se a identidade civil do doador.

4 - As clínicas, centros ou serviços que empregam a doação devem manter, de forma permanente, um registro de dados clínicos de caráter geral, características fenotípicas e uma amostra de material celular dos doadores.

5 - Na região de localização da unidade, o registro dos nascimentos evitará que um(a) doador(a) venha a produzir mais do que uma gestação de criança de sexo diferente numa área de um milhão de habitantes.

6 - A escolha dos doadores é de responsabilidade da unidade. Dentro do possível deverá garantir que o doador tenha a maior semelhança fenotípica e imunológica e a máxima possibilidade de compatibilidade com a receptora.

7 - Não será permitido ao médico responsável pelas clínicas, unidades ou serviços, nem aos integrantes da equipe multidisciplinar que nelas trabalham participar como doador nos programas de RA.

No tocante ao inciso 1, tem-se como importante tal dispositivo, uma vez que o contrário violaria toda lógica da vida humana como um dom gratuito e a própria dignidade da pessoa humana.

No entanto, é importante se reiterar o que já foi assinalado anteriormente: errou o Conselho Federal de Medicina ao não estabelecer penalidades na mesma Resolução, em que pese o fato de que eventuais penalidades estariam restritas à classe médica.

Com efeito, apesar de haver o Código de Ética Médica, o qual se aplica apenas aos médicos, dispositivos na própria Resolução nº 1957, de 2010 que viessem a penalizar os infratores, encerraria qualquer discussão sobre qual penalidade a ser aplicada diante de um determinado caso concreto.

Cumpre assinalar que também a Resolução-RDC nº 23, de 2011, dispõe no § 6º, de seu Artigo 15, a vedação de se remunerar a doação; sendo certo ainda que o projeto de Lei nº 1184, de 2003, na mesma esteira, veda na parte final de seu Artigo 7º, a remuneração e a cobrança por material genético.

É interessante apontar que tal proibição decorre (ainda que seja entendido que por analogia), do disposto no próprio Texto Constitucional, no § 4º [291], de seu Artigo 199.

Os incisos 2 e 3 estabelecem o sigilo sobre a identidade civil de doadores e receptores de gametas e embriões, admitindo apenas o repasse das informações sobre os doadores, em situações especiais e exclusivamente para médicos, nunca, portanto, ao ser humano concebido através de técnica de reprodução assistida.

Deve-se ressaltar que os incisos 2 e 3, do item IV, da Resolução CFM nº 1957, de 2010, ao estabeleceram a obrigação de sigilo sobre a identidade civil de doadores e receptores de gametas e embriões, sem levar em consideração o direito à identidade genética que faz jus o concebido através de uma das técnicas de reprodução assistida, coloca a intimidade do doador como um direito absoluto, em detrimento do direito à personalidade do nascido a partir de uma das técnicas de reprodução assistida, estando inexoravelmente ambos os direitos fundamentais baseados na dignidade da pessoa humana.

---

291   Artigo 199 - [...] § 4º - A Lei disporá sobre as condições e os requisitos que facilitem a remoção de órgãos, tecidos e substâncias humanas para fins de transplante, pesquisa e tratamento, bem como coleta, processamento e transfusão de sangue e seus derivados, sendo vedado todo tipo de comercialização.

Sob essa perspectiva, convém assinalar que sempre que se esteja diante de uma colisão aparente entre direitos fundamentais, deve-se analisar os direitos envolvidos para que, se fazendo um juízo de ponderação, especialmente à luz do princípio constitucional da dignidade da pessoa humana, se possa chegar ao direito fundamental que deva prevalecer no caso concreto.

Particularmente, penso que o constituinte originário brasileiro, ao elevar a proteção e a promoção da dignidade da pessoa humana como fim de todas as normas e de todas as políticas sociais em todo território nacional brasileiro, visou tutelar a integridade física e moral de cada pessoa humana, independentemente de qualquer outro atributo que não a de ser pessoa, o que é complementado pela garantia de igualdade.

É importante assinalar que na Constituição da República Portuguesa, há o reconhecimento expresso do direito à identidade genética, à luz do item "3", de seu Artigo 26, o qual dispõe que "a Lei garantirá a dignidade pessoal e a identidade genética do ser humano, nomeadamente na criação, desenvolvimento e utilização das tecnologias e na experimentação científica".

Por outro lado, assim dispõe o Artigo 15, da multicitada Lei Portuguesa nº 32/2006, de 16 de julho:

> *"Artigo 15° — Confidencialidade — 1. Todos aqueles que, por alguma forma, tomarem conhecimento do recurso a técnicas de PMA ou da identidade de qualquer dos participantes nos respectivos processos estão obrigados a manter sigilo sobre a identidade dos mesmos e sobre o próprio ato da PMA;*
>
> *2. As pessoas nascidas em consequência de processos de PMA com recurso a dádiva de gametas ou embriões podem, junto dos competentes serviços de saúde, obter as informações de natureza genética que lhes digam respeito, excluindo a identificação do dador;*
>
> *3. Sem prejuízo do disposto no número anterior, as pessoas aí referidas podem obter informação sobre eventual existência de impedimento legal a projetado casamento, junto do Conselho Nacional de Procriação Medicamente Assistida, mantendo-se a*

A Inviolabilidade do Direito à Vida

confidencialidade acerca da identidade do dador, exceto se este expressamente o permitir;

4. Sem prejuízo do disposto nos números anteriores, podem ainda ser obtidas informações sobre a identidade do dador por razões ponderosas reconhecidas por sentença judicial;

5. O assento de nascimento não pode, em caso algum, conter a indicação de que a criança nasceu da aplicação de técnicas de PMA."

Assim, confrontando o supracitado dispositivo constitucional português com o disposto no Artigo 15 da Lei Portuguesa nº 32/2006, de 16 de julho, pode-se concluir, ser inconstitucional no ordenamento jurídico português o sigilo do doador.

É importante assinalar e frisar que muito acertada se mostra a posição do poder constituinte originário português ao insculpir já em 1976, no Texto Constitucional daquele país, de forma expressa, o direito à identidade genética, em que pese ter a Constituição Brasileira, assegurado igual direito, ainda que de forma implícita.

À vista disso, cumpre assinalar que o direito de conhecer a origem biológica e, portanto, a identidade civil do doador do material genético é direito personalíssimo de todo ser humano gerado através de alguma das técnicas de reprodução assistida, ainda que não seja a hipótese do ser humano gerado por uma dessas técnicas estar acometido de alguma doença que dependa de material genético do doador ou vice-versa.

Em que pese haver um conflito aparente entre dois direitos fundamentais, quais sejam: o direito à intimidade do doador do material genético e o direito da personalidade daquele que nasceu através de técnica de reprodução assistida, não se pode deixar de dar prevalência a esse último por duas razões principais:

1º) conforme assinalado anteriormente nesta obra, tem-se como núcleo da dignidade da pessoa humana, a autonomia somada ao direito de autodeterminação de cada pessoa humana. Assim, ao se negar a um ser humano que venha a descobrir sua origem genética estará por restringir um direito personalíssimo seu, o que influenciará negativamente na formação de sua personalidade e, portanto, em sua autodeterminação.

2º) negar ao ser humano que conheça sua origem genética, se contribui para casos que afrontam a moral e aos bons costumes e também à luz do Artigo 1521 [292], do Código Civil Brasileiro, o próprio ordenamento jurídico, uma vez que a descoberta da origem genética contribuiria decisivamente para a descoberta de casos em que haja algum impedimento matrimonial, não servindo para desprestigiar tal argumento, dizer simplesmente que trata-se de probabilidade remota no sentido de por exemplo, um filho do doador contrair matrimônio com sua própria irmã unilateral sem que ambos saibam.

Com efeito, entre o direito à intimidade de uma pessoa adulta que doa seu material genético de livre e espontânea vontade, sabendo ou pelo menos devendo saber para qual finalidade o faz e o direito de uma pessoa humana, concebida através de uma das técnicas de reprodução assistida, deve prevalecer o direito à personalidade desta última, sob pena de se vilipendiar a sua dignidade como pessoa humana, além de possibilitar que a mesma seja exposta ao risco de involuntariamente manter algum tipo de relacionamento ou mesmo contrair casamento com algum ascendente ou colateral seu.

Na Resolução-RDC nº 23, de 27 de maio de 2011, da ANVISA, a matéria recebeu atenção, tendo tal autarquia de regime especial, por força do Artigo 3º [293] da Lei nº 9782, de 26 de janeiro

---

292 Artigo 1521 - Não podem casar: I - os ascendentes com os descendentes, seja o parentesco natural ou civil; II - os afins em linha reta; III - o adotante com quem foi cônjuge do adotado e o adotado com quem o foi do adotante; IV - os irmãos, unilaterais ou bilaterais, e demais colaterais, até o terceiro grau inclusive; V - o adotado com o filho do adotante; VI - as pessoas casadas; VII - o cônjuge sobrevivente com o condenado por homicídio ou tentativa de homicídio contra o seu consorte.

293 Artigo 3º - Fica criada a Agência Nacional de Vigilância Sanitária - ANVISA, autarquia sob regime especial, vinculada ao Ministério da Saúde, com sede e foro no Distrito Federal, prazo de duração indeterminado e atuação em todo território nacional. (Redação dada pela Medida Provisória nº 2.190-34, de 2001).

A Inviolabilidade do Direito à Vida

de 1999 (define o Sistema Nacional de Vigilância Sanitária, cria a Agência Nacional de Vigilância Sanitária, e dá outras providências), a exemplo do já realizado pelo Conselho Federal de Medicina em alguns dispositivos da Resolução nº 1957, de 2010, extrapolado as suas atribuições legais, conforme se constata pelo teor especialmente do Artigo 2º, seu § 1º e inciso II[294], do Artigo 6º[295], bem como pelo teor dos incisos III[296], do Artigo 7º e III[297], do Artigo 15, todos da supracitada Lei nº 9782, de 1999.

Acerca do sigilo da identidade civil do doador, assim estabelecem o Artigo 15 *caput* e seus §§ 1º a 5º, da Resolução-RDC nº 23, de 2011, da ANVISA, sendo certo que seu § 6º, já foi anteriormente analisado:

> *"Artigo 15 - A doação de células, tecidos germinativos e embriões deve respeitar os preceitos legais e éticos sobre o assunto, devendo garantir o sigilo, a gratuidade e a assinatura do Termo de Consentimento Livre e Esclarecido:*
>
> *§ 1º Toda a informação relativa a doadores e receptores de células, tecidos germinativos e embriões deve ser coletada, tratada e custodiada no mais estrito sigilo.*
>
> *§ 2º Não pode ser facilitada nem divulgada informação que permita a identificação do doador ou do receptor.*

---

294 Artigo 2º - Compete à União no âmbito do Sistema Nacional de Vigilância Sanitária: [...] III - normatizar, controlar e fiscalizar produtos, substâncias e serviços de interesse para a saúde; [...] § 1º A competência da União será exercida: [...] II - pela Agência Nacional de Vigilância Sanitária - ANVS, em conformidade com as atribuições que lhe são conferidas por esta Lei; [...].

295 Artigo 6º - A Agência terá por finalidade institucional promover a proteção da saúde da população, por intermédio do controle sanitário da produção e da comercialização de produtos e serviços submetidos à vigilância sanitária, inclusive dos ambientes, dos processos, dos insumos e das tecnologias a eles relacionados, bem como o controle de portos, aeroportos e de fronteiras.

296 Artigo 7º - Compete à Agência proceder à implementação e à execução do disposto nos incisos II a VII do Artigo 2º desta Lei, devendo: [...] III - estabelecer normas, propor, acompanhar e executar as políticas, as diretrizes e as ações de vigilância sanitária [...].

297 Artigo 15 - Compete à Diretoria Colegiada: [...] III - editar normas sobre matérias de competência da Agência [...].

§ 3° Na doação anônima, o receptor não pode conhecer a identidade do doador, nem o doador a do receptor.

§ 4° As autoridades de vigilância sanitária podem ter acesso aos registros para fins de inspeção e investigação.

§ 5° Em casos especiais, por motivo médico ou jurídico, as informações sobre o doador ou receptor podem ser fornecidas exclusivamente para o médico que assiste o receptor, resguardando-se a identidade civil do doador."

Em suma, o que se extrai do contido no Artigo 15, *caput,* e seus §§, da Resolução-RDC n° 23, de 2011, da ANVISA é que a mesma impõe um sigilo absoluto ao doador e ao receptor, impedindo que um venha a conhecer a identidade civil ou do outro, o que a primeira vista não atingiria interesse do ser humano concebido através de uma das técnicas de reprodução assistida.

Com efeito, o § 2°, do referido Artigo 15 (em que pese não ter força de lei), ao não fazer qualquer ressalva, impõe também ao ser humano concebido desse modo, um impedimento para que venha saber suas origens biológicas, afrontando assim, sua dignidade, haja vista que é inegável que carregará consigo a frustração, o constrangimento e a melancolia de não saber quem é o seu genitor, o que viola inexoravelmente seu direito à identidade genética.

Deve-se observar ainda que a matéria dos incisos 2 e 3, do item IV, da Resolução aqui comentada, também encontra-se no projeto de Lei n° 1.184, de 2003, especialmente no disposto em seus Artigos 8° e 9°, os quais assim estabelecem:

> *"Artigo 8° - Os serviços de saúde que praticam a Reprodução Assistida estarão obrigados a zelar pelo sigilo da doação, impedindo que doadores e beneficiários venham a conhecer reciprocamente suas identidades, e pelo sigilo absoluto das informações sobre a pessoa nascida por processo de Reprodução Assistida.*
>
> *Artigo 9° - O sigilo estabelecido no Artigo 8° poderá ser quebrado nos casos autorizados nesta Lei, obrigando-se o serviço de saúde responsável pelo emprego da Reprodução Assistida a fornecer as*

A Inviolabilidade do Direito à Vida

informações solicitadas, mantido o segredo profissional e, quando possível, o anonimato.

§ 1° A pessoa nascida por processo de Reprodução Assistida terá acesso, a qualquer tempo, diretamente ou por meio de representante legal, e desde que manifeste sua vontade, livre, consciente e esclarecida, a todas as informações sobre o processo que o gerou, inclusive à identidade civil do doador, obrigando-se o serviço de saúde responsável a fornecer as informações solicitadas, mantidos os segredos profissional e de justiça.

§ 2° Quando razões médicas ou jurídicas indicarem ser necessário, para a vida ou a saúde da pessoa gerada por processo de Reprodução Assistida, ou para oposição de impedimento do casamento, obter informações genéticas relativas ao doador, essas deverão ser fornecidas ao médico solicitante, que guardará o devido segredo profissional, ou ao oficial do registro civil ou a quem presidir a celebração do casamento, que notificará os nubentes e procederá na forma da legislação civil.

§ 3° No caso de motivação médica, autorizado no § 2°, resguardar--se-á a identidade civil do doador mesmo que o médico venha a entrevistá-lo para obter maiores informações sobre sua saúde."

Tendo sido já analisado anteriormente o tema central dos Artigos 8° e 9° do Projeto de Lei outrora determinado, por ocasião da análise dos incisos 2 e 3, do item IV, da Resolução do Conselho Federal de Medicina, qual seja: o embate entre o direito à intimidade do doador e o direito da personalidade da pessoa nascida através de alguma das técnicas de reprodução assistida, se passa à análise apenas do que dispõe propriamente o projeto de lei, especialmente à vista do já analisado em relação à Resolução do CFM, permitindo, assim, a cada leitor uma comparação mais ampla entre o Projeto de Lei e a referida resolução do Conselho Federal de Medicina.

Assim, verifica-se no Artigo 8° do Projeto de Lei, a vedação de que doadores e receptores venham a conhecer a identidade civil uns dos outros, devendo-se frisar que a própria redação do dispositivo em análise é clara no sentido de restringir o sigilo da identidade entre doador e receptor, não se estendendo à pessoa nascida através de uma das técnicas de reprodução assistida, sendo certo ainda que encontra-se no dispositivo da proposta legislativa, o sigilo absoluto das informações sobre a pessoa nascida nessas condições, visando até mesmo impedir, nesse ponto, o legislador, possíveis discriminações à criança, o que é vedado pela Constituição não apenas à luz do principio da dignidade da pessoa humana como também por analogia ao disposto no § 6º, de seu Artigo 227[298], o que vem repetido pela legislação infraconstitucional, mais precisamente pelo Artigo 20[299], do Estatuto da Criança e do Adolescente (Lei nº 8.069, de 13 de julho de 1990) e pelo Artigo 1.596[300], do Código Civil.

Tanto é verdade, que no próprio projeto de lei, há no seu Artigo 9º, *caput*, a relativização do sigilo, assinalando, conforme já visto e analisado anteriormente, o seu § 1º, a possibilidade da pessoa nascida através de uma das técnicas de reprodução assistida tomar conhecimento também sobre a identidade civil do doador, devendo-se assinalar que trata-se de um direito subjetivo da pessoa nascida em tal condição e não um dever; devendo-se apontar ainda que o § 4º do Artigo 6º, do mesmo projeto de Lei estabelece que embora sejam consideradas sigilosas as informações relativas à reprodução assistida, haverá ressalvas na própria lei, como a que ora se analisa.

Já no § 2º, do mesmo Artigo 9º, verifica-se discreta relativização do sigilo, uma vez que nesses dispositivos, há dois legítimos interesses a serem resguardados: a vida ou saúde da pessoa nascida

---

298 Artigo 227 - (...) § 6º - Os filhos, havidos ou não da relação do casamento, ou por adoção, terão os mesmos direitos e qualificações, proibidas quaisquer designações discriminatórias relativas à filiação.

299 Artigo 20 - Os filhos, havidos ou não da relação do casamento, ou por adoção, terão os mesmos direitos e qualificações, proibidas quaisquer designações discriminatórias relativas à filiação.

300 Artigo 1.596 - Os filhos, havidos ou não da relação de casamento, ou por adoção, terão os mesmos direitos e qualificações, proibidas quaisquer designações discriminatórias relativas à filiação.

A INVIOLABILIDADE DO DIREITO À VIDA

através de uma das técnicas de reprodução assistida ou eventual impedimento para casamento; sendo certo asseverar, no entanto, que as informações nas hipóteses desses dispositivos somente poderão ser reveladas a um médico ou a um oficial de registro.

Convém registrar que à luz do § 3º, do mesmo Artigo 9º, será resguardada a identidade civil do doador, mesmo que o médico o entreviste para obter maiores informações sobre sua saúde, visando, assim, resguardar a vida e a saúde da pessoa nascida através de reprodução assistida.

Conclui-se, assim, que nos termos do Projeto de Lei nº 1184, de 2003, em matéria de sigilo da identidade civil do doador de material genético, tem-se como regra o sigilo, sendo este relativizado, tão somente, a pedido da própria pessoa que nasceu nestas condições (na forma do analisado anteriormente), o que particularmente entendo como o mínimo que se poderia assegurar a tal pessoa humana.

Já no que se refere ao inciso 4 do item IV, da Resolução do Conselho Federal de Medicina, deve-se assinalar que o mesmo retrata ainda que de forma mais tímida (pois não exige que contenha no registro foto acompanhada das características fenotípicas do doador), a disposição contida no § 3º, do Artigo 6º, do projeto de Lei nº 1.184, de 2003, já analisado anteriormente.

Desse modo, o que se pode reiterar aqui, é a tentativa de se coisificar o ser humano, uma vez que ao se procurar nas características fenotípicas do doador aquilo que é buscado pelos beneficiários das técnicas de reprodução assistida, acaba por se gerar um ser humano, como se estivesse sendo fabricado um produto a ser comercializado.

Já o inciso 5, do item IV, da resolução em análise se coloca em posição antagônica ao projeto de Lei nº 1184, de 2003, o qual também está sendo analisado neste capítulo, tratando-se mesmo de um dispositivo ambíguo e perigoso para uma sociedade globalizada como a atual.

Com efeito, dispõe o inciso I, do § 2º, do Artigo 7º, do Projeto de Lei falado que "o doador de gameta é obrigado a declarar não haver doado gameta anteriormente". Sendo assim, pode-se chegar--se à conclusão que pelo projeto de Lei n° 1.184, de 2003, uma pessoa poderá ser doadora de gameta tão somente uma vez, o que ajuda a impedir, deste modo, possíveis relações incestuosas, o que como já assinalado, atentaria contra a moral, os bons costumes e contra o próprio ordenamento jurídico vigente, muito embora não comine o legislador ao longo da mesma proposta legislativa (em que pese muito forçosamente poder haver punição ao infrator, à luz do inciso III, do Artigo 20, do mesmo Projeto de Lei) qualquer penalidade para quem transgredir tal norma, o que acaba por torná-la inócua.

Por outro lado, mostra-se pelo menos inicialmente conflitante com o inciso I, do § 2°, do Artigo 7°, o § 4°, do mesmo Artigo, o qual estabelece que "os gametas doados e não utilizados serão mantidos congelados até que se dê o êxito da gestação, após o quê proceder-se-á ao descarte dos mesmos, de forma a garantir que o doador beneficiará apenas uma única receptora".

Diante das redações apresentadas, pode-se chegar a duas conclusões: ou se equivocou o legislador, razão pela qual poderia sim pelo § 4°, do Artigo 7° haver a doação de gametas por uma mesma pessoa mais de uma vez ou então, poderia se dizer que o § 4° é mero complemento do inciso I, do § 2°, do Artigo 7°, haja vista que enquanto neste o legislador usa o termo "gameta", naquele se utiliza do termo "gametas", podendo-se concluir assim que poderão ser doados gametas (no plural), porém, por apenas uma vez.

Particularmente, penso que se fazendo uma interpretação finalística do projeto de Lei n° 1.184, de 2003, mostra-se que a intenção do legislador foi pela segunda interpretação viável, a qual como quase todo o projeto de lei, visa também reduzir o ser humano embrionário a mero produto, o que é abominável.

Assinalo que em que pese possíveis discussões no sentido de se defender que os gametas masculino e/ou feminino de forma isolada não são vida humana, mas mera potencialidade de vida, coloco-me particularmente contra o congelamento também de gametas por entender que tal prática abre precedentes para o

A Inviolabilidade do Direito à Vida

congelamento de seres humanos (o que infelizmente já ocorre em relação ao ser humano em seu estágio embrionário).

Aponto ainda, que o inciso II, do § 2º, do mesmo Artigo 7º, do projeto de Lei nº 1184/2003, exige a declaração do doador de gameta quanto a doenças de que tem conhecimento ser portador, inclusive os antecedentes familiares, no que diz respeito a doenças genético-hereditárias e outras.

Tal dispositivo possui duas vertentes: a primeira, a qual visa resguardar a beneficiária de possíveis doenças e a segunda, a qual tem por escopo assegurar o padrão de qualidade em toda gravidez em que se utilizar uma das técnicas de reprodução assistida.

Importante assinalar que o inciso III, do Artigo 20, do mesmo projeto de Lei nº 1184, de 2003, uma vez aprovado, irá prever como crime "omitir o doador dados ou fornecimento de informação falsa ou incorreta sobre qualquer aspecto relacionado ao ato de doar", impondo ao infrator, pena de detenção de 1 (um) a 3 (três) anos de detenção, e multa.

O § 3º, do Artigo 7º, do Projeto de Lei ao dispor que "poderá ser estabelecida idade limite para os doadores, com base em critérios que busquem garantir a qualidade dos gametas doados", mesmo que deixe tal possibilidade para eventual regulamentação, caso a proposta legislativa vire lei, faz lembrar os tempos da política nazista em que havia um controle de qualidade, buscando-se uma raça humana pura. Sim, em que pese haver pessoas que sejam contra ao que aqui assinalo, não se pode negar tratar-se do mesmo ideal, pois ao usar o legislador do termo "qualidade" reduz mais uma vez o ser humano a mero produto laboratorial, buscando-se, na verdade seres humanos que sejam perfeitos, o que após o término da Segunda Guerra Mundial, esperava-se não existir mais em nenhum país do mundo.

Ainda nessa esteira, importa destacar que a Resolução-RDC nº 23, de 2011, da ANVISA, traz expressamente em quatro de seus dispositivos, a utilização do termo "qualidade", (dois deles, diretamente afrontando o ser humano no seu estágio embrionário — Artigos 2º e 4º, inciso X, inclusive o relacionando nesse último, a "produtos" e "serviços"), o que reforça a preocupação em se trazer para todas as normas que estejam relacionadas direta ou indiretamente com a vida humana, incluindo, aí, a reprodução assistida, maior respeito com a dignidade da pessoa humana, o que faz tais normas, ilegais ou inconstitucionais.[301]

Com efeito, de forma nefasta, assim dispõem os Artigos 2º e 4º, inciso X:

> *Artigo 2º - Este regulamento possui o objetivo de instituir critérios mínimos para o funcionamento dos Bancos de Células e Tecidos Germinativos (BCTG) visando a segurança e qualidade das células, tecidos germinativos e embriões utilizados.*
> *[...]*
> *Artigo 4º - Para efeito deste regulamento técnico são adotadas as seguintes definições: [...] X – garantia de qualidade: conjunto de atividades planejadas, sistematizadas e implementadas no sistema de qualidade, que venham a conferir um nível de confiança adequado aos produtos e serviços.*

Ainda dentro da matéria de doação de gametas e embriões, importante lembrar ainda dois pontos importantes, os quais encontram-se inseridos no inciso 5, do item IV, da Resolução CFM nº 1957, de 2010, quais sejam: a) o que visa evitar que um(a) doador(a) venha a produzir mais do que uma gestação de criança de sexo diferente; b) e que isto seja observado em uma área de um milhão de habitantes na região de localização da unidade.

Nessa esteira, como pode-se observar no primeiro ponto, inadmissível é a posição da mais alta hierarquia da Medicina deste país, uma vez que para se evitar tal possibilidade, acabaria por se usar de métodos científicos que redundariam em violação da dignidade da

---

301 Considerar-se-á ilegal a norma que estiver indiretamente violando a Constituição, como um decreto, por exemplo, o qual tira diretamente de uma lei, o fundamento de sua validade; diferentemente do que ocorre com a norma considerada inconstitucional, a qual tendo como fundamento de sua validade diretamente a Constituição, a viola frontalmente, como por exemplo, uma Lei ordinária materialmente inconstitucional.

pessoa humana, conforme já assinalado por ocasião da análise do inciso 4, do item I, da mesma resolução, no presente Capítulo.

Cumpre assinalar que para tornar possível a gestação de crianças de sexo diferente acabaria por ainda que de forma reflexa se permitisse também, a seleção de sexo (sexagem), abrindo-se, então, mais uma nefasta exceção à já prevista no inciso 4, do item I, da multicitada Resolução, o que não se pode admitir por todos os argumentos já feitos anteriormente, uma vez que afronta a Constituição da República, Lei Maior, que deve ser observada por todos, inclusive pelos conselhos de classe.

Já em relação ao segundo ponto levantado, registro a relatividade do critério adotado pelo Conselho, o qual parece entender que a mera observação da área de um milhão de habitantes impede por si só que ocorram situações que atentam contra a moral, os bons costumes e o Direito, uma vez que em que pese até haver baixa probabilidade de que isso ocorra, não se pode afirmar com certeza ser impossível, até porque há pessoas que apesar de terem a chance de uma em mais de cinquenta milhões, conseguem acertar na loteria.

Além disso, não se pode olvidar que em tempos de globalização, pessoas humanas se comunicam em tempo real, umas com as outras, razão pela qual inexiste atualmente limite geográfico para o conhecimento e a extensão de laços afetivos entre pessoas do mundo todo.

Desse modo, é inócuo o dispositivo em análise, uma vez que além de afrontar a Lei Maior, não conseguiria jamais atingir seus objetivos, até porque a vida humana não pode ser colocada em risco por simples probabilidades matemáticas.

No tocante ao inciso 6, do item IV, da mesma resolução, ao colocar as clínicas de reprodução assistida como responsáveis pela escolha dos doadores, impediria num primeiro momento a interferência dos beneficiários quanto às características da criança. No entanto, isso não poderá ocorrer, pois na segunda parte, estabelece o mesmo dispositivo que dentro do possível seja garantido que o doador tenha a maior semelhança fenotípica e imunológica e a máxima possibilidade de compatibilidade com a receptora.

Nessa perspectiva, mostra-se inegável a continuação da prática de interferência do casal para que a criança possa nascer com determinada cor de olhos, ou de cabelo etc.

Desse modo, como toda responsabilidade deve recair sobre alguém, optou o Conselho Federal de Medicina em responsabilizar as unidades, as quais, lucram com o desejo muitas vezes desmedido e até desesperado de pessoas que desejam ser pai ou mãe.

É importante assinalar que a matéria tratada neste inciso da Resolução, encontra-se prevista no Projeto de Lei nº 1.184, de 2003 de forma mais suave, uma vez que a proposta legislativa não estabelece a obrigação de unidades de reprodução assistida garantir, por exemplo, maior semelhança fenotípica em relação à receptora, muito embora não vede taxativamente tal pratica que acaba por reduzir o ser humano à condição de coisa, como se fosse um produto.

Com efeito, preceitua o Projeto de Lei mensionado em seu Artigo 7º, parte inicial que "será permitida a doação de gametas, sob a responsabilidade dos serviços de saúde", concluindo no seu Artigo 10 que "a escolha dos doadores será de responsabilidade do serviço de saúde que pratica a Reprodução Assistida e deverá assegurar a compatibilidade imunológica entre doador e receptor".

Sendo assim, optou o legislador por exigir das clínicas de reprodução assistida tão somente que seja assegurada a compatibilidade imunológica entre doador e receptor, excluindo, assim, a obrigação quanto a garantir a semelhança fenotípica, muito embora, frise-se, não tenha feito de forma expressa, o que abre margem em caso de possível aprovação, para possíveis discussões acerca deste tema.

Cumpre ressaltar que no Projeto de Lei encontram-se dois dispositivos em especial que têm por escopo assegurar a compatibilidade imunológica entre o doador e o receptor: o primeiro, estabelecido no § 1º, de seu Artigo 7º, o qual estabelece que "não será permitida a doação quando houver risco de dano para a saúde do doador, levando-se em consideração suas condições físicas e mentais"; e o segundo, previsto no parágrafo único de seu Artigo 11, o qual, nesta esteira, preceitua que "as pessoas absolutamente incapazes não poderão ser doadoras de gametas".

278

A Inviolabilidade do Direito à Vida

Derradeiramente, no tocante ao inciso 7, do item IV, da resolução, deve-se assinalar que com tal dispositivo busca o Conselho Federal de Medicina dar maior efetividade ao inciso 2, do mesmo item IV, o qual impede que doadores conheçam a identidade dos receptores, o que necessariamente ocorreria nesse caso, uma vez que trabalhando na equipe multidisciplinar ou sendo mesmo o médico responsável passaria o doador a saber a identidade dos receptores.

Deve-se assinalar, no entanto, que o dispositivo é claro no sentido de não permitir a doação de gametas por médicos responsáveis pelas clínicas, unidades ou serviços, bem como pelos integrantes da equipe multidisciplinar, não vedando, assim, por exemplo, que pessoas que trabalhem em outras áreas, como nos serviços de faxina, possam doar material genético.

Além disso, trata-se de dispositivo que visa dar eticidade no trabalho a ser realizado, impedindo-se, desse modo até mesmo que em caso de possível falta de doadores de gametas, médicos responsáveis pelas clínicas, unidades ou serviços e integrantes da equipe multidisciplinar possam fazer doações de material genético.

Em relação a esse tema, o Projeto de Lei nº 1.184, de 2003, visa estabelecer em seu Artigo 11, *caput,* que "não poderão ser doadores os dirigentes, funcionários e membros de equipes, ou seus parentes até o quarto grau, de serviço de saúde no qual se realize a Reprodução Assistida".

Como se nota, fazendo-se uma comparação com o inciso 7, do item IV, da Resolução CFM nº 1957, de 2010, verifica-se ser mais gravosa a redação da proposta legislativa, uma vez que não se limita, como na resolução ao médico responsável pela clínica, unidade ou serviço e aos integrantes da equipe multidisciplinar, mas estende também aos demais funcionários e aos seus parentes de quarto grau.

Deve-se atentar por outro lado, que enquanto na Resolução do CFM é vedado ao médico participar como doador nos programas de reprodução assistida; permite-se no Projeto de Lei que o médico se utilize do próprio gameta para realizar a reprodução assistida na qualidade de beneficiário, à luz do inciso II, de

279

seu Artigo 20, o que apesar de *prima facie* transparecer que acaba por criar uma exceção ao próprio Artigo 11, *caput*, acima analisado, haja vista autorizar os médicos a usarem o próprio gameta para realizar a Reprodução Assistida, sempre que estiverem na qualidade de beneficiários, na verdade não cria qualquer exceção, haja vista que ninguém faz uma doação para si mesmo, uma vez que estaria doado a si, o que já é seu.

Assim, permanece a vedação também ao médico de serviço de saúde no qual se realize a Reprodução Assistida, de doar gametas.

Cumpre observar que quanto às pessoas proibidas de doarem gametas à luz do Artigo 11, do projeto de lei, caso venham a transgredir tal regra, lhes deverá ser imposta pena de reclusão de 1 (um) a 3 (três) anos, e multa, uma vez que a alínea "a", do inciso XIII, do Artigo 19, do mesmo projeto de lei, prevê ser crime.

Mesma pena, inclusive, deverá ser imposta ao médico que realizar a Reprodução Assistida utilizando-se de gametas "de pessoa incapaz" (incapacidade esta na forma do Código Civil); "de que tem ciência ser de um mesmo doador, para mais de um beneficiário" (tem por objetivo impedir o relacionamento incestuoso entre irmãos consanguíneos); "sem que tenham sido os beneficiários ou doadores submetidos ao controle de doenças infectocontagiosas e a outros exames complementares" (visa impedir a propagação de doenças infectocontagiosas), conforme preceituam as alíneas "b", "c" e "d", do Artigo 19, do projeto de Lei nº 1.184, de 2003.

Último ponto a ser analisado na Resolução CFM nº 1.957, de 2010 é o seu item VI – Diagnóstico e Tratamento de Embriões, cuja redação é a que segue:

"As técnicas de RA também podem ser utilizadas na preservação e tratamento de doenças genéticas ou hereditárias, quando perfeitamente indicadas e com suficientes garantias de diagnóstico e terapêutica.

1 - Toda intervenção sobre embriões *'in vitro'*, com fins diagnósticos, não poderá ter outra finalidade que não a de avaliar sua

viabilidade ou detectar doenças hereditárias, sendo obrigatório o consentimento informado do casal.

2 - Toda intervenção com fins terapêuticos sobre embriões 'in vitro' não terá outra finalidade que não a de tratar uma doença ou impedir sua transmissão, com garantias reais de sucesso, sendo obrigatório o consentimento informado do casal.

3 - O tempo máximo de desenvolvimento de embriões 'in vitro' será de 14 dias.

Inicio a análise do item "VI" da Resolução CFM nº 1957/10, justamente pelo seu último inciso, dada a sua peculiaridade."

Importante salientar que no mesmo sentido, a Resolução-RDC nº 23, de 2011, da ANVISA, conceitua no inciso VI, de seu Artigo 4º, o embrião como sendo o "produto da fusão das células germinativas[302] até 14 dias após a fertilização, *in vivo* ou *in vitro*, quando do início da formação da estrutura que dará origem ao sistema nervoso".

É bem verdade que passam por inofensivos os supracitados dispositivos. Porém, nada têm de inofensivos tais dispositivos, uma vez que guardam íntima relação acerca da vida humana.

Com efeito, conforme leciona o ilustre professor André Guilherme Tavares de Freitas, ao analisar sobre quando começa a vida, há uma "diversidade de teses a respeito, como, v.g., a do '15º dia', do 'implante ou nidação'[303], da "essência do sistema nervoso central (...)".[304]

Assim, à luz da supracitada lição doutrinária, o que vem dizer tal "inofensivo" dispositivo normativo é que para efeitos de

---

302   Células germinativas são os gametas masculino (espermatozoide) e feminino (ovócito ou oócito).

303   O termo "nidação" diz respeito à implantação do óvulo já fecundado no útero materno, o que ocorre cerca de quatorze dias após a fecundação.

304   FREITAS, André Guilherme Tavares de. *Op. cit.*, pp. 7-8.

reprodução assistida, a vida humana começa somente no 15º dia após a concepção (quando o zigoto se fixa na parede do útero; com a formação do sistema neural), o que viola não só o direito à vida do embrião, como também a sua condição de pessoa humana dotada de dignidade, uma vez que conforme lições de renomados geneticistas, as quais apresento na presente obra, a vida humana, começa na e com a concepção.

Em que pese meu posicionamento pessoal discordante acerca da matéria, cumpre-me assinalar, no entanto, que a doutrina penalista pátria majoritária defende que "para fins de proteção por intermédio da Lei Penal, a vida só terá relevância após a nidação, que diz respeito à implantação do óvulo já fecundado no útero materno, o que ocorre 14 dias após a fecundação"[305], apesar da vida humana se iniciar a partir da e com a concepção.

Já em relação aos incisos 1 e 2 do item "VI" da Resolução em análise, os quais tratam de intervenção sobre embriões *in vitro* com fins diagnósticos e terapêuticos, respectivamente, geram dúvida acerca do destino do embrião humano na hipótese de nele ser detectada algum tipo de doença, como por exemplo, síndrome de *down*.

Acerca da matéria que ora se analisa, estabelece o Artigo 17 da Declaração Universal sobre o Genoma Humano e os Direitos do Homem que "os Estados deverão respeitar e promover a prática da solidariedade em relação a pessoas, famílias e grupos populacionais particularmente vulneráveis a doença ou incapacidade de natureza genética, ou por elas afetados. Os Estados deverão promover, entre outros, pesquisa visando à identificação, à prevenção e ao tratamento de doenças de base genética ou influenciadas pela genética, em especial doenças raras e endêmicas que afetem grande número de pessoas na população mundial".

Conforme constata pela redação do Artigo 17 da supracitada Declaração Universal, da mesma forma que a Resolução CFM nº 1957, de 2010, a mesma gera dúvidas, uma vez que o próprio termo "prevenção" pode ser entendido de várias formas, inclusive

---

305 GRECO, Rogério. *Curso de Direito Penal*, vol. II, 2ª Edição, revisada e atualizada. Niterói: Impetus, 2006, vol. II, p. 264.

A INVIOLABILIDADE DO DIREITO À VIDA

a de que poderia haver, por exemplo, o abortamento de um ser humano na hipótese de o mesmo conter alguma anomalia genética, o que mostra-se inconcebível, uma vez que abre caminho para a seleção de seres humanos.

Desse modo, visando assegurar o direito à vida e a sempre melhor qualidade de vida para cada pessoa humana, independentemente do estágio de vida em que a mesma se encontre, é importante que cada Estado possa desenvolver pesquisas que na esteira da Declaração Universal sobre Genoma Humano e os Direitos do Homem e das demais normas de direitos humanos sejam orientadas entre outras coisas, para a prevenção das doenças genéticas.

No entanto, isso não pode, por outro lado, se tornar uma estratégia de correção de doenças fetais, a qual estaria orientada para uma seleção de seres humanos, baseada em critérios genéticos, onde não se buscaria a melhor qualidade de vida do ser humano, mas sim a morte daqueles seres humanos que possuam algum tipo de anomalia genética.

É muito importante esclarecer que a discussão sobre tal questão se mostra interessante porque, dentre outros, há um método de biópsia de embriões (diagnóstico genético pré-gestacional), o qual consiste em biopsiar embriões (no terceiro dia de vida) obtidos através de método de fertilização *in vitro*, obtendo--se de cada embrião uma célula. Posteriormente, cada célula é submetida a exame genético visando saber se as mesmas possuem ou não alterações cromossômicas, não sendo transferidos e por conseguinte, descartados, os embriões cujas células apresentarem alterações cromossômicas.

Cumpre salientar que se os dispositivos forem no sentido de que as intervenções venham a possibilitar uma melhor qualidade de vida para este ser humano embrionário, não se estaria afrontando sua dignidade humana e seu direito à vida. Porém, se os dispositivos em análise forem com o intuito de descartar os embriões que efetivamente tenham síndrome de *down* ou outro tipo de doença, por exemplo, estarão os profissionais da Medicina que praticarem tal conduta, afrontando o seu próprio juramento de sempre defender a vida humana; estarão os Poderes constituídos neste país se omitindo e infringindo a Lei Maior dele, a qual assegura a todos independentemente de seu tempo de vida, este direito natural e anterior ao próprio Estado, o qual apenas deve reconhecê-lo e protegê-lo, além de violarem o princípio constitucional sensível da dignidade da pessoa humana e estará se oportunizando à, no Brasil, a prática de seleção humana tão vista na Alemanha nazista de Adolf Hitler.

Independentemente de existir uma norma que permita tal barbárie ou não contra seres humanos embrionários, cabe a cada pessoa humana respeitar o direito à vida do seu semelhante, pois a todos é assegurado o direito de viver; ao contrário, a prática de condutas nefastas como a de destruição de seres humanos embrionários sob o argumento, ou melhor dizendo, sob a falácia de que estaria por se cumprir as normas vigentes no país, estaria por se inexoravelmente apresentar o mesmo argumento de defesa usado por alemães que praticaram atos de covardia e barbárie contra judeus, ciganos, homossexuais, deficientes físicos etc., e, posteriormente, por ocasião de seus julgamentos, no histórico Tribunal de Nuremberg alegaram como defesa que apenas cumpriam as leis vigentes em seu país, o que foi refutado pelo citado Tribunal, haja vista que inexiste soberania quando se afronta direitos da pessoa humana, sob pena de inversão total de valores de se colocar a soberania acima da própria pessoa humana e de seus direitos invioláveis, sobretudo o seu direito à vida.

Pelas razões anteriormente assinaladas, defendo que no caso de execução de técnicas de reprodução assistida, não possa haver a criação de mais de um embrião para ser transferido, uma vez que isso evitaria um mal maior, o qual inexoravelmente consistiria no congelamento ou no uso de seres humanos embrionários para pesquisas científicas, o que afronta sim sua dignidade, como pessoa humana que é.

Assim, deve o Estado, por isso, reconhecer o direito do ser humano embrionário em viver, independentemente do tempo que seja.

Cumpre salientar ainda que interpretar os dispositivos que ora se analisa, no sentido de que possa haver o descarte de embriões que possam ter algum tipo de doença, seria assegurar a seleção de pessoas, o que afronta a ideia de direitos humanos, de inviolabilidade do direito à vida e sua dignidade, possibilitando, inclusive, até mesmo que no futuro se use sem qualquer respeito pela vida humana, "técnicas" semelhantes para as hipóteses de filhos gerados de forma natural, o que com muita preocupação já ressoa com mau cheiro, seja na jurisprudência, seja na doutrina pátria e alienígena.

Visto isso, se passa agora à análise do Capítulo VI do projeto de Lei nº 1.184, de 2003, o qual intitulado - Da Filiação da Criança -, assim dispõe:

> *"Artigo 16 - Será atribuída aos beneficiários a condição de paternidade plena da criança nascida mediante o emprego de técnica de Reprodução Assistida.*
>
> *§ 1° A morte dos beneficiários não restabelece o poder parental dos pais biológicos.*
>
> *§ 2° A pessoa nascida por processo de Reprodução Assistida e o doador terão acesso aos registros do serviço de saúde, a qualquer tempo, para obter informações para transplante de órgãos ou tecidos, garantido o segredo profissional e, sempre que possível, o anonimato.*
>
> *§ 3° O acesso mencionado no § 2° estender-se-á até os parentes de 2° grau do doador e da pessoa nascida por processo de Reprodução Assistida.*
>
> *Artigo 17 - O doador e seus parentes biológicos não terão qualquer espécie de direito ou vinculo, quanto à paternidade ou maternidade, em relação à pessoa nascida a partir do emprego das técnicas de Reprodução Assistida, salvo os impedimentos matrimoniais elencados na legislação civil.*
>
> *Artigo 18 - Os serviços de saúde que realizam a Reprodução Assistida sujeitam-se, sem prejuízo das competências de órgão da administração definido em regulamento, à fiscalização do Ministério Público, com o objetivo de resguardar a saúde e a integridade física das pessoas envolvidas, aplicando-se, no que couber, as disposições da Lei n° 8.069, de 13 de julho de 1990 (Estatuto da Criança e do Adolescente)".*

Fazendo-se uma interpretação sistemática[306] do disposto nos Artigos 16 e 17, do Projeto de Lei ora transcrito, pode-se chegar à conclusão sem sombra de dúvidas, de que o legislador visará com tais normas relativas à reprodução assistida, alcançar os mesmos fins buscados pelo Estatuto da Criança e do Adolescente (E.C.A), o qual com o advento da Lei n° 12.010, de 3 de agosto de 2009, passou a disciplinar as normas relativas à adoção no Brasil, observando-se ainda o Código Civil, especialmente no que diz respeito ao direito de família.

Com efeito, respectivamente, dispõem os Artigos 41, *caput,* e 49 do E.C.A. que "a adoção atribui a condição de filho ao adotado, com os mesmos direitos e deveres, inclusive sucessórios, desligando-o de qualquer vínculo com pais e parentes, salvo os impedimentos matrimoniais" e que "a morte dos adotantes não restabelece o poder familiar dos pais naturais".

Assim, verifica-se claramente que o disposto no Artigo 16, *caput*, do projeto de Lei n° 1.184, de 2003, traz para ser aplicado à reprodução assistida a mesma ideia do Artigo 41, *caput*, do E.C.A. no tocante à adoção; trazendo projeto de Lei no § 1°, de seu Artigo 16, a mesma ideia consubstanciada no Artigo 49, do E.C.A, uma vez que conforme assevera Eduardo de Oliveira Leite, "o direito da filiação não é somente o direito da filiação biológica, mas também o direito da filiação querida, da filiação vivida, tendo em vista sobretudo o interesse da criança".[307]

No tocante aos §§ 2° e 3°, do Artigo 16, do Projeto de Lei em análise, o que se pode analisar é que trata-se de regra de maior extensão em relação àquela disposta nos §§ 1° e 2°, do Artigo 9° do mesmo projeto de Lei n° 1.184, de 2003, sendo certo no entanto, que o próprio Artigo 9° *caput*, do projeto de lei, previu a quebra de sigilo do anonimato em casos estabelecidos no mesmo projeto.

---

306   Método pelo qual a interpretação da norma jurídica é realizada levando-se em consideração o seu conjunto (sistema).

307   LEITE, Eduardo de Oliveira. *Procriações artificiais e direito: aspectos médicos, religiosos, psicológicos e jurídicos.* São Paulo: Revista dos Tribunais, 1995, p. 203.

A Inviolabilidade do Direito à Vida

Com efeito, enquanto o § 2º, do Artigo 9º, do Projeto de Lei possibilita a quebra do anonimato, em caso de haver razões médicas (transplante de órgãos e tecidos, por exemplo) apenas em favor da pessoa gerada (uma vez que havendo razões jurídicas – impedimento de casamento – a quebra do anonimato também se aplicará ao doador, por força do Artigo 17, do mesmo projeto de Lei em consonância com o Artigo 1.521, do Código Civil), o § 2º, do Artigo 16, do projeto de Lei estende também ao doador o direito de ter acesso aos registros do serviço de saúde, a qualquer tempo, para obter informações para transplante de órgãos ou tecidos (razão médica).

Cumpre ressaltar que o § 3º, do Artigo 16, do Projeto de Lei não atende a função maior de toda norma jurídica que é o bem comum ao limitar o acesso aos registros do serviço de saúde, a qualquer tempo, para obter informações para transplante de órgãos ou tecidos até os parentes de 2º grau do doador e da pessoa nascida por processo de Reprodução Assistida, o que é desmedido, uma vez que poderão haver casos em que por exemplo, o doador só tenha um sobrinho (parente de 3º grau) ou um primo (parente de 4º grau), o que convenhamos causaria a esse parente, sérios problemas de ordem jurídica, uma vez que este, possivelmente precisaria ingressar com ação em Juízo visando obter tais informações, haja vista a peculiaridade do caso.

No tocante ao Artigo 17 da proposição legislativa, anoto que o mesmo não traz qualquer novidade, haja vista que simplesmente reproduz sob outra ótica o disposto em seu Artigo 16, o qual, por sua vez, reproduz por analogia, conforme já assinalado anteriormente, o disposto no Artigo 41, *caput*, do E.C.A.

Quanto à parte final do Artigo 17, do projeto de lei, deve-se anotar que o mesmo remete o intérprete da norma ao Artigo 1.521, do Código Civil, o qual traz as hipóteses de impedimento para o casamento, cuja redação foi devidamente transcrita anteriormente no presente capítulo.

Da mesma forma, o Artigo 18 do projeto de Lei em análise não traz qualquer novidade quanto à aplicação do E.C.A., uma vez que conforme já anotado, utiliza-se no projeto de lei, claramente por analogia das normas relativas à adoção para a reprodução assistida.

Quanto a ter sido atribuída ao Ministério Público a fiscalização dos serviços de saúde que realizam a Reprodução Assistida, cumpre asseverar que em que pese o disposto no Artigo 129, da Constituição da República já ao meu sentir, amparar a fiscalização do *parquet* nesses casos, mostra-se relevante nesse aspecto sua expressa atribuição, o que visaria impedir qualquer discussão a respeito da matéria.

No tocante ao Capítulo VII do projeto de Lei nº 1.184, de 2003, o qual prevê as infrações e penalidades, os quais foram analisados de forma correlacionada com a mesma proposição legislativa e com a Resolução do Conselho Federal de Medicina, cumpre esclarecer que embora tanto o Artigo 19, quanto o Artigo 20, apresentem em seu *caput*, a mesma redação, qual seja, "constituem crimes", a diferença entre ambos se dá nos respectivos parágrafos únicos, uma vez que enquanto para as condutas tipificadas como crimes no Artigo 19, impõe-se ao juiz considerar a natureza e a gravidade do delito ao aplicar as medidas previstas em tal Artigo; no Artigo 20, há a previsão expressa de aumento da pena cominada nos seus incisos IV e V (praticar o médico redução embrionária, respectivamente, com ou sem consentimento, após a implantação no organismo da receptora, salvo nos casos em que houver risco de vida para mulher) em 1/3 (um terço), se, em consequência do procedimento redutor, a receptora sofre lesão corporal de natureza grave; sendo a pena duplicada, se pela mesma causa, lhe sobrevém a morte, o que se mostra incoerente, haja vista que novamente impõe pena menor do que a prevista no atual Código Penal, para situação semelhante.

É importante esclarecer que o Artigo 21, da proposição legislativa, prevê que a prática de qualquer crime previsto na mesma, ocasionará além da cominação das demais sanções legais, a perda da licença concedida aos serviços de saúde que realizam a Reprodução Assistida.

Por fim, se passa à análise dos Artigos 22 a 24[308], do Capítulo VIII da Proposta Legislativa n° 1.184, de 2003, o qual traz as seguintes disposições finais:

> "*Artigo 22 - Os embriões conservados até a data de entrada em vigor desta Lei poderão ser doados exclusivamente para fins reprodutivos, com o consentimento prévio dos primeiros beneficiários, respeitados os dispositivos do Capítulo IV.*
>
> *Parágrafo único. Presume-se autorizada a doação se, no prazo de 60 (sessenta) dias, os primeiros beneficiários não se manifestarem em contrário.*
>
> *Artigo 23 - O Poder Público promoverá campanhas de incentivo à utilização, por pessoas inférteis ou não, dos embriões preservados e armazenados até a data de publicação desta Lei, preferencialmente ao seu descarte.*
>
> *Artigo 24 - O Poder Público organizará um cadastro nacional de informações sobre a prática da Reprodução Assistida em todo o território, com a finalidade de organizar estatísticas e tornar disponíveis os dados sobre o quantitativo dos procedimentos realizados, a incidência e prevalência dos efeitos indesejados e demais complicações, os serviços de saúde e os profissionais que a realizam e demais informações consideradas apropriadas, segundo se dispuser em regulamento.*"

Como se nota pelo teor das normas do último capítulo da Proposição Legislativa n° 1.184, de 2003, felizmente ao menos nas disposições finais, mostrou-se feliz o legislador infraconstitucional.

Com efeito, o estabelecido no Artigo 22 do supracitado projeto de lei, o qual, uma vez aprovado possibilitará a doação dos embriões exclusivamente para fins reprodutivos, assegurará (ou pelo menos possibilitará para que isso ocorra) aos mesmos, o direito de viver, haja vista que tal norma em certo grau, diminuirá a destruição de embriões excedentários.

---

308 Não foram analisados os Artigos 25 e 26 do projeto de Lei n° 1.184, de 2003, haja vista que os mesmos visavam alterar dispositivos da Lei n° 8.974, de 5 de janeiro de 1995, revogada pela atual Lei de Biossegurança Lei n° 11.105, de 24 de março de 2005.

Sem sombra de dúvidas, a doação de embriões para fins exclusivamente reprodutivos, pode ser tida, ainda que por analogia a uma espécie de adoção, haja vista circundar a matéria, um ser humano em seu estágio embrionário.

Nessa esteira, acerca da matéria, assevera Adriana Maluf que "o direito pós-moderno preocupa-se não só com a adoção do nascituro, mas também com a do embrião pré-implantatório, à luz do que faz a Lei da Louisiana, que lhe nomeia, inclusive, um curador (RS, Act. nº 964, de 14-7-96, § 126), livrando-os assim do descarte, um dos problemas cruciais da bioética e do biodireito".[309]

É interessante apontar que para pelo menos conseguirem ter a chance de serem adotados e então terem o direito de viver, os seres humanos embrionários ainda precisarão passar (caso o Projeto de Lei vire Lei) por um último obstáculo: o consentimento prévio dos beneficiários das técnicas de reprodução assistida, os quais de acordo com o projeto terão 60 (sessenta) dias para se posicionarem contra a doação, sob pena de se considerar tácita a autorização.

Em boa hora, cumpre assinalar que desde 5 de setembro de 2006, de autoria dos parlamentares chilenos, Maximiano Errázuriz Eguiguren, Roberto Sepúlveda Hermosilla e Ximena Valcarce Becerra, tramita no Congresso daquele país, o Projeto de Lei nº 4.489-11, o qual visa regulamentar a manipulação de embriões congelados.

Em tal Projeto de Lei, colhe-se em suas considerandas como justificativas para sua aprovação pelo Congresso Chileno, as seguintes, em tradução livre:

> *"1. No Chile existe um número indeterminado de embriões congelados, tecnicamente denominados zigotos em estado de pronúcleos cujos pais são conhecidos unicamente por clínicas ou hospitais onde se encontram. 2. Nestes embriões já há um começo de vida humana, pois se trata de óvulos que já foram fecundados e cujo fim é e deve ser o útero da mãe biológica.*

---

309   MALUF, Adriana Caldas do Rego Freitas Dabus. *Curso de bioética e biodireito*. São Paulo: Atlas, 2010, pp. 115.

A Inviolabilidade do Direito à Vida

3. Estes embriões, de acordo com a doutrina biológica, já são seres humanos e em consequência, gozam da proteção constitucional e legal que protege o nascituro.

4. O fato de só os pais e as clínicas ou hospitais onde estão esses embriões saberem de sua existência, possibilita que se os pais falecerem ou estiverem privados de suas faculdades mentais, a clínica ou o hospital possam utilizar esse embrião com fins diferentes da procriação, tais como experimentação científica, uso industrial ou comercialização.

5. De acordo com a Lei sobre genoma humano, no futuro não se poderá congelar embriões, mas há muitos que já estão.

6. Não obstante a interpretação acima e outras diferentes que tenham alguns dado à Lei sobre genoma humano, concluindo não que não há proibição de congelar embriões no futuro, se julga conveniente explicitar a proibição.

7. A manutenção dos embriões congelados representa um custo que pode deixar de ser pago por parte dos pais, gerando assim uma situação de desamparo para os concebidos." [...]

Antes de um breve comentário sobre o citado Projeto de Lei Chileno, convém ressaltar que conforme assinalado no capítulo anterior desta obra, a Constituição da República do Chile, norma da qual a Legislação Infraconstitucional Chilena tira o seu fundamento de validade, preceitua em seu Artigo 19 e item 1º que "a Constituição assegura a todas as pessoas: 1º - O direito à vida e à integridade física e psíquica da pessoa. A Lei protege a vida do que está para nascer [nascituro]".

Assim, em um país que consagra em seu Texto Constitucional de forma expressa a proteção da vida humana do nascituro, não poderia se posicionar de forma diversa no tocante aos seres humanos embrionários.

Nessa esteira, deve-se apontar que o Projeto de Lei Chileno é composto de oito Artigos, os quais, uma vez aprovados, passarão a reger a matéria no Chile, assim estabelecendo:

"Artigo 1° - Toda clínica, hospital ou outra repartição que tenha embriões congelados, deverá informar ao Ministério da Saúde: a) Quantos tem; b) Desde que data tem cada um deles; c) Quem são os pais biológicos, com toda informação que possuam a respeito de cada um deles, tais como nomes completos, documento de identidade, profissão ou atividade de ambos, endereço residencial e do escritório e telefones."

Esse dispositivo, uma vez aprovado, possibilitará o controle estatal acerca do número de embriões em tais estabelecimentos, uma vez que a falta de controle possibilita, conforme assinalado na própria justificativa do Projeto de Lei Chileno, que embriões sejam utilizados para fins diferentes da procriação humana, podendo até mesmo serem utilizados em pesquisas científicas.

"Artigo 2° - A informação relativa ao Artigo anterior deverá ser mantido em absoluto sigilo, o qual somente poderá ser alterada por competente ordem judicial."

Tal dispositivo visa assegurar que informações de ordem privada sejam divulgadas a terceiros. Convém assinalar que esse Projeto de Lei Chileno não tem por escopo impedir que crianças nascidas através de técnicas de reprodução assistida venham a saber sua origem genética, mas sim, proteger os seres humanos no estágio embrionário de qualquer ato que venha a violar o seu inviolável direito à vida.

"Artigo 3° - Se entende por embrião o zigoto em estado pronuclear desde o momento da fecundação."
O Artigo 3° do Projeto de Lei Chileno número 4.489-11, de 2006, mostra-se de suma importância, uma vez que na esteira do Artigo 19, número 1, da Constituição da República do Chile de 1980, reforça a tese, embasada na doutrina biológica que a vida humana se inicia com e a partir da concepção.

"Artigo 4° - Se deixar de pagar a manutenção de um embrião durante mais de um ano, o local onde se encontre esse embrião deverá prestar contas ao Ministério da Sáude e localizar os pais para que

se coloquem em dia dentro dos noventa dias seguintes. Se não o fizerem, terá lugar o procedimento indicado no Artigo seguinte.

Artigo 5° – Se a mãe biológica falece ou por alguma razão fundada não possa ou não queira desenvolver em seu útero o embrião de sua filha ou filho, ou não pague os custos de manutenção durante mais de um ano ou transcorridos noventa dias desde que foi notificada dessa circunstância, deverá aceitar entregá-lo para adoção."

Os Artigos 4° e 5° do projeto de Lei Chileno em interpretação sistemática demonstram a real preocupação do legislador chileno com o ser humano embrionário, pois diferentemente dos projetos de Lei do Brasil, bem como das normas emanadas por conselhos profissionais brasileiros ou do Poder Público de nosso país, no Chile, caso não venham os pais a tomar uma posição que assegure a tais seres humanos a condição de desenvolverem sua vida, chegando ao estágio de seres humanos já nascidos, haverá a entrega compulsória de tais embriões para que os mesmos possam, uma vez adotados terem o direito de nascer.

É bem verdade que isto por si só não corresponde a um impedimento de que os seres humanos embrionários tenham sua dignidade humana vilipendiada. No entanto, não se pode olvidar que o legislador chileno com tal projeto visa minimizar os prejuízos impostos aos seres humanos embrionários congelados até o inicio da vigência da Lei (uma vez aprovado esse Projeto de Lei), haja vista que uma vez sendo esta proposta legislativa aprovada e transformada em lei, no Chile ficará vedado o congelamento de embriões, o que, aí sim, assegurará um respeito indelével aos seres humanos embrionários.

"Artigo 6° – Para que uma mulher possa adotar um embrião congelado, deverá estar em condições físicas, sociais e mentais para desenvolver o embrião em seu próprio útero e lhe dar logo os meios necessários para seu desenvolvimento pleno. Tais condições serão qualificadas pelo Tribunal de Família competente, contra cuja decisão poderá se apelar."

Esse dispositivo visa, como no caso da adoção de seres humanos já nascidos que sejam assegurados aos seres humanos embrionários, a condição de que venham a se desenvolver plenamente, o que deverá evidentemente ser apreciado pela Justiça visando, sendo cabível recurso contra tal decisão, haja vista a possibilidade de erro por parte do julgador na apreciação do preenchimento das condições legais.

> *"Artigo 7° - Quando por razões operacionais se houver congelado dois ou três embriões em conjunto, de tal modo que o descongelamento de um deles não possa se realizar sem descongelar os outros, a adoção se procederá com respeito de todos eles, com um máximo de três, os quais deverão ser implantados no mesmo útero simultaneamente. Não se requer a concordância do pai para que a mãe receba em seu útero os embriões."*

Aqui, novamente fica evidenciado o respeito aos seres humanos embrionários, uma vez que assegura a não separação de embriões, caso o descongelamento venha a ainda que potencialmente colocar em risco a vida de algum dos seres humanos embrionários, sendo de grande respeito pela dignidade humana dos mesmos, que esses venham a ser implantados em um único útero ao mesmo tempo, o que lhes assegurará os laços sanguíneos, muito embora o que seja mais relevante é o reconhecimento do direito à vida, o qual todos possuem.

> *"Artigo 8° - Após o início da vigência da presente lei, fica proibido o congelamento de embriões."*

Por fim, usando-se de um jargão popular, conclui o legislador chileno o analisado Projeto de Lei, com "chave de ouro", pois não apenas se preocupou com os seres humanos embrionários já criopreservados (congelados), como também, visou impedir que após o início da vigência da Lei não se possa mais em território chileno se congelar embriões humanos.

A Inviolabilidade do Direito à Vida

Desse modo, voltando o olhar com preocupação para os seres humanos embrionários já congelados anteriormente ao início de vigência da lei, o que lhes assegurará o direito a se desenvolver plenamente, cumpre asseverar que com a aprovação do Projeto de Lei do Chile estarão impedidas as clínicas, hospitais ou estabelecimentos que desenvolvam atividades relacionadas à reprodução assistida de congelar seres humanos, o que colocará a legislação infraconstitucional chilena em sintonia com a Constituição daquele país, no tocante ao respeito à vida humana, independentemente do estágio de vida em que esteja o ser humano.

Visto isso, voltando-se novamente a atenção para a Proposição Legislativa Brasileira nº 1184, de 2003, cumpre assinalar que o seu Artigo 23 mostra-se de grande importância, uma vez que aprovado tal dispositivo se imporá ao Poder Público que faça campanhas públicas para incentivar casais inférteis a adotarem os embriões criopreservados, sendo certo que é importante que antes de eventual transformação de tal dispositivo do Projeto de Lei em lei, se suprima o termo "preferencialmente ao seu descarte", tendo em vista que tal expressão numa eventual Lei poderia permitir que equivocadamente se passasse a interpretar como uma mera preferência, não havendo por parte do Poder Público qualquer dever de cumprir com tal obrigação; interpretação esta que merece ser veementemente rechaçada.

Ainda sobre este Artigo 23, do Projeto de Lei nº 1184, de 2003, importa salientar que assim como pais que não são inférteis podem adotar; por analogia, o Congresso Nacional, nesse projeto de lei, também visa assegurar que pessoas férteis possam adotar tais seres humanos embrionários, o que é positivo em um mundo que, de forma intensa como nunca antes visto e de forma tão preocupante, insiste em relegar o ser humano embrionário a uma condição não humana o que viola o princípio da não hierarquização da vida humana, o qual já foi analisado no primeiro capítulo desta obra.

Por fim, no tocante ao Artigo 24 da proposição legislativa, deve ser destacado que o mesmo, uma vez aprovado, tornará mais transparente e consciente o uso de técnicas de reprodução assistida, uma vez que constará de tal cadastro nacional, informações relevantes especialmente no que diz respeito aos efeitos indesejados e as complicações que poderão advir do uso de técnicas de reprodução assistida, o que muito pouco (para não dizer nunca) é divulgado pela mídia ou pelos órgãos governamentais.

3. CONCLUSÃO

Após analisarmos o projeto de Lei nº 1184, de 2003, principal proposta legislativa que tramita atualmente no Congresso Nacional acerca da reprodução assistida no Brasil; a Resolução CFM nº 1.957, de 2010, a qual adotou normas éticas para a utilização das técnicas de reprodução assistida e a Resolução-RDC nº 23, de 2011, a qual dispõe sobre o regulamento técnico para o funcionamento dos Bancos de Células e Tecidos Germinativos e dá outras providências e normas infraconstitucionais a elas correlatas, tudo à luz da Constituição da República Federativa do Brasil de 1988, chega-se à conclusão que, conforme devidamente fundamentado no presente capítulo, inúmeros dispositivos das normas analisadas, bem como da proposição legislativa, encontram-se afrontando o Texto Constitucional.

Por outro lado, conforme também analisado no presente capítulo, o Projeto de Lei do Chile nº 4.489-11, de 5 de setembro de 2006, o qual visa regulamentar a manipulação de embriões congelados no Chile, na esteira do Texto Constitucional chileno (e não afrontando o mesmo, como ocorre no caso brasileiro), uma vez aprovado, assegurará naquele país, respeito aos seres humanos embrionários, razão pela qual ora se defende a elaboração e apresentação de Projeto de Lei semelhante para apreciação do Congresso Nacional Brasileiro.

Assim, é de necessidade urgente que no Brasil se regule a matéria, devendo o legislador ser norteado na elaboração de normas, não por interesses econômicos, mas pela dignidade e a vida da pessoa humana; dignidade e vida humana, as quais poderiam se dizer que se confundem na seara da reprodução assistida.

A Inviolabilidade do Direito à Vida

Para tanto, visando o respeito pela vida e dignidade do ser humano embrionário, observado o já em tramitação Projeto de Lei nº 489, de 2007, o qual dispõe sobre o Estatuto do Nascituro, e que uma vez aprovado, conforme já assinalado anteriormente no presente Capítulo, abarcará a proibição de criopreservação, se faz necessária uma Lei no Brasil (muito embora isso mostra-se urgente em todos os países, visando deste modo, se impedir que assim como existem os chamados "paraísos fiscais", possa passar a existir "paraísos de experimentação científica com seres humanos embrionários"), que se fundamente em quatro eixos, quais sejam: a) que proíba a criação de mais de um embrião por casal, salvo na hipótese de serem todos os embriões criados implantados no útero feminino; b) que proíba a criopreservação de seres humanos embrionários; c) que autorize a doação de seres humanos embrionários congelados até o início da vigência da Lei para efeitos exclusivamente procriativos; e d) que proíba o descarte ou utilização de embriões em pesquisas científicas; sendo certo que uma vez alcançado o primeiro eixo, os segundo e quarto, automaticamente já estarão contemplados.

BIBLIOGRAFIA

AGÊNCIA NACIONAL DE VIGILÂNCIA SANITÁRIA. Resolução - RDC nº 23, de 27 de maio de 2011. Disponível em: <http://bvsms.saude.gov.br/bvs/saudelegis/anvisa/2011/res0023_27_05_2011.html> Acesso em: 13 de jun. 2011.

_____ Resolução - RDC nº 313, de 9 de dezembro de 2004. Disponível em: <http://www.jusbrasil.com.br/diarios/836347/dou-secao-1-10-12-2004-pg-56/pdfView> Acesso em: 8 mai. 2011.

_____ Resolução - RDC nº 344, de 13 de dezembro de 2002. Disponível em: <http://www.anvisa.gov.br/legis/resol/2002/344_02rdc.htm> Acesso em: 8 mai. 2011.

ALEMANHA. *Constituição da República Federal da Alemanha*, de 23 de maio de 1949. Disponível em: <http://archiv.jura.uni-saarland.de/BIJUS/grundgesetz/> Acesso em: 8 abr. 2011.

ALEXY, Robert. *Colisão e ponderação como problema fundamental da dogmática dos direitos fundamentais*. Tradução Gilmar Ferreira Mendes. Rio de Janeiro: Fundação Casa de Ruy Barbosa, 1998.

_____. *Theorie der Grundrechte*, 2. ed., Frankfurt am Main: Suhrkamp, 1994;

ALMEIDA, Silmara Juny de Abreu Chinellato de. *Tutela civil do nascituro*. São Paulo: Saraiva, 2000.

AQUINO, Álvaro Antônio Sagulo Borges de. *A Função Garantidora da pronúncia - Coleção Direito Processual Penal*. Rio de Janeiro: Lumen Juris, 2004.

ARISTÓTELES. *Ética a Nicômaco*. São Paulo: Martin Claret, 2004.

ATIGHETCHI, Dariusch. *Islam e Bioetica* – Roma: Armando Editore, 2009.

AZEVEDO, Antônio Junqueira de. *Estudos e pareceres de direito privado*. São Paulo: Saraiva, 2004.

BANCO MUNDIAL. Disponível em: <http://datos.bancomundial.org/indicador/SP.POP.TOTL> Acesso em: 30 dez. 2010.

_____ Disponível em: <http://datos.bancomundial.org/indicador/SP.DYN.CBRT.IN> Acesso em: 30 dez. 2010.

_____ Disponível em: <http://datos.bancomundial.org/indicador/SP.DYN. TFRT.IN> Acesso em: 30 dez. 2010.

BARACHO, José Alfredo de Oliveira. *Vida humana e ciência: complexidade do estatuto epistemológico da bioética e do biodireito. Normas internacionais da bioética.* Disponível em: <http://www.gontijofamilia.adv.br/2008/Artigos_pdf/Jose_Alfredo_de_Oliveira_Baracho/Vidahumana.pdf> Acesso em: 19 abr. 2011.

BARBAS, Stela Marcos de Almeida Neves. *Direito ao patrimônio genético.* Coimbra: Almedina, 1998.

BARBOZA, Heloisa Helena; MEIRELLES, Jussara Maria Leal de; BARRETO, Vicente de Paulo (Orgs.). *Novos temas de biodireito e bioética.* Rio de Janeiro: Renovar, 2003.

BARCELLOS, Ana Paula de. *Ponderação, racionalidade e atividade jurisdicional.* Rio de Janeiro: Renovar, 2005.

BASTOS, Celso Ribeiro. *Comentários à Constituição do Brasil.* 2ª ed. São Paulo: Saraiva, 1999.

BBCBrasil.com. *Polonês acorda após coma de 19 anos.* Disponível em: <http://www.bbc.co.uk/portuguese/reporterbbc/story/2007/06/070602_polones_acordar g.shtml> Acesso em: 2 fev. 2011.

BILENKI, Thais; coluna Mônica Bergamo. Folha.com/Poder. *Quem aqui não teve uma namoradinha que precisou abortar?, questiona Cabral.* Disponível em: <http://www1.folha.uol.com.br/poder/845722-quem-aqui-nao-teve-uma-namora-dinha- que-precisou-abortar-questiona-cabral.shtml> Acesso em: 28 dez. 2010.

BITTAR, Carlos Alberto. *Os direitos da personalidade.* Rio de Janeiro: Forense Universitária, 2004.

BITTAR, Eduardo Carlos Bianca. *Ética, educação, cidadania e direitos humanos.* São Paulo: Manole, 2004.

BOLÍVIA. *Constituição Política do Estado Plurinacional da Bolívia*, de 9 de fevereiro de 2009. Disponível em: <http://www.presidencia.gob.bo/download/constitucion.pdf> Acesso em: 8 abr.2011.

BRASIL. *Constituição da República Federativa do Brasil*, de 5 de outubro de 1988. Disponível em: <http://www.planalto.gov.br/ccivil_03/constituicao/constitui%C3%A7ao.htm> Acesso em: 8 jul. 2011.

_____. *Emenda Constitucional nº 1*, de 17 de outubro de 1969. Disponível em: <http://www.planalto.gov.br/ccivil_03/constituicao/constitui%C3%A7ao.htm> Acesso em: 3 mai. 2011.

_____ *Constituição da República Federativa do Brasil*, de 24 de janeiro de 1967. Disponível em: < http://www.planalto.gov.br/ccivil_03/constituicao/Constitui%C3%A7ao67.htm> Acesso em: 1 mai. 2011.

_____ *Constituição dos Estados Unidos do Brasil*, de 18 de setembro de 1946. Disponível em: <http://www.planalto.gov.br/ccivil_03/constituicao/constituicao46.htm> Acesso em: 1º mai. 2011.

_____ *Constituição dos Estados Unidos do Brasil*, de 10 de novembro de 1937. Disponível em:
<http://www.planalto.gov.br/ccivil_03/constituicao/constitui%C3%A7ao37.htm> Acesso em: 1º mai. 2011.

_____ *Constituição dos Estados Unidos do Brasil*, de 16 de julho de 1934. Disponível em:
<http://www.planalto.gov.br/ccivil_03/constituicao/constitui%C3%A7ao34.htm> Acesso em: 1º mai. 2011.

_____ *Constituição da República dos Estados Unidos do Brasil*, de 24 de fevereiro de 1891. Disponível em:
<http://www.planalto.gov.br/ccivil_03/constituicao/Constituicao91.htm> Acesso em: 1º mai. 2011.

_____ *Constituição Política do Império do Brazil*, de 25 de março de 1824. Disponível em: <http://www.planalto.gov.br/ccivil_03/constituicao/constitui%C3%A7ao24.htm> Acesso em: 1º mai. 2011.

_____ *Lei nº 12.010, de 3 de agosto de 2009*. Disponível em:
<http://www.planalto.gov.br/ccivil_03/_Ato2007-2010/2009/Lei/L12010.htm> Acesso em: 22 abr. 2011.

_____ *Decreto nº 5.591, de 22 de novembro de 2005*. Disponível em:
<http://www.planalto.gov.br/ccivil_03/_Ato2004-2006/2005/Decreto/D5591.htm> Acesso em: 12 mar. 2011.

_____ *Lei nº 11.105, de 24 de março de 2005*. Disponível em:
<http://www.planalto.gov.br/ccivil_03/_Ato2004-2006/2005/lei/L11105.htm> Acesso em: 12 mar. 2011.

_____ *Lei nº 10.406, de 10 de janeiro de 2002*. Disponível em:
<http://www.planalto.gov.br/ccivil_03/leis/2002/l10406.htm> Acesso em: 25 out. 2011.

_____ *Lei nº 9.782, de 26 de janeiro de 1999*. Disponível em:
<http://www.planalto.gov.br/ccivil_03/leis/l9782.htm> Acesso em: 8 jun. 2011.

_____ *Lei nº 9.503, de 23 de setembro de 1997*. Disponível em:
<http://www.planalto.gov.br/ccivil_03/leis/l9503.htm> Acesso em: 22 nov. 2010.

_____ *Lei nº 9.455, de 7 de abril de 1997*. Disponível em:
<http://www.planalto.gov.br/ccivil_03/leis/L9455.htm> Acesso em: 22 nov. 2011.

_____ *Lei nº 9.434, de 4 de fevereiro de 1997*. Disponível em:
<http://www.planalto.gov.br/ccivil_03/leis/l9434.htm> Acesso em: 5 jul. 2011.

_____ *Lei nº 9.263, de 12 de janeiro de 1996*. Disponível em: <http://www.planalto.gov.br/ccivil_03/Leis/L9263.htm> Acesso em: 5 jul. 2011.

_____ *Lei nº 8.078, de 11 de setembro de 1990*. Disponível em: <http://www.planalto.gov.br/ccivil_03/leis/l8078.htm> Acesso em: 8 jun. 2011.

_____ *Lei nº 8.072, de 25 de julho de 1990*. Disponível em: <http://www.planalto.gov.br/ccivil_03/leis/l8072.htm> Acesso em: 22 nov. 2011.

_____ *Lei nº 8.069, de 13 de julho de 1990*. Disponível em: <http://www.planalto.gov.br/ccivil_03/leis/l8078.htm> Acesso em: 8 jun. 2011.

_____ *Lei nº . 8.072, de 25 de julho de 1990*. Disponível em: <http://www.planalto.gov.br/ccivil_03/leis/l8072.htm> Acesso em: 22 nov. 2011.

_____ *Lei nº 8.069, de 13 de julho de 1990*. Disponível em: <http://www.planalto.gov.br/ccivil_03/leis/l8069.htm> Acesso em: 22 abr. 2011.

_____ *Lei nº 7.960, de 21 de dezembro de 1989*. Disponível em: <http://www.planalto.gov.br/ccivil_03/leis/l7960.htm> Acesso em: 22 nov. 2010.

_____ *Lei nº 7.210, de 11 de julho de 1984*. Disponível em: <http://www.planalto.gov.br/ccivil_03/leis/l7210.htm> Acesso em: 22 nov. 2010.

_____ *Lei nº 7.170, de 14 de dezembro de 1983*. Disponível em: <http://www.planalto.gov.br/ccivil_03/leis/l7170.htm> Acesso em: 22 nov. 2010.

_____ *Lei nº 6.683, de 28 de agosto de 1979*. Disponível em: <http://www.planalto.gov.br/ccivil_03/leis/L6683.htm> Acesso em: 22 nov. 2010.

_____ *Lei nº 2.889, de 1 de outubro de 1956*. Disponível em: <http://www.planalto.gov.br/ccivil_03/leis/l2889.htm> Acesso em: 22 nov. 2010.

_____ *Decreto-Lei nº 3.689, de 3 de outubro de 1941*. Disponível em: <http://www.planalto.gov.br/ccivil_03/decreto-lei/del3689.htm> Acesso em: 1 nov. 2011.

_____ *Decreto-Lei nº 2.848, de 7 de dezembro de 1940*. Disponível em: <http://www.planalto.gov.br/ccivil_03/decreto-lei/del2848.htm> Acesso em: 1 nov. 2011.

_____ [Leis etc.] Código Penal; Código de Processo Penal; Constituição Federal. Obra coletiva de autoria da Editora Saraiva com a colaboração de Antonio Luiz de Toledo Pinto, Márcia Cristina Vaz dos Santos Windt e Lívia Céspedes. 2. ed. São Paulo: Saraiva, 2006.

_____ Superior Tribunal de Justiça. Terceira Turma. *REsp nº 931556/RS*. Rel: Min. Nancy Andrighi. 17 de junho de 2008. Disponível em: <www.stj.jus.br> Acesso em: 12 abr. 2011.

_____ Supremo Tribunal Federal. Primeira Turma. *HC nº 94013/SP*. Rel:

Min. Carlos Britto. 10 de fevereiro de 2009. Disponível em: <www.stf.jus.br> Acesso em: 19 out. 2010.

_____ Segunda Turma. *HC n° 95967/MS*. Rel: Min. Ellen Gracie. 11 de novembro de 2008. Disponível em: <www.stf.jus.br> Acesso em: 19 out. 2010.

_____ Tribunal Pleno. *ADI n° 3510/DF*. Rel: Min. Carlos Britto. 29 de maio de 2008. Disponível em: <www.stf.jus.br> Acesso em: 19 out. 2010.

_____ Voto proferido pela Ministra Ellen Gracie em questão de ordem na *ADPF n° 54*, em 27 de abril de 2005. Disponível em: <www.stf.jus.br> Acesso em: 15 abr. 2011.

_____ Decisão monocrática do Relator Ministro Marco Aurélio de Mello nos autos da *ADPF n° 54*, de 1° de julho de 2004. Disponível em: <www.stf.jus.br> Acesso em: 8 abr. 2011.

_____ Tribunal Pleno. *HC n. 87585/TO*. Rel: Min. Marco Aurélio. 03 de dezembro de 2008. Disponível em: <www.stf.jus.br> Acesso em: 25 out. 2010.

_____ Tribunal Pleno. *RE n. 466343/SP*. Rel: Min. Cezar Peluso. 03 de dezembro de 2008. Disponível em: <www.stf.jus.br> Acesso em: 25 out. 2010.

_____ Só Biologia. *Os conceitos de fenótipo e genótipo*. Disponível em: <http://www.sobiologia.com.br/conteudos/Genetica/leismendel4.php> Acesso em: 19 jan. 2011.

_____ Uol/Síndrome de down/Planejando/Guia do bebê. Disponível em: <http://guiadobebe.uol.com.br/planej/sindrome_de_down.htm> Acesso em: 10 jan. 2011.

_____ G1 Pop & Arte/Noticias. *Novela 'Barriga de aluguel' abordou tema da fertilização.* Disponível em:
<http://g1.globo.com/Noticias/PopArte/0,,MUL106957-7084,00-NOVELA+BARRIGA+DE+ALUGUEL+ABORDOU+TEMA+DA+FERTILIZACAO.html> Acesso em: 9 jan. 2011.

_____ Memória Globo/ Rede Globo/Dramaturgia/Novelas/Barriga de Aluguel. Disponível em: <http://memoriaglobo.globo.com/Memoriaglobo/0,27723,GYN0-5273-229577,00.html> Acesso em: 9 jan. 2011.

_____ Publicação realizada pela Agência Nacional de Vigilância Sanitária em parceria com a FINATEC/UnB e a Colaboração da Coordenação-Geral da Política de Alimentação e Nutrição do Ministério da Saúde. Disponível em: <www.anvisa.gov.br/alimentos/folder_farinha.pdf> Acesso em: 8 abr. 2011.

_____ Folha.com/Cotidiano/Especial 2005 – *Referendo sobre a venda de armas – Apuração (fonte: TSE)*, em 25 de outubro de 2005. Disponível em:
<http://aovivo.folha.uol.com.br/folha/especial/2005/referendododesarmamento/apuraca o.html> Acesso em 31 dez. 2010.

_____ ClicRBS/Notícias. *Novo passo contra cegueira – Pesquisadores americanos conseguem, usando células-tronco do próprio paciente, regenerar estruturas da retina atingidas pela degeneração macular,* de 17 de abril de 2011. Disponível em: <http://www.clicrbs.com.br/especial/rs/bem-estar/19,0,3274705,Novo-passo--contra- cegueira.html> Acesso em: 23 abr. 2011.

_____ Diário do Grande ABC/SETECIDADES. *Barriga de aluguel é encontrada na região por até R$ 200 mil,* de 26 de julho de 2009, Disponível em: <http://www.dgabc.com.br/News/5757024/barriga-de-aluguel-e-encontrada-na-regiao-por-ate-r$-200-mil.aspx> Acesso em: 17 jan. 2011.

_____ Estado de São Paulo online/Política. *Presidente da OAB apoia mandato para ministros do STF,* de 6 de janeiro de 2009. Disponível em: <http://www.estadao.com.br/noticias/nacional,presidente-da-oab-apoia-mandato-para-ministros--do-stf,303262,0.htm> Acesso em: 23 abr. 2011.

_____ Folha.com/Poder. *Aumenta a rejeição ao aborto no Brasil após tema ganhar espaço na eleição,* de 11 de outubro de 2010. Disponível em: <http://www1.folha.uol.com.br/poder/812927-aumenta-a-rejeicao-ao-aborto-no-brasil-apos-tema-ganhar-espaco-na-eleicao.shtml> Acesso em: 31 dez. 2010.

_____ *Jornal Correio Braziliense,* de 25 de março de 1997.

_____ *Jornal O Globo,* de 26 de maio de 2005.

CÂMARA DOS DEPUTADOS. *Projeto de Lei n° 7.701, de 2010.* Disponível em: <http://www.camara.gov.br> Acesso em: 22 mar. 2011.

_____ *Projeto de Lei n° 6.879, de 2010.* Disponível em: <http://www.camara.gov.br> Acesso em: 8 abr. 2011.

_____ *Proposta de Emenda à Constituição n° 342, de 2009.* Disponível em: <http://www.camara.gov.br> Acesso em: 23 abr. 2011.

_____ *Projeto de Lei n° 3.933, de 2008.* Disponível em: <http://www.camara.gov.br> Acesso em: 8 abr. 2011.

_____ *Projeto de Lei n° 3.067, de 2008.* Disponível em: <http://www.camara.gov.br> Acesso em: 22 mar. 2011.

_____ *Projeto de Lei n° 1.413, de 2007.* Disponível em: <http://www.camara.gov.br> Acesso em: 22 fev. 2011.

_____ *Projeto de Lei n° . 489, de 2007.* Disponível em: <http://www.camara.gov.br> Acesso em: 25 fev. 2011.

_____ *Projeto de Lei n°624, de 2005.* Disponível em: <http://www.camara.gov.br> Acesso em: 22 mar. 2011.

_____ *Projeto de Lei n° 4.889, de 2005.* Disponível em: <http://www.camara.gov.br> Acesso em: 22 mar. 2011.

_____ *Projeto de Lei n° 2.061, de 2003.* Disponível em: <http://www. camara.gov.br> Acesso em: 22 mar. 2011.

_____ *Projeto de Lei n° 120, de 2003.* Disponível em: <http://www.camara. gov.br> Acesso em: 22 mar. 2011.

_____ *Projeto de Lei n° 70, de 2003.* Disponível em: <http://www.camara. gov.br> Acesso em: 8 abr. 2011.

_____ *Projeto de Lei n° 6.296, de 2002.* Disponível em: <http://www. camara.gov.br> Acesso em: 22 mar. 2011.

_____ *Projeto de Lei n° 4.664, de 2001.* Disponível em: <http://www. camara.gov.br> Acesso em: 22 mar. 2011.

_____ *Projeto de Lei n° 2.855, de 1997.* Disponível em: <http://www. camara.gov.br> Acesso em: 22 mar. 2011.

CAMARGO, Juliana Frozel de. *Reprodução humana: ética e direito.* Edicamp: Campinas, 2004.

CAMARGO, Antonio Luís Chaves de. *Culpabilidade e reprovação penal.* São Paulo: Sugestões Literárias, 1994.

CAMPOS, Diogo Leite de; CHINELLATO, Silmara Juny de Abreu. (Coord.). *A pessoa humana e o direito.* Coimbra: Almedina, 2009.

CANELLA, Paulo VITIELLO, Nelso*n. Tratado de Reprodução Humana.* Rio de Janeiro: Cultura Médica, 1996.

CAPEZ, Fernando; PRADO, Estela. *Código Penal Comentado.* Porto Alegre: Verbo Jurídico, 2007.

CARTA DOS DIREITOS FUNDAMENTAIS DA UNIÃO EUROPEIA. Disponível em: <http://www.europarl.europa.eu/charter/pdf/text_pt.pdf> Acesso em: 26 dez. 2010.

CHAVES, Antônio. *Tratado de direito civil, parte geral,* v.1, t.1. São Paulo: Revista dos Tribunais, 1982.

CHILE. *Constituição da República do Chile, de 11 de setembro de 1980.* Disponível em: <http://www.bcn.cl/lc/cpolitica/index_html> Acesso em: 22 mar. 2011.

_____ Congresso Nacional. Projeto de Lei n° 4.489-11, de 5 de setembro de 2006. Disponível em: <http://www.congreso.cl/> Acesso em: 8 jul. 2011.

CLOTET, Joaquim, FEIJÓ, Anamaria Gonçalves dos Santos, OLIVEIRA, Marília Gerhardt (Coordenadores). *Bioética: uma visão panorâmica.* Porto Alegre: EDIPUCRS, 2005.

COIMBRA, Cícero Galli. *Apneia na Morte Encefálica.* Disponível em: <http://www.unifesp.br/dneuro/apnea.htm> Acesso em: 10 abr. 2011.

COMPARATO, Fabio Konder. *Ética: direito, moral e religião no mundo moderno.* São Paulo: Companhia das Letras, 2006.

CONSELHO DA JUSTIÇA FEDERAL. *III Jornada de Direito Civil, realizada em dezembro de 2004.* Disponível em: <http://daleth.cjf.jus.br/revista/enunciados/IIIJornada.pdf> Acesso em: 12 abr. 2011.

CONSELHO FEDERAL DE MEDICINA. *Código de Ética Médica, de 17 de setembro de 2009.* Disponível em: <http://www.portalmedico.org.br/novocodigo/integra_5.asp> Acesso em: 19 abr. 2011.

_____ *Processo-Consulta CFM n° 1.839/1998 PC/CFM/ n° 24/2003, aprovado em Sessão Plenária no dia 9 de maio de 2003* Disponível em:
<http://www.portalmedico.org.br/pareceres/cfm/2003/24_2003.htm> Acesso em: 10 abr. 2011.

_____ *Resolução CFM n° 1.957, de 15 de dezembro de 2010.* Disponível em:
<http://www.portalmedico.org.br/resolucoes/CFM/2010/1957_2010.htm> Acesso em: 8 abr. 2011.

_____ *Resolução CFM n° 1.358, de 11 de novembro de 1992.* Disponível em: <http://www.portalmedico.org.br/resolucoes/cfm/1992/1358_1992.htm> Acesso em: 8 abr. 2011.

CONVENÇÃO AMERICANA SOBRE DIREITOS HUMANOS (PACTO DE SAN JOSÉ DA COSTA RICA), de 22 de novembro de 1969. Disponível em:
< http://www.dhnet.org.br/direitos/sip/oea/oeasjose.htm> Acesso em: 12 out. 2010.

CONVENÇÃO DE HAVANA SOBRE TRATADOS, de 20 de fevereiro de 1928. Disponível em:
<http://siabi.trt4.jus.br/biblioteca/direito/legislacao/convencoes/convencao_havana_tratad os.pdf> Acesso em: 12 out. 2010.

COSTA, Sérgio Ibiapina Ferreira. *Anencefalia e Transplante.* Revista da Associação Médica Brasileira. São Paulo, v.50, n° 1, jan./mar. 2004.

CUPIS, Adriano de. *Os direitos da personalidade.* Campinas: Romana Jurídica, 2004.

DALVI, Luciano. *Curso Avançado de Biodireito – Doutrina, Legislação e Jurisprudência.* Florianópolis: Conceito Editoral, 2008.

DELMANTO, Celso. *Código Penal Comentado.* 5. ed. Rio de Janeiro: Renovar, 2000.

DEL'OLMO, Florisbal de Souza, ARAÚJO, Luís Ivani de Amorim, coordenadores; colaboradores MATTOS, Adherbal Meira... [et al.]. *Direito de Família Contem-*

porâneo e novos direitos: estudos em homenagem ao Professor José Russo. Rio de Janeiro: Forense, 2006.

DIAS, João Álvaro. *Procriação assistida e responsabilidade médica*. Coimbra: Coimbra Editora, 1996.

DINIZ, Maria Helena. *O estado atual do biodireito*. 6. ed. São Paulo: Saraiva, 2009.

_____ *O estado atual do biodireito*. 4. ed. São Paulo: Saraiva, 2007.

_____ *O estado atual do Biodireito*, 2. ed. aum. e atual, de acordo com o novo Código Civil, São Paulo: Saraiva, 2002.

_____ *O estado atual do biodireito*. São Paulo: Saraiva, 2001.

_____ *Lei de Introdução ao Código Civil brasileiro interpretada*. São Paulo: Saraiva, 1994.

DIAS, João Álvaro. *Procriação assistida e responsabilidade médica*. Coimbra: Coimbra Editora, 1996.

D´URSO, Luiz Flávio Gomes. *A eutanásia no direito brasileiro*, ultima modificação em 3 de novembro de 2005. Disponível em: <http://www.oabsp.or g.br/palavra_presidente/2005/81> Acesso em: 27 nov. 2010.

_____ *A propósito do aborto*. Jus Navigandi, Teresina, ano 4, n° 28, 1° fev. 1999. Disponível em: <http://jus.uol.com.br/revista/texto/982>. Acesso em: 18 abr. 2011.

ESPANHA. *Declaração Bioética de Gijón*, 2000. Disponível em: <http://www.sibi.org/ddc/bio.htm> Acesso em: 15 mar. 2011.

FABRIZ, Daury Cesar. *Bioética e direitos fundamentais: a bioconstituição como paradigma ao biodireito*. Belo Horizonte: Mandamentos, 2003.

FERREIRA, Alice Teixeira; SOARES, André Marcelo Machado; BATISTA, Claudia Maria de Castro; RAMOS, Dalton Luiz de Paula; BRANDÃO, Dernival da Silva; CERQUEIRA, Elizabeth Kipman; PRAXEDES, Herbert; MARTINS, Ives Gandra da Silva; JÚNIOR, Paulo Silveira Martins Leão. *Vida: O Primeiro Direito da Cidadania*. Goiânia: Bandeirante, 2005.

FIÚZA, César. *Direito Civil: curso completo*. 8. ed. rev., atual., ampl. Belo Horizonte: Del Rey, 2004.

FRAGOSO, Heleno Cláudio. *Lições de Direito Penal, parte geral*. 16. ed. Rio de Janeiro: Forense, 2003.

FRANÇA. *Declaração dos Direitos do Homem e do Cidadão*, de 26 de agosto de 1789. Disponível em: <http://www.direitoshumanos.usp.br> Acesso em: 5 mai. 2011.

FRANÇA, Genival Veloso de. *Medicina legal*. 7. ed. Rio de Janeiro: Guanabara Koogan, 2004.

FREITAS, André Guilherme Tavares de. *Tutela Penal do Direito à Vida*. Rio de Janeiro: Lumem Juris, 2009.

GOMES, Hélio. *Medicina Legal*. 27. ed., Rio de Janeiro: Freitas Bastos, 1989.

GRECO, Rogério. *Curso de direito penal: parte geral*, v. 1. 7. ed. rev. e atual., Niterói: Impetus, 2006.

_____ *Curso de Direito Penal*, v. II, 2. ed. rev. e atual. Niterói: Impetus, 2006.

GRELLET, Fábio. Folha Online/Poder/Eleições 2010. *Marina defende plebiscito sobre aborto e cita Obama ao justificar posição em pesquisas*, de 20 de agosto de 2010. Disponível em: <http://www1.folha.uol.com.br/poder/786372-marina--defende- plebiscito-sobre-aborto-e-cita-obama-ao-justificar-posicao-em-pesquisas. shtml> Acesso em: 8 jan. 2011.

HABERMAS, Jurgen; RATZINGER, Joseph. *Dialética da Secularização – Sobre razão e religião*. Aparecida, Ideias & Letras, 2007.

HOUAISS, Antônio. *Enciclopédia e Dicionário Ilustrado*. São Paulo: Objetiva, 2001.

_____ VILLAR, Mauro de Salles. *Minidicionário Houaiss da Língua Portuguesa*. Rio de Janeiro: Objetiva, 2001.

HUNGRIA, Nélson, FRAGOSO, Heleno Cláudio. *Comentários ao Código Penal*. Rio de Janeiro: Forense, 1978.

<http://biodireitomedicina.wordpress.com/2009/01/24/o-juramento-dos-medicos-manterei-o-mais-alto-respeito-pela-vida-humana- desde-sua-concepcao/> Acesso em: 19 abr. 2011.

<http://www.ghente.org/temas/celulas-tronco/discussao_europeus.htm#> Acesso em: 30 jun. 2011.

ITÁLIA. *Constituição da República Italiana*, de 27 de dezembro de 1947. Disponível em: <http://www.senato.it/documenti/repository/costituzione.pdf> Acesso em: 8 abr. 2011.

JESCHECK, Hans-Heinrich. *Tratado de Derecho Penal, Parte General*. vol. II, Barcelona: Bosch, 1981.

JESUS, Damásio Evangelista de. *Direito Penal – Parte Especial*. 2. v. 24. ed. São Paulo: Saraiva, 2001.

_____ *Código Penal Anotado*. 6 ed., São Paulo, Saraiva, 1996.

JUNQUEIRA, Gustavo Octaviano Diniz. *Direito Penal*. 6. ed. São Paulo: Premier Máxima, 2007.

KNAPP, Laura. *Destruir embriões é usar a pena de morte. O Estado de São Paulo*, São Paulo, 2001.

KRELL, Olga Jubert Gouveia. *Reprodução humana assistida e filiação civil: princípios éticos e jurídicos*. Curitiba: Juruá, 2006.

LEITE, George Salomão; SARLET, Ingo Wolfgang (organização). *Direitos fundamentais e biotecnologia*. São Paulo: Método, 2008.

LEITE, Eduardo de Oliveira. *Procriações artificiais e direito: aspectos médicos, religiosos, psicológicos e jurídicos*. São Paulo: Revista dos Tribunais, 1995.

LEJEUNE, Jérôme. *Um homem é um homem. In: Revista Pergunte e responderemos*, n° 326.

LISBOA, Roberto Senise. *Manual elementar de direito civil*. 2. ed. São Paulo: Revista dos Tribunais, 2002.

LOYARTE, Dolores e ROTONDA, Adriana. *Procreación humana artificial: um desafio bioético*. Buenos Aires: Depalma, 1995, prólogo, p. XIII.

MAGALHÃES, João Carlos. Folha.com/Cotidiano. *Recém-nascido é abandonado pela mãe e sobrevive a queda de 2 metros em Belém*, em 27 de dezembro de 2010. Disponível em:
<http://www1.folha.uol.com.br/cotidiano/851316-recem-nascido-e- abandonado-pela-mae-e-sobrevive-a-queda-de-2-metros-em-belem.shtml> Acesso em: 27 dez. 2010.

MALUF, Adriana Caldas do Rego Freitas Dabus. *Curso de bioética e biodireito*. São Paulo: Atlas, 2010.

MARTINS, Ives Gandra da Silva. *O endeusamento do Estado laico. Jornal Perfil Econômico*, São Paulo, ano XXIII, p. 3, 28 ago. 2009.
_____ (coordenação). *Direito Fundamental à Vida*. São Paulo: Quartier Latin/Centro de Extensão Universitária, 2005.

MASSONETTO, Júlio César. *Bioética e Espiritualidade*. São Paulo: Centro Universitário São Camilo, 2007.

MAXIMILIANO, Carlos. *Hermenêutica e aplicação do direito*. Rio de Janeiro: Forense, 1994.

MENDES, Christine Keller de Lima. *Mães substitutas e a determinação da maternidade: implicações da reprodução medicamente assistida na fertilização in vitro heteróloga*. Disponível em: <http://www.boletimjuridico.com.br/doutrina/texto. asp?id=1310> Acesso em: 25 mai. 2011.

MIRABETE, Júlio Fabbrini, *Código Penal Interpretado*. 4. ed. São Paulo: Atlas, 2003.

_____ *Código penal interpretado*. São Paulo: Atlas, 1999.

MORAES, Alexandre de. *Constituição do Brasil Interpretada e legislação constitucional*. 4. ed., São Paulo: Atlas, 2004.

_____ *Direito constitucional*. 9. ed. São Paulo: Atlas, 2001.

_____ *Direito Constitucional*. 13. ed., São Paulo: Atlas, 2003.

_____ *Direitos humanos fundamentais*. 3. ed., São Paulo: Atlas, 2000.

NETO, Miguel Kfouri. *Responsabilidade Civil do Médico*. 4. ed. São Paulo: Revista dos Tribunais, 2001.

NORONHA, Edgard Magalhães. *Direito Penal*. 25. ed., São Paulo: Saraiva, 1991.

NUBLAT, Johanna. Folha de São Paulo *apud* NOBLAT, Ricardo. O Globo. Blog do Noblat/Política. *Não dá para obrigar mulher a ter filho, diz nova ministra*, em 27 de dezembro de 2010. Disponível em: <http://oglobo.globo.com/pais/noblat/posts/2010/12/27/nao-da-para-obrigar -mulher-ter- filho-diz-nova-ministra-352477. asp> Acesso em: 27 dez. 2010.

NUCCI, Guilherme de Souza. *Código Penal Comentado*. 10. ed. São Paulo: Editora Revista dos Tribunais, 2010.

NUNES, Rodolfo Acatauassú. *Terapia na Anencefalia final*, 2011.

NUNES, Rizzatto. *O principio constitucional da dignidade da pessoa humana: doutrina e jurisprudência*. 3. ed. rev. e ampl. – São Paulo: Saraiva, 2010.

ONU. *Declaração Universal dos Direitos Humanos, 10 de dezembro de 1948*. Disponível em: <http://portal.mj.gov.br/sedh/ct/legis_intern/ddh_bib_inter_universal.htm> Acesso em: 10 jan. 2011.

OTERO, Paulo. *Personalidade e identidade pessoal e genética do ser humano: um perfil constitucional da bioética*. Coimbra: Almedina, 1999.

PACTO INTERNACIONAL SOBRE DIREITOS CIVIS E POLÍTICOS, de 16 de dezembro de 1966. Disponível em: <http://www2.mre.gov.br/dai/m_592_1992. htm> Acesso em: 22 abr. 2011.

PAPA BENTO XVI. *Carta Encíclica Deus Caritas Est do sumo pontífice Bento XVI aos bispos, presbíteros e aos diáconos; às pessoas consagradas e a todos os fiéis leigos sobre o amor cristão*, de 25 de dezembro de 2005. Disponível em:
<http://www.vatican.va/holy_father/benedict_xvi/encyclicals/documents/hf_ben- xvi_enc_20051225_deus-caritas-est_po.html#_ftn19> Acesso em: 05 jan. 2011.

PAPA PAULO VI. *Documentos do Concilio Vaticano II, Declaração Dignitatis Humanae sobre a Liberdade Religiosa*, de 7 de dezembro de 1965. Disponível em: <http://www.vatican.va/archive/hist_councils/ii_vatican_council/documents/vat-ii_decl_19651207_dignitatis-humanae_po.html> Acesso em: 12 abr. 2011.

PAPA JOÃO XXIII. *Constituição Apostólica Humanae Salutis*, de 25 de dezembro de 1961. Disponível em: <http://www.vatican.va/holy_father/john_xxiii/apost_constitutions/documents/hf_j- xxiii_apc_19611225_humanae-salutis_po.html> Acesso em: 12 abr. 2011.

PAULA, Wilson Kraemer de. *Aborto: Tradições e Contradições*. Florianópolis: Papa- Livro, 1996.

PIOVESAN, Flávia. *Direitos Humanos e o Direito Constitucional Internacional*. 8. ed. rev., ampl. e atual., São Paulo: Saraiva, 2007.

PORTUGAL. Renascença/Informação/Opinião, de 27 de dezembro de 2010. Disponível em: <http://www.rr.pt/informacao_detalhe.aspx?fid=121&did=134735> Acesso em: 28 dez. 2010.

_____ Lei n° 16/2007, de 17 de abril.

_____ *Constituição da República Portuguesa*, de 2 de abril de 1976. Disponível em: <http://www.portugal.gov.pt/pt/GC17/Portugal/SistemaPolitico/Constituicao/Pages/ default.aspx> Acesso em: 8 abr. 2011.

PRADO, Luiz Régis. *Curso de direito penal brasileiro*, v.2. 2.ed. São Paulo: Editora Revista dos Tribunais, 2002.

REZEK, José Francisco. *Direito internacional público: curso elementar*. 11. ed. rev. e atual. São Paulo: Saraiva, 2008.

RIBEIRO, Milton. *Liberdade religiosa: uma proposta para debate*. São Paulo: Editora Mackenzie, 2002.

SAN TIAGO DANTAS, Francisco Clementino de. *Programa de Direito Civil*. 3. ed., rev., e atual. por Gustavo Tepedino et al. Rio de Janeiro: Forense, 2001.

SANTOS JUNIOR, Aloísio Cristovam dos. A liberdade de organização religiosa e o Estado laico brasileiro. São Paulo: Editora Mackenzie, 2007.

SARLET, Ingo Wolfgang; LEITE, George Salomão (Org.) *Direitos fundamentais e biotecnologia*. São Paulo: Método, 2008.

_____ *Dignidade da pessoa humana e direitos fundamentais na Constituição Federal de 1988*. 4. ed. Porto Alegre: Livraria do Advogado, 2006.

_____ *Dignidade da pessoa humana e direitos fundamentais na Constituição Federal de 1988*. Porto Alegre: Livraria do Advogado, 2001.

SCHIVARTCHE, Fabio; RAMOS, Victor. BRASIL. Folha.com/Cotidiano. *80% são contra a venda de armas no Brasil*, de 1 de agosto de 2005. Disponível em: <http://www1.folha.uol.com.br/folha/cotidiano/ult95u111544.shtml> Acesso em: 30 dez. 2010.

SENADO FEDERAL. *Projeto de Lei n° 1.184, de 2003*. Disponível em: <http://www.senado.gov.br> Acesso em: 22 mar. 2011.

_____ *Projeto de Lei n° 4.473, de 1994*. Disponível em: <http://www.senado.gov.br> Acesso em: 8 abr. 2011.

_____ *Projeto de Lei n° 90, de 1999*. Disponível em: <http://www.senado.gov.br> Acesso em: 22 mar. 2011.

SGRECCIA, Elio. *Manual de bioética: fundamentos e ética biomédica*. São Paulo: Loyola, 1996.

SILVA, Virgílio Afonso da. *Direitos Fundamentais – conteúdo essencial, restrições e eficácia*. 2. ed., São Paulo: Malheiros Editores, 2010.

SLAIBI FILHO, Nagib. *Direito Constitucional*. Rio de Janeiro: Forense, 2006.

SOUZA, Ricardo Timm de (Org.). *Ciência e ética: os grandes desafios*. Porto Alegre: EDIPUCRS, 2006.

SUWWAN, Leila. Folha Online/Cotidiano. *Governo restringe transplante de órgão de bebê anencéfalo*, de 16 de março de 2007. Disponível em: <http://www1.folha.uol.com.br/folha/cotidiano/ult95u132590.shtml>. Acesso em 28 abr. 2011.

TRIBUNAL DE JUSTIÇA DO ESTADO DE MINAS GERAIS. Décima Sexta Câmara Cível. *Apelação Cível n° 1.0024.10.231638-7/001*. Rel. Des. Otávio Portes. Disponível em: <www.tjmg.jus.br> Acesso em: 5 mai. 2011.

TRIBUNAL DE JUSTIÇA DO ESTADO DO RIO GRANDE DO SUL. Terceira Câmara Criminal. *Recurso em Sentido Estrito n° 70018782169*. Rel. Des. Vladimir Giacomuzzi. Disponível em: <www.tjrs.jus.br> Acesso em: 18 abr. 2011.

Esta obra foi composta em sistema CTcP
Capa: Supremo 250 g – Miolo: Pólen Soft 80 g
Impressão e acabamento
Gráfica e Editora Santuário